SALON ZA ŽENE

RAZGOVORI O ŽENAMA, MUŠKARCIMA, SEKSU,
LJUBAVI, ODNOSIMA, O TOME KAKO POSTATI
PRAGMATIČAR ŽENSTVENOSTI I O MNOGIM,
MNOGIM DRUGIM STVARIMA

Gary M. Douglas

NA TEMELJU SERIJE TELEFONSKIH POZIVA S GARYJEM
DOUGLASOM U DRUŠTVU OSAMNAEST MOĆNIH I
NEVJEROJATNIH ŽENA

Salon za žene
Copyright © 2014 Gary M. Douglas
ISBN: 978-1-63493-054-3

Sva prava pridržana. Nijedan dio ove publikacije ne smije se reproducirati, pohranjivati ili prenositi ni u kom obliku, niti bilo kojim sredstvima, elektroničkim ili mehaničkim, uključujući fotokopiranje, snimanje ili slično, bez prethodnog pismenog dopuštenja nakladnika.

Autor i nakladnik knjige ne tvrde ili ne garantiraju nikakav fizički, mentalni, emocionalni, duhovni ili financijski rezultat. Svrha svih proizvoda, usluga i informacija koje autor nudi je samo opće obrazovanje i zabava. Informacije koje se ovdje navode nikako nisu zamjena medicinskom ili drugom profesionalnom savjetu. Ako bilo kada za sebe koristite neku od informacija koje sadrži ova knjiga, autor i nakladnik ne preuzimaju odgovornost za vaše postupke.

Nakladnik
Access Consciousness Publishing, LLC
www.accessconsciousnesspublishing.com

Tiskano u Sjedinjenim Američkim Državama
Lakoća, radost i slavlje

Izjava o odricanju od odgovornosti

Molim vas, nemojte ništa od ovoga uzimati ozbiljno
ili činiti značajnim. Moje srce žudi za stvaranjem
više lakoće i mira sa ženama i muškarcima.
Ne radi se o stvaranju odvajanja ili prosuđivanja.

Što ako biste živjeli u svijetu gdje su svi
ljubazni jedni prema drugima?
Što ako ste vi jedni od onih koji bi
mogli pomoći u stvaranju toga?

Sadržaj

Izjava o odricanju od odgovornosti 3
Sadržaj 5
Predgovor 7
1 Pragmatični feminizam 9
2 Izbor promjene stvarnosti 47
3 Shvatite tko uistinu jeste 81
4 Stvaranje odnosa koji vam odgovara 113
5 Pragmatičan izbor 147
6 Vi ste kreator budućnosti 175
7 Dajte drugima kraljevstvo mogućnosti 199
8 Stvaranje mira umjesto rata 233
9 Kreiranje održive budućnosti 265
10 Svjesni odnosi 291
11 Ostanite u moći izbora i svjesnosti 329
12 Postati slobodni radikal svijesti 365
13 Prepoznajte dar koji jeste u svijetu 391
14 Imati svoju veličanstvenost 425
Izjava brisanja Access Consciousnessa 463
Rječnik 467
Što je Access Consciousness? 477
Druge knjige Access Consciousnessa 479
O autoru 485

Predgovor

Tijekom 17. i 18. stoljeća u Francuskoj saloni su bili mjesta gdje su se pametne, napredne žene nalazile, razgovarale i razmjenjivale ideje, baš kao što su to činili i pametni, napredni muškarci.

U duhu tih salona, bio sam domaćin seriji od četrnaest telefonskih poziva s grupom nevjerojatnih žena gdje smo razgovarali o ženama, muškarcima, seksu, odnosima, muškim i ženskim ulogama, stvaranju budućnosti i o mnogim, mnogim drugim temama. Ova se knjiga temelji na tim razgovorima.

Tijekom rasprava koje slijede, možda će biti nekih riječi i pojmova s kojima se još do sada niste susretali. Potrudili smo se definirati ih sve u rječniku na kraju knjige.

Pronaći ćete i izjavu brisanja koju koristimo u Access Consciousnessu™. To je skraćenica koja se odnosi na energije koje u vašem životu stvaraju ograničenja i skupljanja. Kada je prvi puta pročitate, možda će vam se malo zavrtjeti u glavi. To je naša namjera. Stvorena je da vam makne um s puta kako biste mogli doprijeti do energije situacije.

U osnovi se izjava brisanja odnosi na energiju ograničenja i barijera koje nam onemogućuju kretanje naprijed i širenje u sve prostore u koje bismo htjeli ići.

Izjava brisanja Access Consciousnessa je "Right and Wrong, Good and Bad, POD and POC, All Nine, Shorts, Boys and Beyonds®". Na kraju knjige nalazi se kratko objašnjenje značenja tih riječi.

Možete izabrati hoćete li koristiti izjavu brisanja ili ne; nemam gledište o tome, ali vas želim pozvati da je isprobate i vidite što će se dogoditi.

1
Pragmatični feminizam

Na umu mi je samo jedno, a to je da vas dovedem do potpune svjesnosti.
Ako to zaista ne želite imati,
tada radije na sebe stavite svoj štit ili ću vas u suprotnom odvesti na ludu vožnju.

Gary:

Bok, dame. Dr. Dain Heer i ja godinama smo održavali radionice o seksu i odnosima s grupama muškaraca i žena. Četvrtkom uvečer svi bi se muškarci okupili i rješavali se svojih prosudbi o ženama. Petkom uvečer došle bi sve žene i rješavale se svojih prosudbi o muškarcima, a potom bi otišli, zabavljali se i stvorili novi paket prosudbi. Ponovno su počele prosuđivati muškarce, a muškarci su se nasmrt bojali zato što su znali da zbog tih ljutih žena mogu izgubiti svoje testise.

OPERATIVNO STANJE ŽIVLJENJA

Zašto su žene bile tako ljute na muškarce? Zato što su stvorile operativno stanje ovog života i življenja kao žene.

Operativno stanje življenja je kad vam se ista stvar opet i iznova pojavljuje, a vi se pitate zašto se stvari odvijaju ponovno na isti način. Ako neprestano imate nesuglasice s muškarcima ili vam je stalno dosadno ili stalno mislite da nešto treba biti drugačije nego što jest, imate operativno stanje zbog kojega se sve pojavljuje uvijek na isti način.

Ako zaista želite promijeniti svoj odnos sa suprotnim spolom ili sa svojim seksualnim partnerom, morate promijeniti način gledanja.

Sudionica Salona:
Uvijek sam u svađi s muškim ili ženskim rodom.

Gary:
Ne bi smjela postojati svađa između muškoga i ženskoga roda. To je ono što ovdje pokušavam stvoriti. Kada sam prvi puta radio "Klub za gospodu", muškarci nisu osjećali da se moraju boriti za pravo da budu muškarci i nisu osjećali da se trebaju boriti protiv žena kako bi imali sebe. Mogli su samo biti svoji, a žene su ih mogle izabrati ili ne, prema želji.

Sudionica Salona:
Osjećam kao da se natječem s muškarcima.

Gary:
To je operativno stanje. Operativno stanje je mjesto iz kojeg nastojimo djelovati. To je izbor koji činite. Niste voljni imati nešto drugačije. Odlučili ste da je to tako. Zaključili

ste: "To je tako kako je, to je način na koji ću to uvijek činiti i ovo je ono što će se dogoditi."

Umjesto toga biste se mogli pitati:
+ Što bih uistinu htjela izabrati?
+ Što mogu biti ili činiti drugačije što će sve ovo promijeniti?

Koliko prosudbi trebate stvoriti kako biste imali operativno stanje? Puno, malo, megatone ili više nego što Bog zna? Više nego što Bog zna!

Sve što to jest bezbroj puta, hoćete li sve to uništiti i dekreirati? Right and Wrong, Good and Bad, Pod and Poc, All 9, Shorts, Boys and Beyonds.

Koju glupost koristite kako biste kreirali operativno stanje života i življenja kao žena što birate? Sve što to jest bezbroj puta, hoćete li sve to uništiti i dekreirati? Right and Wrong, Good and Bad, Pod and Poc, All 9, Shorts, Boys and Beyonds.

I koju glupost koristite da stvarate osjećaj stalnog stanja sukoba između muškoga i ženskoga roda što birate? Sve što to jest bezbroj puta, hoćete li sve to uništiti i dekreirati? Right and Wrong, Good and Bad, Pod and Poc, All 9, Shorts, Boys and Beyonds.

Sudionica Salona:
Na kraju ovih procesa kažete "što birate?" Ja često kažem "da birate". Shvaćam da vi to ne kažete. Možete li mi reći u čemu je razlika?

Gary:
"Da birate" opravdava razlog vašeg izbora. To je učvršćeno gledište. Ono kaže: "Biram ovo jer _____." Više biste

voljeli vjerovati da nešto birate iz *nekog razloga*, nego da *samo birate*. Trudim se da shvatite kako ne postoji razlog biranja - samo birate. Zato kažem "što birate".

Sudionica Salona:

Volim te, Gary! To uklanja tako puno male energije, tako puno sranja.

Sudionica Salona:

Imam pitanje o tome jesu li muškarci zapravo loši i zli?

Gary:

Ne, u stvarnosti muškarci nisu loši ni zli.

Sudionica Salona:

Pa zašto se onda čini kao da jesu?

Gary:

Zato što su prihvatili laž da je muški biti loš i zao. Koliko ste laži o muškarcima prihvatili koje vam uništavaju život? Puno, malo ili megatone?

Koliko ste laži o muškarcima prihvatili koje zaključavaju vaš život i življenje? Sve što to jest bezbroj puta, hoćete li sve to uništiti i dekreirati? Right and Wrong, Good and Bad, Pod and Poc, All 9, Shorts, Boys and Beyonds.

Sudionica Salona:

Moj je otac podupirao moj odlazak na dobar fakultet i dobivanje dobre stipendije. Ipak, ismijavao je žene. Smijao se ženama koje bi plakale. I kada je moja sestra umirala, njegov je izbor bio da je ne posjeti. Razvila sam stvarno iskrivljenu ideju o muškarcima.

Gary:
　　Pa, gotovo svi to čine, čak i muškarci.
　　Koju glupost koristite da stvarate sukob između muškoga i ženskoga što birate? Sve što to jest bezbroj puta, hoćete li sve to uništiti i dekreirati? Right and Wrong, Good and Bad, Pod and Poc, All 9, Shorts, Boys and Beyonds.

Sudionica Salona:
　　Ako jedna strana održava sukob, a druga strana o tome ima zanimljivo gledište, ima li to kapacitet ublažavanja sukoba?

Gary:
　　To donekle ublažava sukob, no dugoročno ne može održati odnos. Činio sam to sa svojom bivšom ženom. Gledao sam na sve kao na zanimljivo gledište. Ne bih bio u sukobu, tako da nije ni bilo sukoba, no to u njezinom svijetu ništa nije promijenilo. Problem je u tome što većina žena, umjesto da vide muškarca onakvim kakav je, imaju gledište da će, ako ga promijene, on postati dobar muškarac.
　　Koliko ste puta uzeli muškarca i gledali ga kao savršenu sliku? Sve što to jest bezbroj puta, hoćete li sve to uništiti i dekreirati? Right and Wrong, Good and Bad, Pod and Poc, All 9, Shorts, Boys and Beyonds.

BIRANJE MUŠKARCA KOJEGA ŽELITE "POPRAVITI"

Sudionica Salona:
　　Imam pitanje o tome. Što stvara dinamiku biranja muškarca kojega želiš popraviti ili promijeniti?

Gary:

Kao dijete, učili su vas da morate pronaći dobrog lošeg dečka. Svi ljubavni romani govore o muškarcu kojeg smatraju lošim, a zato što se zaljubi u vas, vi u njemu ukrotite zvijer kako bi on postao vaš ljubavnik.

Gdje god pokušavate izdresirati divlju zvijer, hoćete li sve to uništiti i dekreirati? Right and Wrong, Good and Bad, Pod and Poc, All 9, Shorts, Boys and Beyonds.

Sudionica Salona:

Radi li se ujedno i o njegovom spašavanju? Mogu mu pomoći, mogu ga popraviti, mogu ga učiniti boljim. Je li to majčinska stvar, majčinski instinkt spašavanja?

Gary:

Nije to majčinska stvar. To je ženska stvar. Učili su vas da vam je posao pružati podršku i sjediti iza prijestolja - ne preko prijestolja. To znači biti na dužnosti, a ne biti na dužnosti. Trebali biste se pretvarati da ste samo slatke, mlade i ništa ne znate. Ove uloge koje su dane ženama nisu istinite. Nemaju nikakve veze s onime što istinska žena jest.

Sve što to jest bezbroj puta, hoćete li sve to uništiti i dekreirati? Right and Wrong, Good and Bad, Pod and Poc, All 9, Shorts, Boys and Beyonds.

JEDNOGA DANA DOĆI ĆE MOJ PRINC

Pogledate li ikada sve ovo pa kažete: "To je suludo! Zašto bih to izabrala?" Neke od vas da. Kažete: "Nije bitno, neću se uopće zamarati s time da imam odnos." Druge kažu: "Pa, jednoga će dana doći pravi muškarac, jednoga dana moj će me princ odvesti i više neću biti Pepeljuga."

Sve što to jest bezbroj puta, hoćete li sve to uništiti i dekreirati? Right and Wrong, Good and Bad, Pod and Poc, All 9, Shorts, Boys and Beyonds.

Sudionica Salona:
Što ako imate oba slučaja istovremeno?

Gary:
Većina vas uistinu ima oba slučaja istovremeno. Nažalost, učili su vas da će tako i biti. S vremenom će se pojaviti pravi muškarac i sve će funkcionirati. Ne, ništa od ovoga nije stvarno! Biste li vi, kao beskonačno biće, imali samo jednu istinsku ljubav?

Sudionica Salona:
Ne!

Gary:
To nema smisla. Zato što biste kao beskonačno biće željeli *jedinstvo*, a ne *jedno*.

Sve što to jest bezbroj puta, hoćete li sve to uništiti i dekreirati? Right and Wrong, Good and Bad, Pod and Poc, All 9, Shorts, Boys and Beyonds.

Kao dijete, učili su vas da postoji samo jedna istinska ljubav za vas. Učili su vas da ćete jednog dana pronaći svoga princa. Jednoga će se dana pojaviti pravi muškarac i voljet će vas onako kako biste trebali biti voljeni. I jednoga će dana sve biti savršeno. Jednoga dana nikada ne dolazi zato što jednoga dana nikada nije danas. Jednoga dana je nešto

što nikada nije postojalo, nikada neće postojati i nikada ne može postojati.

Koliko jednih dana svi vi još uvijek nastojite ostvariti? Sve što to jest bezbroj puta, hoćete li sve to uništiti i dekreirati? Right and Wrong, Good and Bad, Pod and Poc, All 9, Shorts, Boys and Beyonds.

Počinjete li primjećivati količinu naboja na ovom području?

Sudionica Salona:
Da!

Gary:
Ovo održava ludost ove stvarnosti. Cijeli ovaj sukob između muškog i ženskog, cijela ova zamisao odnosa i braka, cijela zamisao da bi seks trebao biti lijep, divan i bla bla bla. Postoji li to zaista u stvarnosti?

Koju glupost koristite da stvarate nepostojeći seksualni život, romantični život, bračni život i život s odnosom što nikada nije postojalo ni u jednoj stvarnosti, što birate? Sve što to jest bezbroj puta, hoćete li sve to uništiti i dekreirati? Right and Wrong, Good and Bad, Pod and Poc, All 9, Shorts, Boys and Beyonds.

Nikada ne postavljate pitanje. Govorite: "On je tako lijep, nevjerojatan i brižan", no nikada ne postavite pitanje: "Hoće li ovo za mene stvarno funkcionirati?" Dolazite do zaključka što biste trebali imati, umjesto da birate ono će zapravo funkcionirati. Ovo je mjesto na koje vas hoću dovesti. Želim da budete pragmatičarke ženstvenosti, ne borbene Irkinje, borbene Nordijke, borbene Vikinke, borbene Španjolke i sve ostale nacionalnosti žena koje mislite da morate biti.

Sve što to jest bezbroj puta, hoćete li sve to uništiti i dekreirati? Right and Wrong, Good and Bad, Pod and Poc, All 9, Shorts, Boys and Beyonds.

Sudionica Salona:
Osjećam i stalni sukob, stalni sukob između muškarca i žene. To me drži u stalnom sukobu sa sobom.

Gary:
Da, zato što ste bili muškarac i žena. Sve bi vam trebalo biti dostupno. Ne postoji ništa što u ovom ili nekom drugom životu niste bili ili činili. Sve što ste ikada bili ili činili trebalo bi vam biti dostupno, no u pokušaju da samu sebe definirate kao ženu ili kao muškarca, isključujete polovicu svega što vam je dostupno. Ako se definirate kao muškarac, morate isključiti žensku stranu. Ako se definirate kao žena, trebate isključiti mušku stranu. Prihvaćate gledišta o muškom rodu i gledišta o ženskom rodu kako biste sami sebe mogli definirati, no te definicije nemaju nikakve veze s vama, bićem.

Sudionica Salona:
Da, borim se protiv muškog roda, a onda zbog toga okrivljujem sebe.

Gary:
Koju glupost koristite da kreirate sukob između muškoga i ženskoga što birate? Sve što to jest, hoćete li uništiti i dekreirati sve to? Right and Wrong, Good and Bad, Pod and Poc, All 9, Shorts, Boys and Beyonds.

Ako ste u svom prošlom životu bili muško i mislili ste kako je lakše i bolje biti žena pa ste u ovaj život došli kao žena, reći ćete: "Čekaj malo, nije lakše biti žena. Bolje je biti muškarac" i tada ulazite u sukob sa svojim odlukama i izborima, a koliko vam to izbora daje?

Sudionica Salona:
Nula.

Gary:
A koliko vam prosudbi to donosi? Megatone.

Sve što to jest bezbroj puta, hoćete li sve to uništiti i dekreirati? Right and Wrong, Good and Bad, Pod and Poc, All 9, Shorts, Boys and Beyonds.

ŠTOVANJE ODNOSA NASPRAM ŠTOVANJA VAGINE

Volio da nakon ovog salona za žene budete sposobne imati svoju žensku stranu bez potrebe stvaranja problema s muškarcima. Ništa ne bi trebao biti problem s muškarcima. Sve bi trebao biti izbor.

Koju glupost koristite da stvarate vječno štovanje odnosa što birate? Sve što to jest bezbroj puta, hoćete li sve to uništiti i dekreirati? Right and Wrong, Good and Bad, Pod and Poc, All 9, Shorts, Boys and Beyonds.

Muška inačica ovog procesa je:

Koju glupost koristite da stvarate vječno štovanje vagine što birate? Sve što to jest bezbroj puta, hoćete li sve to uništiti i dekreirati? Right and Wrong, Good and Bad, Pod and Poc, All 9, Shorts, Boys and Beyonds.

Obje strane ovoga odnose se na sve i to stvara mnogo suprotnosti. Od *njega* želite da obožava vašu vaginu, a *vi* želite obožavati svoje odnose. Žene su odgojene prema zamisli kako se sve vrti oko odnosa - vaš odnos s djecom, vaš odnos sa supružnikom. Žene i muškarci obožavaju različite bogove i pitaju se zašto se ne mogu povezati!

Koju glupost koristite da stvarate vječno štovanje odnosa što birate? Sve što to jest bezbroj puta, hoćete li sve to uništiti i dekreirati? Right and Wrong, Good and Bad, Pod and Poc, All 9, Shorts, Boys and Beyonds.

Koju glupost koristite da stvarate vječno štovanje vagine što birate? Sve što to jest bezbroj puta, hoćete li sve to uništiti i dekreirati? Right and Wrong, Good and Bad, Pod and Poc, All 9, Shorts, Boys and Beyonds.

Sudionica Salona:
Postoji li i vječno štovanje nemanja odnosa? Je li to druga strana istoga novčića?

Gary:
Da. To je druga strana istoga novčića.
Ako se bavite štovanjem bilo koje vrste, niste prisutni s izborom, mogućnošću i pitanjem. Moramo se riješiti štovanja odnosa, za ili protiv, a moramo se riješiti i štovanja vagine, za ili protiv. Oboje stvaraju problem pa na kraju završavate sa suprotnim gledištem.

Sudionica Salona:
Aha, u redu.

Gary:
Koju glupost koristite da stvarate vječno štovanje odnosa što birate? Ovo može biti za obje strane. Sve što to jest

bezbroj puta, hoćete li sve to uništiti i dekreirati? Right and Wrong, Good and Bad, Pod and Poc, All 9, Shorts, Boys and Beyonds.

Koju glupost koristite da stvarate vječno štovanje vagine što birate? Sve što to jest bezbroj puta, hoćete li sve to uništiti i dekreirati? Right and Wrong, Good and Bad, Pod and Poc, All 9, Shorts, Boys and Beyonds.

Sudionica Salona:
Gary, drugo pitanje "Koju glupost koristite da stvarate vječno štovanje odnosa što birate?" za mene je snažno. Možete li to objasniti?

Gary:
Nekada ste u nekom od života vjerojatno odlučili da stvarno želite imati vaginu.

Sudionica Salona:
Ja, da sam u tom životu bila muškarac?

UOSTALOM, ŠTO ČINI MUŠKI I ŽENSKI ROD?

Gary:
Da, meni je cijela zamisao biti za ili protiv gledišta histerično smiješna. Ne postoji ništa što u jednom ili drugom životu niste bili ili činili.

Sudionica Salona:
To je bilo moje sljedeće pitanje!

Gary:
　Pa, imam proces i za to:
　Koju glupost koristite da od sebe stvarate konkubinu stvarnosti MEST, fizičke stvarnosti i psihološkog ludila što birate? Sve što to jest bezbroj puta, hoćete li sve to uništiti i dekreirati? Right and Wrong, Good and Bad, Pod and Poc, All 9, Shorts, Boys and Beyonds.
　Kada sebe činite konkubinom, to je kao da ste ljubavnica stvarnosti MEST (stvarnost materije, energije, prostora i vremena), fiziološke stvarnosti i psihološke ludosti. Ne postajete li u ovom svijetu ropkinja i sluškinja toga? To je većini ljudi gotovo kao stvaranje seksa. Na primjer, koliko ste puta imali odnos u ovoj stvarnosti materije, energije, prostora i vremena koji je za vas bio radostan?

Sudionica Salona:
　Ha-ha-ha.

Gary:
　Gotovo nikada! I koliko je tih odnosa bilo vezano uz vašu fiziološku stvarnost? Koliko je ljudi s kojima ste imali seks zapravo u njemu uživalo? Koliko njih misli da ste lijepi, nevjerojatni i divni - zato što jeste?

Sudionica Salona:
　Ne baš mnogo.

Gary:
　Onda je tu psihološka ludost iz koje većina ljudi funkcionira u svim vrstama odnosa. Većina ljudi koristi prosudbe za stvaranje seksualnog uzbuđenja. Prosudba nije

način stvaranja ekspanzivnog svijeta. Može stvarati samo sažimanje. Pomaže li to?

Sudionica Salona:

Cijelo moje tijelo je sada u borbi. Energija je potpuno zbrkana.

Gary:

Zato ovo radimo, draga. Trebamo uspraviti vaša tijela kako biste imali veću lakoću s njima i sa svime što u životu birate. Ovaj je tečaj tu kako biste s lakoćom mogli biti žena, s lakoćom birali ponašati se kao muškarac, s lakoćom stvarali kao muškarac te s lakoćom stvarali kao žena. Trenutno se većina vas bori za ili protiv jedne ili druge strane, što vam ne daje potpuni izbor. Shvaćate li to?

Ništa u ovoj stvarnosti nije u biranju i stvaranju vašeg seksualnog identiteta i stvarnosti. Sve je u prihvaćanju onoga što vam je rečeno i prodano, sve što je u svijetu i što vam govori: "Ovo je tako kako treba biti."

Sve što to jest bezbroj puta, hoćete li sve to uništiti i dekreirati? Right and Wrong, Good and Bad, Pod and Poc, All 9, Shorts, Boys and Beyonds.

Sudionica Salona:

Gary, spomenuli ste slobodu stvaranja kao muškarac ili kao žena. Hoćete li pričati o tome?

MANIPULACIJA I ZNANJE

Gary:

Muškarci su skloni biti prilično jasni. Oni su direktniji od većine žena. Bum, bum, bum. Dobro i lažu. Ako ste žena, naučite da muškarci lažu pa im se pokušavate suprotstaviti, kontrolirati ih ili manipulirati njima kako bi vam rekli istinu. Zapravo, ne biste trebali pokušavati natjerati ih da kažu istinu. Samo želite znati što je istina jer vam ona daje kontrolu nad situacijom.

Dio bivanja ženom, dio ženologije, jest imanje šestog čula. Vi imate svjesnost koju drugi ljudi nemaju, no to se u ovoj stvarnosti ne potiče. Ne potiče se vaša urođena sposobnost znanja. Trebali biste se odreći svoga znanja u korist manipulacije, kao da će manipulacija biti krajnji izvor kontrole, a ne svjesnost. Ne. Sa svjesnošću nad svime možete imate kontrolu.

Sudionica Salona:

Možete li malo više govoriti o manipulaciji i znanju? Ako sam dobro shvatila, kažete da radije koristim manipulaciju nego znanje o postojanju laži što mogu upotrijebiti u svoju korist.

Gary:

Da, to je ono što su nas u ovoj stvarnosti učili. Naučeni smo da u svakoj prilici isključujemo svoju svjesnost. Jesu li vas učili da vjerujete svemu što vam otac kaže? Učili su vas da možete vjerovati svom ocu? Dakle, svaki muškarac postaje netko komu možeš vjerovati, zar ne?

Sudionica Salona:
   Ili suprotno, zapravo!

Gary:
   Odnosi se na oba smjera. Nijedan ti ne može dati slobodu svjesnosti. Ono za čime mi ovdje tragamo jest kako doći do svjesnosti, a ne mjesto gdje imaš povjerenje i gdje slijepo vjeruješ.

   Koliko vas je pokušalo stvarati slijepo vjerovanje u muškarce? Sve što to jest bezbroj puta, hoćete li sve to uništiti i dekreirati? Right and Wrong, Good and Bad, Pod and Poc, All 9, Shorts, Boys and Beyonds.

   I koliko vas je pokušalo stvarati slijepo vjerovanje u žene? "Ova žena je moja sestra; ona će se brinuti za mene." Kada isključite svoju svjesnost, žene će biti pakosne i zle kao muškarci ako im se pruži prilika. Kako nekome dajete tu priliku? Isključujući svoju svjesnost.

   Sve što to jest bezbroj puta, hoćete li sve to uništiti i dekreirati? Right and Wrong, Good and Bad, Pod and Poc, All 9, Shorts, Boys and Beyonds.

Sudionica Salona:
   U religiji su nas učili da se kao žene trebamo odreći svoga znanja u korist muškaraca. Muškarac je vlasnik, vođa, autoritet.

Gary:
   Religija je dio stvarnosti MEST i svi su muškarci povezani s Bogom. Ako imate penis, imate neposrednu povezanost s Bogom. Ako imate vaginu, imaš rupu u koju svi muškarci sade sjeme stvarnosti.

Sve što je ovo podiglo bezbroj puta, hoćete li sve to uništiti i dekreirati?

Right and Wrong, Good and Bad, Pod and Poc, All 9, Shorts, Boys and Beyonds.

Kao žena u fiziološkoj stvarnosti imate određene kapacitete i kao muškarac imate određene kapacitete. Zapravo svi imamo kapacitete, no nitko ih od nas ne koristi. Važno je doći do toga da su nam svi kapaciteti dostupni, a ne samo dio njih.

Sudionica Salona:
Ono što mi je došlo je: "Riječ muškarca je zakon."

Gary:
To je nametnuto cijelom čovječanstvu, Bog je muškarac i ono što Bog govori je zakon.

Koju glupost koristite da stvarate operativno stanje života i življenja kao žena što birate? Sve što to jest bezbroj puta, hoćete li uništiti i dekreirati? Right and Wrong, Good and Bad, Pod and Poc, All 9, Shorts, Boys and Beyonds.

BITI PRAGMATIČARKA ŽENSTVENOSTI

Sudionica Salona:
Nedavno ste rekli: "Želim da budete pragmatičarke ženstvenosti." Možete li reći malo više o tome kako da funkcioniram kao pragmatičarka ženstvenosti?

Gary:
Kao pragmatičarka ženstvenosti, bit ćete voljni sagledati kako možete koristiti svoje ženske smicalice i ženski šarm

kako biste dobili sve što hoćete, bez da nekome nešto oduzimate kako biste to ostvarili. Prije dosta godina mi je postalo jasno da kada žene postanu izvor moći na bilo kojoj poziciji u poslovanju, sklone su raditi više i marljivije te postaju zle kako bi dokazale da su bolje od muškaraca. Uvijek nastoje dokazati da su bolje od muškaraca. Ne koriste ono što im je dostupno kako bi bile iznad muškaraca.

Nastojite dokazati da ste bolji od muškaraca tako što nikada niste veći od muškarca kojega ste izabrali da od njega budete bolji. Sve što je ovo podiglo ili spustilo, hoćete li sve to uništiti i dekreirati? Right and Wrong, Good and Bad, Pod and Poc, All 9, Shorts, Boys and Beyonds.

Sudionica Salona:
Biti pragmatičan znači biti sposoban pogledati ono što jest. Što je glavna stvar koja nam onemogućuje da vidimo ono što jest? Što zasjenjuje našu sposobnost da vidimo?

Gary:
Većinom je to kad ste u fantaziji, kad ste napaljeni i kad ste sve osim svjesnosti.

Osjećaj je oblak. Zamijenili ste osjećaj za svjesnost. Dakle, gdje god ste izabrali osjećaje umjesto svjesnosti, hoćete li sve to uništiti i dekreirati? Right and Wrong, Good and Bad, Pod and Poc, All 9, Shorts, Boys and Beyonds.

Biti pragmatičarka ženstvenosti znači vidjeti kako možete koristiti ono što vam je dostupno u svoju korist. Na primjer, imate dekolte. Možete li to koristiti kao prednost s muškarcem koji baš nije jako bistar?

Sudionica Salona:
   Da!

Gary:
   Možete li to koristiti s muškarcem koji je vrlo bistar?

Sudionica Salona:
   Da!

Gary:
   Možete li to koristiti s muškarcem koji je svjestan?

Sudionica Salona:
   Da.

Gary:
   Ne, ne možete. Zato što on zna da to koristite. To stvara drugačiju stvarnost.
   Koju glupost koristite da stvarate osjećaj sukoba između ženskog i muškog što birate? Sve što to jest bezbroj puta, hoćete li uništiti i dekreirati? Right and Wrong, Good and Bad, Pod and Poc, All 9, Shorts, Boys and Beyonds.
   Ne znam jeste li primijetili, no svi ovi procesi imaju dosta naboja. To je jedan od osnovnih načina na koji zadržavamo ovaj svijet u sukobu i koji održava ovaj rat. Sada kada ste vi promijenili svoje gledište o ovome, rat će prestati.
   Možda ste malo snažniji nego što mislite!

GLUPOST NASPRAM SVJESNOSTI

Kada govorim o gluposti, govorim o svemu onome gdje sebe činite dovoljno nesvjesnima kako biste bili glupi glede nečega. Morate sebe učiniti nesvjesnima kako biste odabrali glupost umjesto potpunu svjesnost. Ako imate potpunu svjesnost, možete hodati ulicom i reći: "S ovim bi tipom bilo zabavno imati seks. Ovaj bi tip bio stvarno dosadan. S ovim bi tipom bilo odlično imati odnos, no bio bi dosadan u krevetu." Imat ćete svjesnost o tome koji su vaši izbori i moći ćete birati u skladu s time.

Kao žena, imate puno više izbora nego muškarci. Znam da ne mislite tako, no u stvarnosti imate. Zato što ste žensko, dobili ste postolje za stajanje.

Ili vam je pružen izbor da skliznete s postolja. Ili imate izbor potpunog kontroliranja muškarca. Većina vas to ne vidi. Imate ta tri izbora kao početni kontekst stvaranja bilo čega s muškarcem.

Sudionica Salona:
Većina nas je ponukana izabrati onoga koji neće izabrati nas.

Gary:
Upravo tako. Tako većina ljudi funkcionira. Muškarci to isto jako dobro čine, no s vremenom su naučili da ih biraju žene. Žene uporno traže muškarce koji će izabrati njih, no u stvarnosti one imaju izbor jer ako kažu: "Dođi ovdje", muškarac kaže: "Da!" No, ako muškarac kaže ženi: "Dođi ovdje", žena kaže, "J--- se!"

Sve što to jest bezbroj puta, hoćete li sve to uništiti i dekreirati? Right and Wrong, Good and Bad, Pod and Poc, All 9, Shorts, Boys and Beyonds.

"SPUSTILA SAM SVOJ OKLOP"

Sudionica Salona:
U svom prvom braku prakticirala sam "Ja ću te promijeniti." To nije funkcioniralo te sam odmah ušla u drugi odnos. On me nije želio, a ja sam željela njega pa ni to nije funkcioniralo. Ušla sam u treći odnos govoreći: "Što god se na mom putu pojavi, bit ću otvorenog uma i tako nastaviti." Napokon sam pronašla odnos s kojim sam sretna i u kojem se osjećam ugodno. To je zato što sam spustila svoj oklop i ne prosuđujem način na koji odnos treba izgledati.

Gary:
Najvažnije što si rekla je "Spustila sam svoj oklop". Većina žena ne shvaća da se većinu vremena štite od muškaraca.

Sudionica Salona:
Kroz alate Access Consciousnessa naučila sam otpuštati i primijetila sam da kada uistinu pustim, sve mi dolazi lako. Imam veći osjećaj slobode i osjećam se sigurnije sa sobom.

Gary:
Svrha ovog razgovora jest da dođete do toga da uvijek imate taj izbor. Više nikada ne morate stavljati oklop jer kada se od nekoga štitite, uvijek morate postaviti štit protiv svjesnosti.

Gdje god ste postavili oklop protiv nekoga i gdje god ste prekinuli svoju svjesnost, što vas čini dovoljno glupim da zapravo činite glupe izbore, hoćete li sve to uništiti i dekreirati? Right and Wrong, Good and Bad, Pod and Poc, All 9, Shorts, Boys and Beyonds.

Sudionica Salona:
Ljuta sam na tebe.

Gary:
Zbog nečega što sam rekao?

Sudionica Salona:
Ti, muškarac, govoriš meni, ženi, da ja imam više izbora.

Gary:
Ja nisam muškarac. Ja sam beskonačno biće.

Sudionica Salona:
Ha-ha-ha! Hvala ti!

Gary:
Kako se usuđuješ nazivati me muškarcem? Ja sam beskonačno biće.

Sudionica Salona:
Gary, to je sjajno. Postavila sam svoj oklop naspram tebe zato što sam te stavila u muško-ženski odnos.

Gary:
Da, tako funkcioniramo sa svim ljudima s kojima dolazimo u kontakt. Uvijek smo na oprezu, uvijek imamo zaštitu, uvijek prema nečemu dižemo zidove i barijere, umjesto da shvatimo kako uvijek imamo potpunu svjesnost.

Koliko zidova birate koji vas udaljavaju od potpune svjesnosti i svega što želite? Sve što to jest bezbroj puta, hoćete li uništiti i dekreirati? Right and Wrong, Good and Bad, Pod and Poc, All 9, Shorts, Boys and Beyonds.

Da sam ja ti, stavio bih svoj oklop protiv mene jer ja sam stvarno loša osoba. U glavi mi je samo jedno, a to je dovesti vas do potpune svjesnosti pa ako to uistinu ne želite imati, onda bolje stavite svoj oklop ili ću vas inače povesti na ludu vožnju!

Koju glupost koristite da stvarate osjećaj sukoba između muškoga i ženskoga što birate? Sve što to jest bezbroj puta, hoćete li sve to uništiti i dekreirati?

Right and Wrong, Good and Bad, Pod and Poc, All 9, Shorts, Boys and Beyonds.

BAJKE

Sudionica Salona:
U mojoj stvarnosti muškarca morate obožavati i on je taj koji bira vas. Kao u svim bajkama, on je taj koji se zaljubljuje u ženu. On je uvijek najpametniji i najbistriji, a ja nisam vrijedna takvog muškarca pa kako bi on uopće mogao izabrati mene?

Gary:
Oho, koju vrstu čokolade stavljaš na tu hrpu sranja? Mora biti stvarno dobra čokolada ako to stalno kupuješ!

Sudionica Salona:
Da, zato to sada hoću razbistriti.

Gary:
Evo procesa:
Koju glupost koristim da stvaram bajkoviti život i življenje koje nikada ne funkcionira što biram? Sve što to

jest bezbroj puta, hoćete li sve to uništiti i dekreirati? Right and Wrong, Good and Bad, Pod and Poc, All 9, Shorts, Boys and Beyonds.

Žensko oslobađanje preuzelo je uloge muškaraca. A bajke oduzimaju ženske uloge. Bajke govore: "Sve će na kraju funkcionirati i ja ću zauvijek živjeti sretno." Koliko ljudi poznajete koji zauvijek žive sretno? To nije življenje! Ne možete samo zauvijek živjeti sretno. Trebate stvarati i generirati, a to je ono što većinu nas nikada nisu učili.

Do toga želimo doći - da možete stvarati i generirati ono što vam odgovara. U nastavku ću o ovome govoriti više. No, prvo trebam malo naboja od vas jer ste zaključane u kavezima. Pričate da su žene teret i da su zaključane u kavez, a to je otprilike način na koji pokušavate funkcionirati kada djelujete iz gledišta ove stvarnosti o muškom i ženskom.

Sve što to jest bezbroj puta, hoćete li sve to uništiti i dekreirati? Right and Wrong, Good and Bad, Pod and Poc, All 9, Shorts, Boys and Beyonds.

Sudionica Salona:
Ako je ženama ukorijenjeno gledište "jednog će dana doći moj princ", čemu su onda učili muškarce ili što im je ukorijenjeno glede biranja odnosa ili partnerice?

Gary:
Prije svega, muškarca nisu učili da bira odnos. Učili su ga da bira seks - zato što je njegov posao omogućiti sjeme sljedeće generacije.

Sudionica Salona:
A što je s onim "nađi dobru ženu i skrasi se"? Što je to?

Gary:
   Jesi li ti iz 1950-ih?

Sudionica Salona:
   Da!

Gary:
   U redu, dobro. Zato što je pedesetih bilo takvo gledište.

Sudionica Salona:
   Dakle, misliš da to više ne postoji?

Gary:
   Znam da ne postoji. Odrastao sam u pedesetima i vidio sam ljude kako siju svoju zob, žene se i imaju djecu. Zatim se rastanu. Djeca, žene i muževi, svi su bili jadni; nitko nije bio sretan. Gdje je "živjeli su zauvijek sretno"? Živjeti zauvijek sretno ne događa se, osim ako ste voljni postati pragmatični u svojim izborima.

   Primijetio sam da bi ljudi u mojoj dobnoj skupini izabrali sjajan odnos, no ne bi pogledali osobu s kojom jesu kako bi vidjeli žele li ona isto što i oni. Pragmatični feminizam znači prepoznati što biste uistinu htjeli imati i biti voljan to stvarati, čak i ako se ne uklapa u stvarnost bilo koga drugoga.

   Sve što je to podiglo kod svih vas, bezbroj puta, hoćete li sve to uništiti i dekreirati? Right and Wrong, Good and Bad, Pod and Poc, All 9, Shorts, Boys and Beyonds.

   Ova stvarnost MEST stvorena je s idejom da je nešto kod nje ispravno. Trebali biste s njom biti povezani i za nju živjeti.

Koju glupost koristite da od sebe stvarate konkubine stvarnosti MEST, fizičke stvarnosti i psihološkog ludila što birate? Sve što to jest bezbroj puta, hoćete li sve to uništiti i dekreirati? Right and Wrong, Good and Bad, Pod and Poc, All 9, Shorts, Boys and Beyonds.

Koju glupost koristite da stvarate osjećaj sukoba između muškog i ženskog što birate? Sve što to jest bezbroj puta, hoćete li sve to uništiti i dekreirati? Right and Wrong, Good and Bad, Pod and Poc, All 9, Shorts, Boys and Beyonds.

RAT IZMEĐU ŽENA I MUŠKARACA

Jedan od razloga stvaranja sukoba između muškog i ženskog roda ili između spolova jest da proizvede nemoćne ljude. To je način da ostanete nemoćni. Da ste kao muškarac ili kao žena voljni biti sve što jeste, nitko ne bi bio nemoćan. A biti nemoćan nikomu ne koristi. Ipak, koliko vas je primijetilo da se osjećate nemoćno pred određenim tipovima muškaraca ili određenim tipovima žena?

Koju glupost koristite da stvarate nemoćnost muškaraca i žena što birate? Sve što to jest bezbroj puta, hoćete li sve to uništiti i dekreirati? Right and Wrong, Good and Bad, Pod and Poc, All 9, Shorts, Boys and Beyonds.

Sudionica Salona:
Stvara li ovaj sukob rat na planetu?

Gary:
Da, a zasigurno stvara i rat između muškaraca i žena. Žene muškarcima govore stvari koje muškarce čine nemoćnima, a muškarci ženama govore stvari koje žene čine nemoćnima.

Početkom svojega prvoga braka u kući sam imao šestomjesečnu bebu i suprugu te nas je došao posjetiti muškarac kojega godinama nisam vidio. Rekao mi je da ga traži policija jer je unajmio meksičku mafiju da ubiju njegova brata kako bi on mogao naslijediti sav novac od svoje obitelji. Zatim me je pozvao na večeru.

Odmah sam znao da ga se trebam riješiti. Rekao sam: "Stvarno ne želim ići na večeru, no slobodno uzmi moj auto." Znao sam da će otići ako mu ustupim svoj auto u vrijednosti od 2.000 $, a iz mojega je gledišta to bilo puno bolje nego da tip koji je voljan ubiti ostane u mojoj kući sa mnom, mojom suprugom i djetetom.

Moja me supruga napala. Rekla je: "Ti si kukavica. Ti si beskoristan. Mrzim te." Nije mogla vidjeti iz mojega gledišta kako se riješiti ubojice iz svoje kuće, a da ne budete ubijeni. Ja sam više za pragmatičnost nego za suočavanje.

Sve što to jest bezbroj puta, hoćete li sve to uništiti i dekreirati? Right and Wrong, Good and Bad, Pod and Poc, All 9, Shorts, Boys and Beyonds.

STVARANJE I GENERIRANJE SVOGA ŽIVOTA

Sudionica Salona:
Ako bismo se prema sebi prestali odnositi kao prema ženi ili kao prema muškarcu i kada bismo muškarce i žene počeli gledati kao beskonačna bića, čak i ako se ne ponašaju tako, kako bi to promijenilo dinamiku?

Gary:

Pa, vi se i dalje možete prema sebi odnositi kao prema ženi ili muškarcu. To nije loše; ne radi se o uklanjanju referentne točke. Radi se o prepoznavanju druge osobe kao beskonačnog bića te promatranju da li to beskonačno biće funkcionira na način koji će proširiti njegov ili njezin život - i vaš. Većina vas bira ljude koje može kontrolirati ili ljude za koje mislite da mogu kontrolirati vas ili ljude za koje mislite da ćete se zbog njih iz nekog razloga osjećati bolje ili izgledati bolje.

Birate operativno stanje življenja kao da će to stvoriti i generirati ono što želite. Neće. Operativno stanje življenja može utemeljiti samo ono što već postoji. Sva operativna stanja su načini stvaranja autopilota koji izgledaju kao da će raditi. Kada ste u operativnom stanju ne djelujete na svjesnoj razini. Djelujete na autopilotu.

Sudionica Salona:

Kako se riješiti tih operativnih stanja? Koje pitanje postavljamo? Što moramo biti?

Gary:

Morate biti pragmatični.

Sudionica Salona:

Što je pragmatično? U svom životu nikada nisam bila pragmatična.

Gary:

Da, jesi. To znači biti praktičan. Uvijek si pragmatična kad je u pitanju zarada novca.

Sudionica Salona:
Da, to mi nije dosadno. Volim novac, volim svoje tijelo i volim prirodu. Sa svim ostalim mi je dosadno.

Gary:
Ne stvaraš i ne generiraš svoj život. Živiš i utemeljuješ operativno stanje života i življenja što biraš. Iz tvoga gledišta sve si već sredila. Naravno da ti je dosadno jer ne ideš iznad ka drugačijoj realnosti.

Sudionica Salona:
U redu. Kako, kada, gdje, što, molim?

Gary:
Ne radi se o što, gdje, kada, kako. To je: iz kojeg razloga ovo ne bih izabrala?

Sudionica Salona:
Postavljala sam ovo pitanje!

Gary:
Jesi li pitala: što mogu birati iznad dosade?

Sudionica Salona:
Oho, to pitanje nisam postavljala!

Gary:
Dosadno ti je pa biraj iznad dosade. Ako si u lošem odnosu, pitaj: koga mogu izabrati da mi u ovom odnosu više ne bude dosadno? Ako vam je u životu dosadno, pitajte: što mogu izabrati iznad dosade?

Sudionica Salona:
Dosta mi se razjasnilo, Gary!

Gary:
Dobro! Zato sam ti to i dao.

Sudionica Salona:
Volim te Gary, hvala ti!

Gary:
Koju glupost koristite da stvarate operativno stanje života i življenja što birate? Sve što to jest bezbroj puta, hoćete li sve to uništiti i dekreirati? Right and Wrong, Good and Bad, Pod and Poc, All 9, Shorts, Boys and Beyonds.

Kada se nešto uvijek iznova pojavljuje, trebate pitati: po kojem operativnom stanju pokušavam živjeti?

Kada govorite: "Ovo ne funkcionira, nisam sretan s time, zaista bih htio nešto drugačije, no izgleda da ne mogu izabrati ništa drugačije", morate shvatiti da je to operativno stanje življenja. Nije da ne *možete* izabrati nešto drugačije; već *nećete*.

Koju glupost koristite da stvarate operativno stanje života i življenja što birate? Sve što to jest bezbroj puta, hoćete li sve to uništiti i dekreirati? Right and Wrong, Good and Bad, Pod and Poc, All 9, Shorts, Boys and Beyonds.

Operativno stanje znači što je prije moguće doći do smrti, uz nekoliko usputnih afera. Sve što to jest bezbroj puta, hoćete li sve to uništiti i dekreirati? Right and Wrong, Good and Bad, Pod and Poc, All 9, Shorts, Boys and Beyonds.

VAŠE JE TIJELO U VAMA

Sudionica Salona:
Govorite o kreiranju i generiranju naših života i o biranju nečeg drugačijeg, pa ipak smo još uvijek u tijelu žene.

Gary:
Zašto ste to rekli kao da je to ograničenje koje ne možete prevladati?
Kažete: "Ja sam u ženskom tijelu." Jeste li *u* ženskom tijelu - ili je žensko tijelo *unutar* vas? Vi niste u tijelu. Vaše je tijelo u vama. To ste u ovom životu stvorili kako bi vam nešto dalo. Sad, zašto to birate i kako ste ga stvorili da dobijete taj rezultat - taj dio ne znam - to znate samo vi.

Sudionica Salona:
U čemu je razlika između toga da sam ja u ovom tijelu ili je ono unutar mene?

Gary:
Vi ste beskonačno biće. Nemate rubove, no postoje vanjski rubovi vašega tijela.

Sudionica Salona:
Dakle, moje je tijelo unutar mene?

Gary:
Biste li mogli biti veće biće kojemu ne bi moglo biti dosadno, čak i s njezinim tijelom ili bez njezina tijela ili nečeg drugog?

Sudionica Salona:
Da! Hvala!

Gary:
Koju glupost koristite da stvarate operativno stanje života i življenja što birate? Sve što to jest bezbroj puta, hoćete li sve to uništiti i dekreirati? Right and Wrong, Good and Bad, Pod and Poc, All 9, Shorts, Boys and Beyonds.

Ovo želim da radite do sljedećeg poziva. Trebate si pojasniti iz čega djelujete. Većina vas ne traži stvaranje nečeg većeg.

Djelujete iz stanja iz kojega mislite da morate funkcionirati, umjesto da imate izbor ili mogućnost. Pokušavate stvarati iz ženskoga tijela kao da je to jedini izbor koji postoji, umjesto da pitate: koja bi mi kreacija ovdje bila dostupna da sam voljna prigrliti žensko i ne odbijati muško? I ne odbijati svoje beskonačno biće?

Sve što to jest bezbroj puta, hoćete li sve to uništiti i dekreirati? Right and Wrong, Good and Bad, Pod and Poc, All 9, Shorts, Boys and Beyonds.

Koliko vas traži svoju srodnu dušu, svoga značajnoga drugoga, svoga strastvenoga blizanca, svoju drugu polovicu ili svoju odgovarajuću energiju u muškom tijelu?

Sudionica Salona:
Nekoga tko će me upotpuniti!

Gary:
To! Ogromno!

Sve što to jest bezbroj puta, hoćete li sve to uništiti i dekreirati? Right and Wrong, Good and Bad, Pod and Poc, All 9, Shorts, Boys and Beyonds.

Bi li beskonačno biće trebalo upotpunjavanje? Bi li beskonačno biće bilo voljno imati seks ili odnos s bilo kime koga odabere za odnos?

Sudionica Salona:
Apsolutno, u bilo koje vrijeme, na bilo kojemu mjestu.

Gary:
Vi stalno nastojite stvoriti sva ta stanja iz kojih možete djelovati.
Koliko operativnih stanja ograničenja birate? Sve to, bezbroj puta, hoćete li sve to uništiti i dekreirati? Right and Wrong, Good and Bad, Pod and Poc, All 9, Shorts, Boys and Beyonds.

Sudionica Salona:
Koji su elementi istinskog zadovoljstva utjelovljenja bivanja ženom?

Gary:
Riješite se svih prosudbi o tome što znači biti žena ili muškarac.

Sudionica Salona:
U prošlosti ste pričali da su sve odluke, prosudbe, izračuni i zaključci nametnuti našim tijelima. Možete li govoriti o ulozi tih elemenata ovdje?

Gary:
Kada prekinete svoju svjesnost, učinite se dovoljno glupim kako ne biste bili svjesni što ljudi projiciraju na vaše tijelo i to se zaključava u vaše tijelo i stvara bol. Morate htjeti biti

svjesni onoga što se događa. Morate imati svjesnost: "Ovaj me tip požudno gleda.

Sviđa li se to mome tijelu? Oh! Mojem se tijelu sviđa da se za njim žudi. Zanimljivo!" Barem vaše tijelo može uživati u požudi. To znači biti pragmatičan glede bivanja ženom.

Prepoznajte razliku između onoga kad vas netko požudno pogleda, u čemu vaše tijelo uživa i onoga kada mislite da biste s tim trebali nešto učiniti. Većina ljudi pogleda u nekoga te okrene pogled u drugu stranu jer misle da ako u nekoga predugo gledaju, to znači da nešto moraju učiniti. Ne! To samo znači da gledate.

Pronašao sam način zaobilaženja toga. Kada predugo gledam u ženu i njoj postane neugodno, kažem: "Oho, sjajne cipele, odlična torbica. Gdje ste ih nabavili?" S dečkima možete reći: "Vježbaš li puno? Zaista radiš dobar posao!" ili "Oho, vjerojatno piješ puno piva!" Morate biti voljni prepoznati što se događa.

Sudionica Salona:
Što se događa kada muškarci i žene koji se međusobno ne poznaju prođu jedni pored drugih i skreću pogled u stranu? Pokušavaju li izbjeći neugodu?

Gary:
To je sukob.

Koju glupost koristim da stvaram osjećaj sukoba između muškog i ženskog što biram? Sve što to jest bezbroj puta, hoćete li sve to uništiti i dekreirati? Right and Wrong, Good and Bad, Pod and Poc, All 9, Shorts, Boys and Beyonds.

Molim vas, primijetite da govorim o tome kao o muškom i ženskom. To su elementi koji određuju ono što se događa kada zauzmete tijelo muškarca ili tijelo žene. Trebali biste biti voljni prepoznati: "Ja nosim ovo tijelo, ali to nije jednako onome tko sam."

"OHO, NIKADA NA TO NISAM POMISLILA"

Sudionica Salona:
Trenutno radim u korporacijskom okruženju u kojem dominiraju muškarci i još sam uvijek nova u poslu. Imam dva muška menadžera čija je dužnost neprestano isticati u kojem dijelu svoga posla radim gubitke. Osjećam se kao da stvaram odnos koji sam imala sa svojim ocem dok sam bila tinejdžerka, koji se, usput rečeno, dinamično promijenio od kad sam počela koristiti ove lude stvari zvane Access Consciousness. Osjećam se ovdje zbunjeno. Što mogu biti ili činiti drugačije što će ovu gospodu navesti da dođu u moje ruke?

Gary:
Moraš shvatiti da oni nastoje biti tvoji učitelji. Ako želiš da netko o tebi ima visoko mišljenje, uvijek postavi pitanje na koje već znaš odgovor. Zatim reci: "Oho, nikada na to nisam pomislila. To je briljantno. Tako sam zahvalna."

Počet će te puštati na miru i davat će ti informacije umjesto da te pokušavaju ispravljati. Njihovo je gledište da trebaju srediti mlađe kako bi bolje radili. To nema nikakve veze s time što ste žena. To je problem. U redu? Činjenica je da im niste postavili pitanje koje dokazuje da već znate ono o čemu pričate.

SVAKI IZBOR STVARA

Sudionica Salona:
Odrasla sam uz mnoga pravila o tome što kao žena trebam činiti u odnosu: uvijek moraš biti spremna za svog muškarca. Moraš biti lijepa, dobro kuhati, održavati kuću čistom, odjeću uvijek složenom i pobrinuti se da tvom muškarcu bude udobno. Moraš koristiti prave riječi, imati pravi stav te prave odgovore kako bi ga razveselila i zadržala.

Gary:
Očito si i ti odrastala u 1950-ima!

Sudionica Salona:
Sve to nas žene čini vrlo ovisnim jer su nas u jednom dijelu priče učili da ne možemo zarađivati novac, da je muškarac jedini i da je potrebno puno rada za održavanje odnosa. Tu se isključujem i rastajem od same sebe. Tako da sam odlučila da se više nikada neću upustiti u odnos.

Gary:
Pogledajmo sada. Je li to odluka, prosudba, proračun ili zaključak? Da, činiš to. To nije pragmatičar ženske stvarnosti.
Sve što to jest bezbroj puta, hoćete li sve to uništiti i dekreirati? Right and Wrong, Good and Bad, Pod and Poc, All 9, Shorts, Boys and Beyonds.

Sudionica Salona:
Zato sudjelujem u ovom razgovoru. I dalje ne želim imati odnos. Želim biti svoja i uživati u sebi. Ne želim ni o kome

voditi brigu, uključujući i svoju djecu. No, želim razbistriti ovo područje jer sam sigurna da će to otvoriti autocestu koju sada isključujem, zato što stalno činim stvari za druge umjesto da sebe stavljam na prvo mjesto. I dalje ne znam kako misliti prvo na sebe i raditi prvo za sebe.

Gary:
Prije svega, ne radi se o tome da mislite prvo na sebe ili radite prvo za sebe. Možete li biti prvi u jedinstvu? To će biti *ne*. Radi se o tome da budete svjesni da svaki izbor stvara. Kada birate, pitajte: hoće li ovo biti dobro za mene i za sve druge?

Ako nastojite biti prvi u jedinstvu, natječete se. Ali s kim se natječete? Koliko vas se natječe s muškarcima umjesto da s muškarcima budete u povezanoj zajednici.

Sve što to jest bezbroj puta, hoćete li sve to uništiti i dekreirati? Right and Wrong, Good and Bad, Pod and Poc, All 9, Shorts, Boys and Beyonds.

Sudionica Salona:
Kako se mogu riješiti gledišta da sam debela i ružna? POD i POC-ala sam to, no i dalje me muči. I što je s reakcijom kad odbijate čuti "volim te"?

Gary:
Ako ste zapravo čuli "volim te," morali biste primati - a vi radije ne biste primali. Radije biste se suzdržali.

Koju glupost koristite da stvarate fiziološku stvarnost što birate? Sve što to jest bezbroj puta, hoćete li sve to uništiti i dekreirati? Right and Wrong, Good and Bad, Pod and Poc, All 9, Shorts, Boys and Beyonds.

Ovo je dobar proces za sve koji imaju pitanje o svom tijelu - zato što ste izabrali fiziološku stvarnost. Stvorili ste je pa mislite da je trebate zadržati. Ne, ne morate je zadržati. Imate izbor.

Koju fizičku aktualizaciju fiziološke stvarnosti iznad fizičke stvarnosti sam sada sposobna generirati, stvarati i utemeljivati? Sve što ne dopušta da se to pojavi bezbroj puta, hoćete li sve to uništiti i dekreirati? Right and Wrong, Good and Bad, Pod and Poc, All 9, Shorts, Boys and Beyonds.

Pa kako ste svi?

Sudionica Salona:

Sjajno. Ovo je zaista sjajno.

Gary:

Odlično! Zahvalan sam svim ženama ovdje. Volio bih vam pružiti prostor u kojem možete imati sebe kao dobrotu prema sebi koja možete biti, zato što imate taj idiotizam da morate biti ljubazni prema drugima - a ne prema sebi. Ne. Trebate biti ljubazni prema drugima i prema sebi u isto vrijeme. Bez ikakvog razloga, samo zato što to vaš život čini lakšim i to je pragmatični feminizam.

Želim da postanete pragmatični ženstveni ljudi, ne feministi, ne šovinisti. Ako mrzite muškarce, vršite šovinizam prema muškarcima. Ništa od toga nije potrebno.

Želim zaustaviti borbu između muškaraca i žena. Onda žene od svojih muškaraca neće tražiti dokazivanje svoje hrabrosti, a muškarci neće morati dokazivati da su njihove žene u krivu i svi mogu imati osjećaj da zapravo imaju izbor. Bilo bi lijepo kada bi rat završio. Mi bismo to mogli učiniti među svima nama. Puno vam svima hvala.

2
Izbor promjene stvarnosti

Što ako ste sposobni mijenjati stvarnost - a to ne birate?

Gary:
Bok, dame.

SRODNE DUŠE I DRUGE POLOVICE

Dain i ja smo danas imali emisiju na Puja Radio Network o srodnim dušama i drugim polovicama, što je vrlo smiješno zato što metafizička zajednica srodne duše i druge polovice smatra normalnom pojavom u ovoj stvarnosti. Količina naboja na njima bila je nevjerojatna. Stoga ću s vama koristiti procese koje smo danas koristili u emisiji zato što mislim da će svima pomoći.

Koju glupost koristite da stvarate drugu polovicu, srodnu dušu, značajnog drugog, mitsko stvorenje, princa ili princezu, savršenu osobu za sebe i savršenu dopunu sebi što birate? Sve što to jest bezbroj puta, hoćete li sve to uništiti i dekreirati? Right and Wrong, Good and Bad, Pod and Poc, All 9, Shorts, Boys and Beyonds.

Očigledno su neki su od vas, kao djeca, čitali previše priča o Pepeljugi, Matovilki i svim tim bićima koja ste trebali postati, no nikada niste mogli postati jer niste bili dovoljno odbojni kao bilo koje od tih bića.

Koju glupost koristite da stvarate drugu polovicu, srodnu dušu, značajnog drugog, mitsko stvorenje, princa ili princezu, savršenu osobu za sebe i savršenu dopunu sebi što birate? Sve što to jest bezbroj puta, hoćete li sve to uništiti i dekreirati? Right and Wrong, Good and Bad, Pod and Poc, All 9, Shorts, Boys and Beyonds.

Ovo je zamisao da je svrha odnosa pronalaženje savršene osobe za sebe. Bi li beskonačno biće uistinu imalo savršenu dopunu - ili bi beskonačno biće imalo višestruke dopune?

Koliko vas je imalo višestruke od kojih ste neprestano nastojali pronaći onog savršenog? Sve što to jest bezbroj puta, hoćete li sve to uništiti i dekreirati? Right and Wrong, Good and Bad, Pod and Poc, All 9, Shorts, Boys and Beyonds.

U stvarnosti tragate za savršenim koji ne postoji. Zahtijeva li to od vas da se prosuđujete - ili da birate sebe?

Sudionica Salona:
Prosuđivanje.

Gary:
Gdje god ste se prosuđivali zato što niste pronašli savršenoga za sebe, hoćete li sve to uništiti i dekreirati? Right and Wrong, Good and Bad, Pod and Poc, All 9, Shorts, Boys and Beyonds.

ŽIVITE IZ *VOLJENJA* - A NE IZ *LJUBAVI*

U razgovoru koji smo Dain i ja vodili u današnjoj emisiji shvatio sam da suprotnost ljubavi nije mržnja. Suprotnost ljubavi je prosudba. Ljubav ne zahtijeva mržnju kao svoju suprotnost; zahtijeva prosudbu kao suprotno gledište.

Suprotne sile u našem životu su: 1) ljubav i prosudba, 2) brižnost i mržnja i 3) glupost i primanje. To je ono što stvara zbrku i ne dopušta vam da izaberete ono što vam odgovara.

Sudionica Salona:
Kada kažete da su ljubav i prosudba suprotne sile, kažete li da imam prosudbe zato što imam ljubav u životu? Možete li to objasniti?

Gary:
Voljeti - a ne *ljubav* - ono je iz čega želite živjeti. Sve dok volite, ne možete imati prosudbe. Kad uistinu jeste voljenje, zahvalni ste za ono što osoba čini. Ne prosuđujete drugu osobu ni sebe.

Nemojte pokušavati živjeti iz *ljubavi*. Živite iz *voljenja*. Kada funkcionirate iz voljenja, brižnosti i primanja, ne funkcionirate iz prosudbe. Kako biste prestali voljeti, trebate prosuđivati; u suprotnom samo volite.

Gary:
Koju glupost koristite da stvarate suprotne sile ljubavi i prosudbe, brižnosti i mržnje i gluposti i primanja što birate? Sve što to jest bezbroj puta, hoćete li sve to uništiti i dekreirati? Right and Wrong, Good and Bad, Pod and Poc, All 9, Shorts, Boys and Beyonds.

Ovaj je proces malo intenzivniji nego što sam mislio da će biti. Pokrenimo ga opet.

Koju glupost koristite da stvarate suprotne sile ljubavi i prosudbe, brižnosti i mržnje i gluposti i primanja što birate? Sve što to jest bezbroj puta, hoćete li sve to uništiti i dekreirati? Right and Wrong, Good and Bad, Pod and Poc, All 9, Shorts, Boys and Beyonds.

Sudionica Salona:
Nisam imala odnos bez prosuđivanja.

Gary:
Većina vas nije zato što odnos bez prosudbi nije "normalan" u ovoj stvarnosti. Zašto odnos s prosuđivanjem smatramo stvarnijim od odnosa bez prosudbi? Znate zašto?

Zato što je odnos s prosudbama intenzivniji. Taj intenzitet definiramo kao ljubav pa radije tražimo to nego radost i mogućnosti voljenja. Istinsko voljenje znači prigrliti lakoću i mogućnost - a ne prosudbu.

Sudionica Salona:
Imam partnera koji me ne prosuđuje na način na koji ova stvarnost vidi odnose, a ja sam sklona stvarati prosudbe o njemu kako bi se naš odnos uklopio u ono kako ova stvarnost smatra da bi odnos trebao izgledati.

Gary:
Dobro si primijetila. To svatko od nas čini kako bi stvorio osjećaj ljubavi u skladu s ovom stvarnošću. Radi se o intenzitetu prosudbe, a ne o svjesnosti o mogućnosti koju stvaramo sa svojim partnerima.

Sve što ste svi vi učinili da to stvarate u sebi i u svome partneru, hoćete li sve to uništiti i dekreirati? Right and Wrong, Good and Bad, Pod and Poc, All 9, Shorts, Boys and Beyonds.

Ljubav je zaključak; *voljenje* je akcija. Morate prestati pokušavati djelovati iz ljubavi i umjesto toga djelovati iz voljenja. Kada ste s nekim, pogledajte što bi bio čin voljeti, aktivnost voljeti danas. Pitajući se "Kako mogu izraziti svoju ljubav danas?" je aktivnost voljenja.

Prepoznajte da je *voljenje* aktivan dio u svijetu, a *ljubav*, kao prosudba, nužno je svršeni dio u svijetu. Ako ste u činu voljenja, ne možete biti u činu prosuđivanja.

Ako ste ljubav, djelujete iz ideje da ste sve završili. Mislite: "To je dovoljno. To je sve što moram činiti." Vidim da to ljudi puno rade. Kažu: "Volim ovu osobu" i otuda nadalje prestaju stvarati odnos. Prestaju biti u *akciji* voljenja. Voljeli su pa je stoga to završeno i ne moraju više ništa činiti.

Ako radite završetak - "volim ga" - tada je to gotova stvar i iz te točke nadalje nema stvaranja. Sve što možete imati je ljubav/mržnja. Ne možete imati potpunu radost i mogućnost.

Kada kažete "volim ovu osobu", što uopće mislite? Jedna od najvećih teškoća jest to što ljubav ima oko osam trilijuna bezbroj definicija.

Sve definicije koje imate o *ljubavi* koje nemaju nikakve veze s *voljenjem*, hoćete li sve to uništiti i dekreirati? Right and Wrong, Good and Bad, Pod and Poc, All 9, Shorts, Boys and Beyonds.

Sudionica Salona:

Kada razgovaram s ljudima o odnosima, oni često opisuju cijeli niz onoga što ne funkcionira. Pitam: "Što je u tome vrijedno? Zašto se toga držiš?"

Oni kažu: "Ali ja ga volim."

Pitam: "Što to znači? Ne razumijem." Možete li to objasniti?

Gary:

Većina ljudi odluči da kada voli, sve bi trebalo biti u redu, no zamisao da volite i da će sve biti u redu je prosudba. To nije svjesnost.

Koju svjesnost propuštate da stvarate prosudbu koju naglašavate? Sve što to jest bezbroj puta, hoćete li sve to uništiti i dekreirati? Right and Wrong, Good and Bad, Pod and Poc, All 9, Shorts, Boys and Beyonds.

Morate početi stvarati iz pragmatičnoga gledišta: što bih želio stvarati? Pogledate li ikada u to kada ste u odnosu? Ja nikada nisam. Gledao sam: "Oh, želim je učiniti sretnom. Želim da zna koliko je volim." što znači "Nedostaje mi da ona zna koliko je volim. Nedostaje mi njezina svjesnost o njezinom znanju." Sve što sam radio bilo je održavanje manjka. Koliko vas je provelo život pokušavajući hraniti nedostatak odnosa, umjesto mogućnosti odnosa?

Sve što to jest bezbroj puta, hoćete li sve to uništiti i dekreirati? Right and Wrong, Good and Bad, Pod and Poc, All 9, Shorts, Boys and Beyonds.

Sudionica Salona:

Uvijek mi se čini kada ljudi govore "volim ovu osobu" da zaista misle "trebam nešto i očekujem da ću to dobiti od osobe za koju sam odlučio da mi treba". Ali kada pričate o voljenju, to ima energiju izljeva zahvalnosti, umjesto kvalitete "daj mi".

Sudionica Salona:
Ovo što ste upravo rekli o ljubavi i voljenju bilo je briljantno. Hvala.

Gary:
Želim svima zahvaliti na pitanjima jer ste s njima otvorili vrata razini mogućnosti koja za žene na ovom planetu nikada nije postojala. Molim vas, znajte to. Otvarate vrata većim mogućnostima za muškarce i žene od onih koje su do sada postojale na ovom planetu Zemlji, činjenicom da ste voljni sagledati ove stvari i promijeniti glupost iz koje funkcionirate. To je ono što sam ovim pozivima želio stvoriti i to se događa. Zahvalan sam svakome od vas što ste ovdje.

Sudionica Salona:
Hvala vama!

Gary:
Koju glupost koristite da stvarate suprotne sile ljubavi i prosudbe, brižnosti i mržnje te gluposti i primanja što birate? Sve što to jest bezbroj puta, hoćete li sve to uništiti i dekreirati? Right and Wrong, Good and Bad, Pod and Poc, All 9, Shorts, Boys and Beyonds.

"ŠTO JE OVO?"

Sudionica Salona:
Vidjela sam puno odnosa između muškaraca i žena. Za tango je potrebno dvoje, zar ne? Kada postoje prosudbe, je li bitno prosuđuju li muškarci ili žene? Kako izgleda ako s nekim imam odnos i on donosi prosudbe? Koja je moja uloga u tome?

Gary:
Većina ljudi ne shvaća da trebaju stvarati iz onoga što jest, a ne iz onoga što su mislili da treba biti. Morate funkcionirati iz "Što je ovo?", a ne "Koju prosudbu o ovome imam?"

Ne radi se o prosudbama; radi se o tome da volite ono što vam širi život. To su pragmatični odnosi. To je potpuno drugačiji univerzum. Pragmatični odnos je:

- Što će ovdje funkcionirati?
- Kako da ovo odgovara meni, drugoj osobi i svima koji su upleteni?

Ako ne funkcionirate iz pragmatičnog odnosa, funkcionirate iz prosuđujućih odnosa, a to je "volim ga" ili "ne volim ga." Kao kad čupate latica s cvijeta govoreći "voli me, ne voli me." Čupate latice kako biste došli do zaključka voli li vas on ili ne.

Što ako biste imali odnos koji je voljenje, brižnost i primanje - a ne nesvjesnost, ne mržnja i ne prosuđivanje? No, to nije način na koji ova stvarnost funkcionira. Bez te prosudbe, mržnje i gluposti uopće se ne biste mogli zaljubiti. Ne biste mogli imati traumu i dramu i sve ono što se smatra najvrednijim proizvodima ove stvarnosti.

Morate stvoriti pragmatični odnos koji vam odgovara. Umjesto toga, vi pokušavate stvoriti odnos na temelju tuđega gledišta.

Sve što ste učinili da svoj odnos stvarate na temelju gledišta drugih ljudi, a ne svojih, hoćete li sve to uništiti i dekreirati? Right and Wrong, Good and Bad, Pod and Poc, All 9, Shorts, Boys and Beyonds

Svi ste to puno radili!

Sudionica Salona:
Jeste li sada u točki svoje stvarnosti gdje više ne prosuđujete - ili ste odmah svjesni kada prosuđujete pa to POD i POC-ate?

Gary:
Većinom sam odmah svjestan gdje počinjem prosuđivati. Prije nekog vremena razmatrao sam o odnosu s nekim tko je za mene bio savršen i postavio sam pitanje: hoće li njoj odnos odgovarati? Rekao sam: "Oho, neće!" jer ono što bi meni odgovaralo i ono što bi odgovaralo njoj dvije su različite stvari. To je gledanje na pragmatični odnos: hoće li ovo zaista odgovarati drugoj osobi? A ne: hoće li ovo meni odgovarati?

Većina nas to čini. Gledamo u odnos na način "Mogu li učiniti da ovo drugoj osobi odgovara?" ili "Kako da ovo meni odgovara?" kao dva gledišta. Što ako postoji treće gledište koje biste mogli imati?

Sve što vam ne dopušta da percipirate, znate, budete i primate iznimno pragmatična gledišta koja bi vam dopustila da sve odgovara svima, hoćete li sve to uništiti i dekreirati? Right and Wrong, Good and Bad, Pod and Poc, All 9, Shorts, Boys and Beyonds

Sudionica Salona:

Dolazeći do toga trećega gledišta, pretpostavljam da bi obje strane trebale postaviti pitanja kako bi uvidjeli što bi im odgovaralo?

Gary:

Samo jedna osoba treba postaviti pitanja i ta osoba mora biti voljna razmotriti:
+ Što je ovo?
+ Što s tim mogu raditi?
+ Mogu li to promijeniti?
+ Kako to mogu promijeniti?

Recimo da odlučite s nekim ući u odnos. On ima obitelj. Je li obitelj umiješana u odnos?

Sudionica Salona:

Da.

Gary:

Ima li obitelj gledište o odnosima? O da! Projiciraju li i očekuju li od vas određene stvari zato što ste u odnosu?

Sudionica Salona:

O, da.

Gary:

Pa imate li zapravo istinski izbor - ili trebate promijeniti svoje izbore jer u svoj odnos morate uključiti druge ljude?

Sudionica Salona:

Posljednje.

STVARANJE BUDUĆNOSTI

Gary:
Morate biti voljni prepoznati kako će svaki izbor stvoriti budućnost koju biste htjeli stvoriti. Većina nas nikada ne razmatra stvaranje budućnosti zato što to nije stvarnost za gotovo sve na ovom planetu.

Počeo sam čitati knjigu o riziku naslovljenu "Protiv Bogova". Govori o zamisli da je rizik stvoren određenim stvarima te da postoje *vjerojatnosti* koje će stvoriti budućnost - umjesto *mogućnosti* koje će stvoriti budućnost.

Vjerojatnost je zamisao da matematički možete odrediti što će se najvjerojatnije dogoditi, uz suglasnost sa gledištima svih drugih. Temelji se na vašoj prosudbi i prosudbama svih ostalih, umjesto na zamisli da izbor i mogućnost zapravo mogu mijenjati stvarnost.

Morate prepoznati da izbor doslovno stvara mogućnosti. Što ako ste sposobni mijenjati stvarnost - a vi to ne birate?

Što ste sve izabrali da izbjegnete stvaranje na temelju izbora mogućnosti u korist vjerojatnosti onoga što će svi ostali prihvatiti, prikloniti se i složiti se s time? Sve što to jest bezbroj puta, hoćete li sve to uništiti i dekreirati? Right and Wrong, Good and Bad, Pod and Poc, All 9, Shorts, Boys and Beyonds.

Ako birate iz mogućnosti, možete vidjeti da bi mogla biti drugačija kreacija koja još nije postojala. Molim vas, dame, da budete voljne stvarati iznad ograničenja ove stvarnosti.

"Koja je ovdje mogućnost drugačije budućnosti?" gledište je koje se ne pojavljuje u odnosima, seksu i kopulaciji ili u vašem životu. Evo potpuno novog procesa kojega još ni na komu nisam koristio. Vi ste prvi.

Koju glupost koristite da stvarate vjerojatnosti aktualiziranja budućnosti što birate? Sve što to jest bezbroj puta, hoćete li sve to uništiti i dekreirati? Right and Wrong, Good and Bad, Pod and Poc, All 9, Shorts, Boys and Beyonds.

VAŠE GLEDIŠTE STVARA VAŠU STVARNOST

Mi biramo, a ne shvaćamo kako ti izbori stvaraju našu budućnost na sve načine. Svaki izbor koji činimo stvara. Već dugo vremena govorim da je izbor stvaranje. Izbor nije ispravnost ili pogrešnost, već stvaranje. To je stvarajući element svega na planetu Zemlji. Svaki izbor koji činite nešto stvara. Vaše gledište stvara vašu stvarnost; vaša stvarnost ne stvara vaše gledište. Jeste li ikada izabrali odnos s nekim tko za vas nije bio dobar?

Sudionica Salona:
Kada govorite o svemu ovome, ono što mi dolazi jest energija prostora kojega nisam bila voljna izabrati. Ne biram iz prostora jer nemam razloga, opravdanja ili pojma što će to stvoriti.

Gary:
Da, zato što pokušavate tražiti vjerojatnost.

Sudionica Salona:
Da, oho! Hvala vam!

Gary:
Vi, kao žena, niste ništa manje od muškaraca. Jednostavno ste drugačije od muškaraca. Ne u lošem smislu, ne u dobrom smislu, samo drugačije. Imate jednake izbore. Zapravo, imate više izbora nego muškarci - zato što muškarac, kako

bi dokazao da je muškarac, mora dokazati da nije ženstven i da nije homoseksualan. Znam da vam to nema smisla, ali to je istinito. Neki je dan žena došla k meni u ured i rekla: "Dain je homoseksualac, zar ne?"

Rekao sam: "Ne, zapravo nije. Što te navelo da misliš da je homoseksualac?"

Ona je rekla: "Kada sam porezala prst, on je na to stavio flaster i pritom je bio tako ljubazan i brižan. Nije moguće da je heteroseksualan jer bi ga hetero muškarac samo grubo nalijepio i rekao: "Kako je sad?"

Ako je muškarac brižan, on je homoseksualan? Ne. To je totalna prosudba i odluka te nažalost nije istinito. Vjerujte mi, postoji puno muškaraca koji bi bili sretni da je Dain homoseksualac, ali nije. Ako vi, kao žene, niste potpuno ljubazne i brižne, ne smatraju vas ženstvenima. To je jednostavno ludo.

SVAKI IZBOR UČINITE IZVOROM MOGUĆNOSTI

Sudionica Salona:
Kažete li da kao žena, potvrđujući da imam više izbora, potvrđujem da je svaki izbor stvaranje koji će mi otvoriti neke stvari?

Gary:
Da, svaki će izbor otvoriti vrata mogućnosti. Svaki izbor stvara višestruke mogućnosti. Već sam govorio o tome. Svaka mogućnost i izbor stvara skup mogućnosti. Svaki puta kada birate, stvarate skup mogućnosti.

Samim zamišljanjem ideje stvarate izbor i otvara se deset mogućnosti. Tada biraš ponovno i otvora se drugih deset mogućnosti. U prvom slučaju jedan izbor stvara skup mogućnosti, a u drugom drugi skup mogućnosti povezuje oba izbora koja ste stvorili kao mogućnosti. Tako počinjete stvarati paukove mreže budućnosti da aktualizirate, da u stvarnost dovedete postojanje drugačije mogućnosti.

Kada počnete percipirati ta mjesta gdje su se raznovrsnosti međusobno povezale svaki puta kada stvorite izbor, vidite što doprinosi stvaranju linije drugačije mogućnosti ka drugačijoj budućnosti koja možda nije nikada postojala za vas ili za nekoga koga poznajete.

Sudionica Salona:
Hvala vam, ovo je bilo briljantno. Kada ste rekli da se, kada biramo, pojavljuje deset mogućnosti pa odabiremo jednu od tih deset mogućnosti i one se međusobno povezuju, na tome je bila tako jaka energija. Što god to bilo, nisam voljna znati što je to i što je mreža svega toga. Volim se pretvarati da ne znam ono što stvarno znam.

Gary:
Pokušajmo ovo:
Koju glupost koristite da stvarate nedostatak svjesnosti o mreži mogućnosti koju stvara izbor koji birate, što birate? Sve što to jest bezbroj puta, hoćete li sve to uništiti i dekreirati? Right and Wrong, Good and Bad, Pod and Poc, All 9, Shorts, Boys and Beyonds.

Svaki izbor stvara višestruki skup mogućnosti. Mi stalno nastojimo doći do zaključka, misleći kako će to učvrstiti izbor koji donosimo i stvoriti "točno" gledište da dobijemo ishod koji želimo.

Svi ste vi imali iskustvo ulaska u odnos s nekim, zauzimanja fiksnoga gledišta te raspadanja svega. Zašto mislite da se raspalo? Raspalo se zato što niste bili voljni stvarati i generirati iznad izbora "volim ga".

Kada nađete takozvanu srodnu dušu ili nekoga vidite kao svoju drugu polovicu, stvarate iz čudnoga gledišta koje nema nikakve veze s vama i više niste sposobni kreirati ono što je moguće.

To je mjesto gdje svoj izbor učinite krajem stvaranja. Ne činite ni jedan izbor krajem stvaranja. Svaki izbor činite izvorom mogućnosti.

Koju glupost koristite da stvarate drugu polovicu, srodnu dušu, značajnog drugog, mitsko stvorenje, princa ili princezu, savršenu osobu za sebe i savršenu dopunu sebi što birate? Sve što to jest bezbroj puta, hoćete li sve to uništiti i dekreirati? Right and Wrong, Good and Bad, Pod and Poc, All 9, Shorts, Boys and Beyonds.

Koju glupost koristite da stvarate krv, znoj i suze odnosa što birate? Sve što to jest bezbroj puta, hoćete li sve to uništiti i dekreirati? Right and Wrong, Good and Bad, Pod and Poc, All 9, Shorts, Boys and Beyonds.

Mnogi su od vas okrivljavali sebe zato što ne birate imati odnos. Što ako je nebiranje odnosa najpametnija stvar koju ste ikada izabrali za sebe?

Koju glupost koristite da stvarate pogrešnost nebiranja odnosa što birate? Sve što to jest bezbroj puta, hoćete li sve to uništiti i dekreirati? Right and Wrong, Good and Bad, Pod and Poc, All 9, Shorts, Boys and Beyonds.

Imate gledište da ste u krivu zato što nemate odnos jer vas majka ili sestra ili vaše prijateljice uvijek ohrabruju da imate loš odnos. Vi stvarno ne želite odnos i zato stalno birate loše odnose. Da ga stvarno želite, stvorili biste dobar odnos. Ako stvarno ne želite odnos, u tome nije ništa pogrešno. Niste u krivu ako ne želite odnos!

Odnos je koncept; to nije stvarnost. Ne trebate nikoga da vas upotpuni. Vi ste potpuni kao duša sama po sebi. Ne trebate odnos, obitelj, djecu, grupu ili bilo što slično kako bi vas to upotpunilo. Vi ste potpuni entitet, biće samo po sebi. Budite svoji.

Sve što ste učinili kako biste se učinili neistinitima, hoćete li sve to uništiti i dekreirati? Right and Wrong, Good and Bad, Pod and Poc, All 9, Shorts, Boys and Beyonds.

DAKLE, ŠTO JE ODNOS?

Sudionica Salona:
Mogu li vas pitati što za vas znači odnos?

Gary:
Odnos je pragmatično zajedničko življenje koje proširuje realnosti oba partnera i obje vaše agende. Odnos je jedno mjesto gdje možete udobno zajedno živjeti bez prosudbi. To je mjesto gdje možete zajedno živjeti u mogućnostima, a ne u nužnostima "ne čistiš svoj dio", "ne radiš svoj dio", "ne dijeliš". *Dijeljenje* je koncept koji stvara prostor u kojemu nekoga prosuđujete, a ne gdje s nekim živite.

Čim odete u prosudbu, vi kao biće prestajete postojati. Biće i prosudba ne mogu postojati u istom svemiru. Biće je element zahvalnosti; prosudba je element uništavanja. Ne možete imati zahvalnost i uništavanje u istom svemiru. Jedno je kreacija; drugo je destrukcija.

Sudionica Salona:
Gotovo da se želim riješiti riječi odnos. Želim to nazvati nekako drugačije. Ne želim imati odnos.

Gary:
"Ne želim imati *odnos*" znači da vam ne nedostaje odnos, što znači da imate jako puno odnosa i većina njih je loša.

Sudionica Salona:
Da.

Gary:
Pa zašto su loši?

Sudionica Salona:
Ja se ne pojavljujem. Ni u jednom od mojih odnosa nisam sve ono što ja jesam.

Gary:
Zašto u svojim odnosima niste sve ono što jeste?

Sudionica Salona:
Drugi me ljudi ne primaju ili me ne mogu shvatiti.

Gary:
Zašto od njih očekujete da vas shvate? Kako bi bilo kada biste bili voljni imati sve što je za vas moguće bez potrebe da imate ikoga drugoga?

Sudionica Salona:
To bi bio sjajno.

Gary:
Da, to bi stvorilo nešto potpuno drugačije. Morate biti voljni sagledati drugačiju mogućnost.

Koju glupost koristite da stvarate nedostatak potpuno pragmatične odnosne stvarnosti što birate? Sve što to jest bezbroj puta, hoćete li sve to uništiti i dekreirati? Right and Wrong, Good and Bad, Pod and Poc, All 9, Shorts, Boys and Beyonds.

Želim da svi ovo snimite i slušate barem trideset dana. Ako to učinite, razbistrit ćete to područje i izbrisat ćete svoja zaglavljena gledišta te ćete s većom lakoćom pristupiti drugim mogućnostima. Stavite ovaj proces na svoje računalo i slušajte ga potiho neprestano dok spavate. To je slično podsvjesnom programiranju - samo što je ovo podsvjesno *deprogramiranje*.

Koju glupost koristim da stvaram nedostatak potpuno pragmatične odnosne stvarnosti što biram? Sve što to jest bezbroj puta, sve to uništavam i dekreiram. Right and Wrong, Good and Bad, Pod and Poc, All 9, Shorts, Boys and Beyonds.

Koju glupost koristite da stvarate drugu polovicu, srodnu dušu, značajnog drugog, mitsko stvorenje, princa ili princezu, savršenu osobu za sebe i savršenu dopunu sebi što birate? Sve što to jest bezbroj puta, hoćete li sve to uništiti i dekreirati? Right and Wrong, Good and Bad, Pod and Poc, All 9, Shorts, Boys and Beyonds.

KOPULACIJA IZ IZBORA

Reći ću nešto što će mnogima od vas možda biti skroz uvredljivo. Većina vas traži odnos - a vaše tijelo želi očitu količinu kopulacije. U redu? Vaše bi tijelo radije imalo kopulaciju nego odnos, no vi ste odredili da biti žensko zahtijeva odnos, a ne kopulaciju.

Sve što to jest bezbroj puta, hoćete li sve to uništiti i dekreirati? Right and Wrong, Good and Bad, Pod and Poc, All 9, Shorts, Boys and Beyonds.

Sudionica Salona:
Zašto se toliko opirem kopulaciji?

Gary:
Jeste li joj se opirali?

Sudionica Salona:
Da.

Gary:
Da ste voljni imati puno kopulacije, ne biste se više smatrali ženom. U ovoj je stvarnosti želja za kopulacijom muška osobina, a ne ženska.

Sve što ste o tome odredili i odlučili, hoćete li sve to uništiti i dekreirati? Right and Wrong, Good and Bad, Pod and Poc, All 9, Shorts, Boys and Beyonds.

Sudionica Salona:
Imam pitanje o kopulaciji. Cijeli sam svoj život imala želju za kopulacijom, sve dok nisam došla u Access Consciousness i shvatila da to nije bila nužnost, već izbor i želja je nekako nestala. Izgubila sam zanimanje.

Gary:
Kopulacija po izboru umjesto nužnosti kopulacije. Što više počnete prepoznavati da ljudi koriste prosudbe kako bi stvorili kopulaciju, više ćete osjećati da na neki način nešto propuštate ako idete direktno u kopulaciju i to bez prosudbi.

Sudionica Salona:
Ne razumijem.

Gary:
Recimo da u svome životu imate muškarca koji bi s vama htio imati kopulaciju i vi ne prosuđujete. Ako on prosuđuje kako bi stvorio svoju erekciju, tada ne može postići erekciju jer vi dovoljno ne prosuđujete pogrešnost onoga što radite kako biste ga seksualno uzbudili.

Dakle, imate izbor: koliko prosudbe morate unijeti u njegov univerzum kako bi on dobio erekciju - ili koliko kontrole morate koristiti kako biste ga tako uzbudili da se ne može zaustaviti?

Sve što je ovo podiglo ili srušilo, hoćete li sve to uništiti i dekreirati? Right and Wrong, Good and Bad, Pod and Poc, All 9, Shorts, Boys and Beyonds.

Prosudba je sustav kontrole. Shvaćate li svi to? Imate izbor. Možete pustiti osobu da prosuđuje, možete stvoriti prosudbu za njega ili možete stvoriti dovoljno kontrole tako da njegova prosudba nije u poziciji da prevlada vaš zahtjev od njegovoga tijela - ne od njega, već od njegovoga tijela.

Sudionica Salona:
O kojoj vrsti kontrole ovdje pričate?

Gary:

Morate biti voljni pogledati u njega i postaviti pitanje: "Što je potrebno kako bih kontrolirala ovog tipa da bude tako ludo napaljen da nema izbora nego da dostavi sve što ja želim, kada god to želim?"

Postoji određena energija koja trebate biti. Ona od muškarca zahtijeva isporuku, htio on to ili ne. Morate nadvladati njegov sustav žudnje umjesto da prihvaćate ono zbog čega će on za vama žudjeti. To je razina kontrole za koju su ženama govorili da je ne smiju imati - i ne bi trebale imati.

Gdje god ste prihvatili da ne biste trebali imati tu kontrolu, da ne biste trebali prakticirati tu kontrolu, da ne možete imati tu kontrolu, da nemate pojma što je ta kontrola pa čak i da imate tu kontrolu, ne biste je izabrali zato što to nikako ne bi bilo ženstveno, hoćete li sve to uništiti i dekreirati? Right and Wrong, Good and Bad, Pod and Poc, All 9, Shorts, Boys and Beyonds.

Sudionica Salona:

Je li to ono što se prosuđivalo kao dominacija - i zato smo isključene?

Gary:

Da, nastojali ste ne biti dominantna vrsta jer su vam govorili da su muškarci dominantna vrsta. Je li to stvarno istina? I postoji li stvarno dominantna vrsta? Ili postoji trenutak u kojemu svatko od nas treba biti dominantan prema svojim potrebama, žudnjama i zahtjevima?

Sve što vam ne dopušta da to izaberete, hoćete li sve to uništiti i dekreirati? Right and Wrong, Good and Bad, Pod and Poc, All 9, Shorts, Boys and Beyonds.

POTPUNA SEKSUALNA ENERGIJA

Na primjer, one žene koje misle kako bi bilo zabavno prakticirati neke homoseksualne igre, molim vas budite voljni to učiniti ako vam vaše tijelo govori da će vam to odgovarati.

Ne možete imati gledište "postoji homoseksualno i postoji heteroseksualno". To je prosudba, a ako imate prosudbe, ne možete voljeti, što znači da ne možete imati brižnost.

Morate shvatiti da vam je, kao stvorenju bez prosudbe, dostupan cijeli svijet. Potpuna seksualna energija je omniseksualna stvarnost, što bi bilo: "Nemam stvarne spolnosti. Nemam nikakvoga gledišta. Mogao bih činiti bilo što." Mogli biste reći i da je to panseksualnost, što znači da radite sve. Androginija nije omniseksualna. Nije omniseksualnost jer bi to bila prosudba.

Radi se o tome da budete seksualna energija koja vi i vaše tijelo jeste, što je zapravo bivanje. To je izbor; to je ono što birate primati.

Sve što to jest bezbroj puta, hoćete li sve to uništiti i dekreirati? Right and Wrong, Good and Bad, Pod and Poc, All 9, Shorts, Boys and Beyonds.

Sudionica Salona:
Što je potrebno da prestanem oštro prosuđivati žene koje svojim suprugama ili partnerima dopuštaju da donose odluke i koje uvijek idu za onime što muškarci smatraju ispravnim, umjesto za vlastitom svjesnosti ili žudnjama? Koji doprinos mogu biti da to promijenim? I iz kojega bi razloga beskonačno biće to izabralo? Misliš li da je to prosudba?

Gary:
Ne draga, to nije prosudba; to je svjesnost. Volim te i ti si svjesna. Ludo je rastati se od sebe kako bi svog partnera učinila sretnim. Čini li to tebe sretnom? Ako čini, postani više takva. Ako ne, tada učini nešto drugačije.

Sve što to jest bezbroj puta, hoćete li sve to uništiti i dekreirati? Right and Wrong, Good and Bad, Pod and Poc, All 9, Shorts, Boys and Beyonds.

VAŠE TIJELO IMA GLEDIŠTE

Sudionica Salona:
Zašto ja kao beskonačno biće imam dvojnu osobnost, duhovnu sebe i fizičku sebe?

Gary:
To nije dvojna osobnost. Samo tvoje tijelo ima jedno gledište, a ti imaš drugo. Nisi voljna vidjeti da tvoje tijelo ima drugačije gledište nego ti. Tvoje je tijelo unutar tebe; ti nisi unutar svog tijela. Dakle, to nije dvojna osobnost. Tvoje tijelo proživljava život iz fiziološke perspektive, a ti to osjećaš iz psihološke perspektive. Evo par procesa za sve vas koje možete snimiti i slušati.

Koju glupost koristim da stvaram nedostatak fiziološke stvarnosti što biram? Sve što to jest bezbroj puta, hoćete li sve to uništiti i dekreirati? Right and Wrong, Good and Bad, Pod and Poc, All 9, Shorts, Boys and Beyonds.

Koju fizičku aktualizaciju potpuno drugačije fiziološke stvarnosti sam sad sposoban stvarati, generirati i utemeljivati?

Sve što ne dopušta da se to pojavi bezbroj puta, hoćete li sve to uništiti i dekreirati? Right and Wrong, Good and Bad, Pod and Poc, All 9, Shorts, Boys and Beyonds.

Sudionica Salona:
Voljela bih regenerirati svoj reproduktivni sustav za zdravlje tijela i za ugodniji seks. Koje pitanje mogu postaviti?

Gary:
Zašto biraš zdravlje tijela i ugodniji seks? Zašto ne težiš nečemu što bi ti stvorilo puno radosniji i zabavniji život? To je pitanje.

Što danas mogu biti, činiti, imati, stvarati ili generirati što će stvoriti više zabave, lakoće, seksa i zadovoljstva u mom životu za cijelu vječnost? Sve što ne dopušta da se to pojavi bezbroj puta, hoćete li sve to uništiti i dekreirati? Right and Wrong, Good and Bad, Pod and Poc, All 9, Shorts, Boys and Beyonds.

SEKS I PRIMANJE

Sudionica Salona:
Gubimo li zanimanje za seks zato što se razvodimo od dijelova sebe?

Gary:
To je zato što gubite dio primanja. Seks se može dogoditi samo kada potpuno primate.

Koji dio primanja umanjujete s tolikim intenzitetom da eliminirate seks i radost kopulacije što biste mogli birati? Sve što to jest bezbroj puta, hoćete li sve to uništiti i dekreirati?

Right and Wrong, Good and Bad, Pod and Poc, All 9, Shorts, Boys and Beyonds.

Sudionica Salona:
Je li to izbor koji činim da ne želim ili ne žudim za seksom?

Gary:
Da, to je izbor, no obično se temelji na odluci ili zaključku da ako imate seks s određenom osobom, morate imati monogamni odnos. Monogaman znači jedan. Ako ste u monogamnom odnosu, postoji samo jedan u odnosu, što je druga osoba, a ne vi. Želite poligaman odnos u kojem ste uključeni u odnos.

ZLOSTAVLJAČKI ODNOSI

Sudionica Salona:
Molim vas govorite o tome kako prepoznati kada odnos postaje zlostavljački, posebno kad je to toliko suptilno da se možda ne prepoznaje kao zlostavljanje.

Gary:
Tako je otprilike u svim zlostavljačkim odnosima. Kada dođete do zaključka da nekoga volite, nikada ne postavljate pitanje što on to radi.
Kada vas netko kritizira, to nije voljenje. To je zaključak, a ne mogućnost. Morate ići u svjesnost i biti voljni postavljati pitanja. Bio sam u odnosu u kojem su me svakodnevno prosuđivali. Zapravo sam se pokušao ići kod hipnotizera kako bih se prestao povlačiti svaki put kad bi me ta osoba dodirnula. Svaki puta kad bi posegnula za mnom, ja bih se povukao. Nisam znao zašto se povlačim.

Tek nakon što je odnos završio shvatio sam da se nisam ja povlačio; povlačilo se moje tijelo od zlostavljanja. Mora vam stvarno biti jasno gdje ste u odnosu bili zlostavljani. Kada mislite da više nemate želju za seksom ili koristite prosudbe druge osobe kako biste stvorili seksualnu požudu, u zlostavljačkom ste odnosu. Kad vam je zabavnije biti s drugim ljudima nego sa svojim supružnikom ili svojim partnerom, u zlostavljačkom ste odnosu. U zlostavljački odnos ulazite kada mislite da je druga osoba pametnija od vas. Nitko nije pametniji ili svjesniji od vas. Nikada. Nikada. Nikada. Molim vas shvatite to.

Sudionica Salona:
Ponekad kada dodirujem svoga partnera ili on dodiruje mene, osjećam bolnu, intenzivnu senzaciju u svojim dlanovima, rukama i tijelu.

Gary:
Je li to bol? Ili je to razina intenziteta ili svjesnosti koji ne želite imati? Jeste li svjesni boli u njegovom tijelu? Želite li imati tu svjesnost?

Nastojite izbjeći svjesnost pa to nazivate bol. Kad god nešto označite kao bol ili patnja, kao problem ili kao traumu ili dramu, pokušavate to izbjeći. Umjesto da to izbjegavate, trebate postaviti pitanje:

+ Što je ovo?
+ Što da radim s tim?
+ Mogu li to promijeniti?
+ Kako da to promijenim?

U to morate ići. Što kad biste znali da je jedini način na koji to možete promijeniti taj da imate seks s njim? Biste li bili voljni to učiniti?

Sudionica Salona:
Bi li to za mene bilo njegujuće?

Gary:
Kakve to ima veze s Kraljevstvom Ja i Kraljevstvom Mi?

Sudionica Salona:
Koja je razlika između Kraljevstva Ja i Kraljevstva Mi?

Gary:
Kraljevstvo Ja i Kraljevstvo Mi dva su potpuno drugačija svemira. U Kraljevstvu Ja pokušavate doći do zaključka. Kraljevstvo Mi je svjesnost o tome kako će svaka stvar međusobno djelovati s onom drugom.

Sudionica Salona:
Radim li to pokušavajući biti odgovorna u svemu?

Gary:
Činiš Kraljevstvo Ja. Govoriš da si ti jedina osoba koja postoji u svemiru i Zemlja se okreće oko tebe. Kako to za tebe funkcionira? Možeš izabrati nešto drugo.

SEKSUALNO ISCJELJIVANJE

Sudionica Salona:
Možemo li pričati više o Kraljevstvu Mi i seksu?

Gary:

Mnogi od vas ovo ne žele znati, no vi ste seksualni iscjelitelji. Ako ste osjetili lakoću kada ste ovo čuli, vi ste seksualni iscjelitelj. Počet ćete se osjećati bolje ako to priznate.

Kada ne priznajete da ste seksualni iscjelitelj, počinjete to koristiti kao oružje protiv sebe da stvarate bol. Trebate to priznati. Ako nećete, umjesto da birate odnos s nekim tko će sve učiniti boljim, uvijek ćete birati muškarca koji treba seksualno iscjeljivanje, a time isključujete sebe iz proračuna vlastite stvarnosti.

Sudionica Salona:

Govorite li da ako priznate da ste seksualni iscjelitelj, tada više nećete birati nekoga koga treba iscijeliti?

Gary:

Da.

Sudionica Salona:

Kako to funkcionira?

Gary:

Vaša je prosudba da ne biste trebali biti seksualni iscjelitelj. Kada ne priznajete da ste seksualni iscjelitelj, bit će vam uzbudljivi ljudi koji trebaju seksualno iscjeljenje. Često ćete birati seks s nekim, umjesto da gledate što je još moguće. Kad imate kapacitet za seksualno iscjeljivanje i to ne priznate, uvijek morate birati nekoga tko vas iskorištava i od vas uzima, a ne nekoga koga možete izabrati da budete s njim.

Kada priznate da ste seksualni iscjelitelj, možete pitati:
* Treba li ova osoba seksualno iscjeljenje?
* Je li ovo jedini izbor koji imam?

Sudionica Salona:
Recimo da priznajete da ste seksualni iscjelitelj i upoznate nekoga s kime biste potencijalno htjeli imati seks. Pitate se: "Zahtijeva li ova osoba seksualno iscjeljenje?" Ako dobijete da, pitate: "Što je još moguće?" Je li moguće imati kopulaciju s tom osobom bez pružanja seksualnog iscjeljenja koje on zahtijeva?

Gary:
Ne. Način na koji ste postavili pitanje je klauzula za bijeg. Pitanje koje niste postavili je: želim li doista ovo učiniti?

Evo primjera kako postavljanje pitanja funkcionira na suptilan način. Žena me nazvala i rekla: "Mogu ti srediti da vidiš Obamu."

Rekao sam *ne*.

Rekla je: "To je samo ova količina novca."

Rekao sam *ne*.

Pitala me: "Zašto?"

Rekao sam: "Nemam novca da to učinim."

Rekla je: "Posudit ću ti novac ako želiš."

Rekao sam: "To nije poanta."

Pitala me: "Ako se nađeš s njim, bi li to promijenilo svijet?"

Dobio sam *da* i rekao: "U redu, učinit ću to." Nakon plaćanja, otišao sam u Austin s idejom da se nađem s predsjednikom Obamom. Naš let je kasnio tri sata pa se nismo uspjeli naći s njim.

Rekao sam sebi: "Oh, to je bila energija koje sam odmah bio svjestan, no nisam je priznao kada sam počeo postavljati pitanja: "Hoće li susret s njime promijeniti svijet? Hoće li moje plaćanje novcem biti u redu?" Nisam postavio pitanje: "Hoću li zapravo biti sposoban stići tamo?" Zapravo je od početka bilo *ne*, no nisam to primijetio jer nisam bio voljan postaviti dodatna pitanja.

To je razlog zašto trebate postavljati pitanje: "Ako imam seks s ovom osobom, hoće li ga to zapravo iscijeliti?" Možda mu je to potrebno, no ne znači da će to primiti. Prima li vas većina ljudi s kojima imate seks - ili uzimaju od vas? Misle da ćete ih iscijeliti pa ne doprinose. Morate shvatiti da imate sposobnost seksualnog iscjeljivanja i vaša potreba za iscjeljivanjem drugih ne znači nužno da će oni to primiti.

"DOBAR SEKS" NASPRAM EKSPANZIVNOG SEKSA

Sudionica Salona:
Nakon seksa moj suprug skakuće uokolo, a ja se samo želim vratiti u krevet.

Gary:
Za njega je seks generativan, a za vas je završetak. Više ste poput muškarca. Koliko adrenalina koristite za stvaranje seksualnog orgazma? Puno, malo ili megatone?

Sudionica Salona:
Dolazi mi megatone, no to nema smisla.

Gary:

Sve što to jest bezbroj puta, hoćete li sve to uništiti i dekreirati? Right and Wrong, Good and Bad, Pod and Poc, All 9, Shorts, Boys and Beyonds.

Nema smisla zato što se ne radi o logičkom smislu. Većina ljudi stvara orgazam stvarajući adrenalinsku pumpu. Vaš suprug očito ne stvara adrenalinsku pumpu kako bi stvorio orgazam. On se širi prema van i postaje prisutniji sa svojim životom. Seks i kopulacija su dar koji možete biti ako ste to voljni biti, no ako se "trudite" ispuniti njegove potrebe ili činite nešto određeno, najlakši način da dosegnete "orgazam" jest stvaranje adrenalinske pumpe koja iscrpljuje vaše tijelo. Većina je ljudi naučila da je to "dobar seks."

Adrenalin je najveći izvor stvaranja stezanja i skupljanja. To je način na koji navodno ulazite u bijeg ili borbu. Ako se stežete, povlačite se u samoga sebe pa ste se spremni boriti protiv svih drugih. A ako koristite skupljanje i stezanje za stvaranje orgazma, niste sa svojim partnerom. Odvajate se od svoga partnera te ne širite ni njegov, a ni svoj seks. Skupljate se od seksa kako biste stvorili njegov završetak, kao da bi seks trebao biti završetak. Kada to radite, umjesto da se osjećate stvarno puni energije i spremni za posao, na kraju seksa vi postajete iscrpljeni i tonete u san. Većina je muškaraca naučila da bi to trebali činiti gledajući porno filmove. Naučili su kontrakcijom stvarati orgazam - zatim tonu u san, što većinu žena ljuti. Međutim, ako funkcionirate iz ekspanzije kako biste dostigli orgazam, krajnji rezultat je da ste spremni za posao, spremni ste se dignuti i igrati.

Sve što to jest bezbroj puta, hoćete li uništiti i dekreirati? Right and Wrong, Good and Bad, Pod and Poc, All 9, Shorts, Boys and Beyonds.

Sudionica Salona:
Možete li više govoriti o ekspanzivnom elementu seksa, Gary?

Gary:
Ekspanzivni element seksa je prepoznavanje da svrha seksa nije stvaranje adrenalina koji uzrokuje orgazam, već stvaranje orgazmične kvalitete života i življenja, pri čemu se radi o radosti i izboru mogućnosti.

Ne morate samo vi uživati, već i vaš partner mora uživati. Što ako biste kroz seks dovodili svoga partnera do većih mogućnosti? Seks i kopulacija trebali bi stvarati veće mogućnosti, a ne dolaziti do završetka. Ono što možete dobiti adrenalinskom pumpom prodali su Francuzi kao najbolje što možete dobiti.

Sudionica Salona:
Kada se suprotstavljam ili prosuđujem čini se kao da ne priznajem da sam iscjelitelj.

Gary:
Ako ne priznajete potpunu svjesnost, suprotstavljat ćete se kako biste u drugima pokušali stvoriti svjesnost. Što da ste potpuno svjesni i u pitanju, umjesto da dolazite do zaključka i prosudbe? Kada se suprotstavljate, pokušavate nametnuti primanje. Mnogi ljudi to čine u seksu i kopulaciji, kao i u odnosima. Skloni su nametati svjesnost kroz

suprotstavljanje i pokušavaju koristiti silu kako bi drugu osobu naveli da prima. Morate postaviti pitanje: što ova osoba može primiti, a ja mogu ponuditi?

Morate biti voljni da vaša svijest prožme stvarnost. U Dainovoj knjizi *"Budi svoj, promijeni svijet"* on govori o tome da kada ste potpuno svoji, prožimate prostor i mijenjate sve oko sebe. Što kad biste to radili u seksu i kopulaciji, odnosima i svemu drugom u životu? Što kad biste prožimali i bili sve što jeste u potpuno drugačiju stvarnost?

Sudionica Salona:
Imala sam trenutke tog prožimanja i bili su slasni.

Gary:
Mogu li vam postaviti pitanje? Zašto cijelo vrijeme ne živite slasni život?

Sudionica Salona:
Pojavile su se prosudbe. Prosudbe me udaljavaju od življenja slasnoga života.

Gary:
Prosudbe su samo prosudbe. Birajte slasnost bez obzira bira li to netko drugi ili ne. Birajte slasnost življenja umjesto prosudbi drugih ljudi jer slasnost življenja i prožimanje svijesti idu iznad prosudbi i stvaraju mogućnosti. To je izbor koji netko mora učiniti, a ne mjesto u kojem netko treba živjeti. Kada djelujete iz prosudbe, idete u mjesto gdje netko mora živjeti - a ne u izbor i mogućnost.

Sve što to jest bezbroj puta, hoćete li sve to uništiti i dekreirati? Right and Wrong, Good and Bad, Pod and Poc, All 9, Shorts, Boys and Beyonds.

Hvala vam, dame, sjajne ste. Stvarno bih želio da shvatite koliko ste fenomenalne jer time možete promijeniti svijet. Čujemo se sljedeći tjedan. Bok!

3
Shvatite tko uistinu jeste

*Vi birate tijelo žene.
Znači li to da ste žena? Ili ste beskonačno biće sa ženskim tijelom?
Ako ste vi beskonačno biće sa ženskim tijelom, ne biste li to trebale iskoristiti kao oružje i kao alat?*

MIJENJATI NASPRAM RADITI NEŠTO DRUGAČIJE

Gary:

Bok, dame! Volio bih početi govoreći o razlici između *mijenjati* i *činiti nešto drugačije* jer, nažalost, većina žena u odnosu nastoji popraviti ili promijeniti ono što s muškarcem ne funkcionira, umjesto da čine nešto potpuno drugačije.

Jednog je dana Dain pričao o situaciji u životu. Pitao je: "Što da učinim kako bih ovo promijenio?"

Rekao sam: "Zašto bi se zamarao da to promijeniš? To ne funkcionira. Učini nešto drugačije."

Dain je rekao: "To se ne radi. Ono što ne funkcionira, popravlja se."

Rekao sam: "Što?"

Ovaj je razgovor promijenio sve u Access Consciousnessu jer sam ja funkcionirao iz pretpostavke da ljudi žele nešto *drugačije*, a ne da žele popraviti ili promijeniti ono što ne funkcionira.

Kao žensko u vrsti, trenirali su vas da imate lutke i da im mijenjate odjeću kako bi bile drugačije. Pa, one nisu drugačije. Samo imaju drugačiju odjeću.

Žene su naučile tražiti *promjenu* - a ne *drugačije*. Kada imate situaciju s partnerom, pokušat ćete ga promijeniti. Nikada ne postavljate pitanje koje će zapravo stvoriti ono što želite, a to je: što mogu biti ili činiti drugačije što bi sve ovo učinilo drugačijom stvarnošću?" Radi se u djelovanju iz drugačijeg mjesta.

Sudionica Salona:

Koja je razlika između definicije promjene i definicije *drugačijega?*

Gary:

Promijenite svoj položaj u stolici.

Sudionica Salona:

Meni to znači da se pomaknem.

Gary:

Promjena se odnosi na pokret. Drugačije se odnosi na drugačiju mogućnost, drugačiju stvarnost, drugačiji izbor i drugačije pitanje.

Ako s nekime želite stvoriti drugačiju stvarnost, morate biti ili činiti sve što trebate biti ili činiti drugačije kako biste stvorili drugačiju stvarnost. Dakle, posebno u odnosu, postavite pitanje: što mogu biti ili činiti drugačije da stvorim drugačiju stvarnost?

Ne radi se o tome da ga natjerate na promjenu kako bi bio sretan. Ako imate zamisao da nekoga morate promijeniti, nastojite ga učiniti sretnim ili ga nastojite učiniti tužnim ili nastojite da se on s nečime suoči. Ne, ne želite da se on *promijeni*; želite stvoriti *drugačiju stvarnost* - drugačiju mogućnost.

Sudionica Salona:
Kada ste u posljednjem pozivu govorili o kontroliranju muškaraca kako bismo dobile ono što želimo, rekli ste da je to energija koja jesmo. Možete li govoriti što ste pod time mislili?

Gary:
Morate biti voljni činiti i biti *drugačije*, a ne *na drugačiji način*. *Drugačiji način* se i dalje odnosi na mijenjanje nečega. Morate biti voljni biti ili činiti što god je potrebno kako biste bile dovoljno drugačije da dobijete ono što tražite.

Možete postaviti pitanje: što danas mogu biti ili činiti drugačije što će stvoriti drugačiju stvarnost ovdje s ovim muškarcem, gdje imam kontrolu, gdje imam ono što tražim, gdje dobivam sve što bih stvarno željela imati?

SUPROTSTAVLJANJE NE DJELUJE

Sudionica Salona:
Molim vas, možete li mi pomoći da masivno promijenim sve što me drži u neodlučnosti i skupljanju zbog suprotstavljanja? Voljela bih sretno biti svoja i širiti ono što jesam, umjesto smanjivanja ili skupljanja sa strahom. Ponekad se osjećam gotovo paralizirano.

Gary:
Niste dobri u suprotstavljaju zato što niste voljni biti demonska paklena kuja i niste voljni vidjeti kako možete izabrati nešto drugačije što ne zahtijeva suprotstavljanje.
Suprotstavljanje ne funkcionira, draga. Zahtijeva od vas da ulazite u borbu ili bijeg. Smanjivanje zbog suprotstavljanja je sve što suprotstavljanje podrazumijeva. Vi nemate straha; niste paralizirani, u redu?
Koristite pitanje: što mogu biti ili činiti drugačije što će sve ovo učiniti drugačijom stvarnošću?

ŽENE ŽELE OBILNE KOLIČINE SEKSA

Sudionica Salona:
Prošloga ste tjedna rekli da većina žena zapravo ne želi odnos; one žele obilne količine seksa. Ja sam rekla: "Oho. Da! To zvuči tako istinito." Kako to pragmatično funkcionira obzirom da to nije ono što su nam govorili?

Gary:
Zašto prihvaćate sve to što su vam govorili?

Sudionica Salona:
To je odlično pitanje. Sada kada sam shvatila da bih htjela imati puno seksa, a ne odnos, kako to izgleda vani u svijetu?

Gary:
Najlakši je način pronaći barem dvadeset godina mlađeg muškarca od sebe. On će s vama imati seks i bit će na njemu zahvalan jer djevojke njegovih godina s njim ne žele imati seks. One se žele udati. Nakon seksa s njime, recite: "Oho, ovo je bilo divno. Nadam se da se s tobom opet mogu zabaviti još koji put."

On će reći: "Stvarno?" i bit će vam na raspolaganju kada nazovete.

Možete pitati i: što mogu biti ili činiti drugačije što bi stvorilo i generiralo obilne količine seksa bez obaveze?

Sudionica Salona:
Predlažete li da kažem nešto unaprijed da tražim seks, a ne odnos?

Gary:
Ne. S muškarcem nikada nemojte biti iskreni. Što je s vama, žene?

Sudionica Salona:
Zato to i pitam. Sve je ovo novo za mene.

Gary:
Da, razumijem to. Svi ste naučeni da je iskrenost najbolja politika. Ne. Laganje je najbolja politika. Recite im ono što oni žele čuti. Nemojte im govoriti ono što mislite da bi trebali čuti.

Ako im kažete ono što mislite da bi trebali čuti, govorite im svoje gledište, svoju istinu, svoju stvarnost. Svaki puta kada im kažete svoju istinu i svoju stvarnost, oni moraju pobjeći. Nemaju nimalo prostora za to. Ako im kažete što žele čuti, oni za to imaju prostora i prepoznaju da bi mogli imati drugačiju mogućnost ili drugačiji izbor s vama.

Morate biti svjesni onoga što će ljudi izabrati. To je razlog zbog kojega postavljate pitanje: što su ovi ljudi sposobni čuti? Nemojte pitati: "Što ja želim?" To nije pitanje. "Što bih htjela od ovog tipa?" nije pitanje. Umjesto toga pitajte:

- Bi li ovo bilo zabavno?
- Bi li ovo bilo lako?
- Bi li mi ovo odgovaralo?

To su stvarna pitanja. No umjesto postavljanja stvarnih pitanja, neprestano nastojimo pronaći nekoga kako bismo ispunili neku fantaziju ili idealnu scenu koju o tome imamo.

Koju glupost koristite da stvarate romantični utopijski ideal romanse, seksa, kopulacije i odnosa što birate? Sve što to jest bezbroj puta, hoćete li sve to uništiti i dekreirati? Right and Wrong, Good and Bad, Pod and Poc, All 9, Shorts, Boys and Beyonds.

Idealna scena je zamisao da prosuđujete ono što se mora ostvariti. Morate to prosuđivati kako bi se to ostvarilo. Ako imate utopijske ideale, prosuđujete. Zašto biste koristili prosudbu kao izvor stvaranja odnosa? Zato što je to normalno na planetu Zemlji. Ne funkcionira, ali je normalno.

PROSUDBE I ZAKLJUČCI

Sudionica Salona:
Što činite kako biste prekinuli igru zaključivanja u svojoj glavi za vrijeme seksa?

Gary:
Koju glupost koristite da stvarate zaključke što birate? Sve što to jest bezbroj puta, hoćete li sve to uništiti i dekreirati? Right and Wrong, Good and Bad, Pod and Poc, All 9, Shorts, Boys and Beyonds.

Jutros sam se probudio s prosudbama o seksu. Pitao sam se: "Koji je ovo vrag?" Zatim sam se sjetio kako sam ženi pokazao sliku svog devetomjesečnoga unuka. Puzao je gol po podu obješenih testisa. Ona je bila užasnuta. Još uvijek je bila u mojoj glavi s mišlju o tome kako je bilo užasno što sam joj pokazao sliku tog malog golog djeteta s visećim testisima.

Ona ne mari za muškarce, tako da joj je to vjerojatno teško palo. No činjenica je da netko može ući u moju glavu s gledištem i ako ne potvrdim da njegovo gledište zapravo nije moje i dalje ću pokušavati misliti da je to moje i pokušavat ću doći do zaključka.

Koju glupost koristite da stvarate zaključak zaključka da je zaključak koji birate kreacija zaključka kojega biste trebali zaključiti što birate? Sve što to jest bezbroj puta, hoćete li sve to uništiti i dekreirati? Right and Wrong, Good and Bad, Pod and Poc, All 9, Shorts, Boys and Beyonds.

Ako biste ga trebali zaključivati, je li to prosudba ili izbor? To je prosudba.

"JESI LI OVO PROBAO? JEDNOSTAVNO TO OBOŽAVAM!"

Sudionica Salona:

Kad imate partnere koji prosuđuju vas ili sebe u krevetu, kako pronalazite prostor u sebi da ih pitate za ono što biste od njih htjeli dobiti?

Gary:

Prije svega, ne želite ih pitati što biste od njih htjeli dobiti. Trebate reći: "Jesi li ovo ikada probao? Jednostavno to obožavam!" Većina muškaraca čini ono što će vas zadovoljiti. Naučeni su da ih ono što rade za žene čini vrijednima i stvarnima. To je njihov posao. Sve što trebate učiniti jest pitati: "Jesi li ovo ikada probao?" Ako kažu da, samo recite: "Bože, jednostavno obožavam kada ljudi to čine." To je manipulacija bez zahtjeva.

Ako pitate muškarca: "Hoćeš li se spustiti dolje?" i on kaže: "Ne sviđa mi se kada se kod žena trebam spustiti dolje", nigdje nećete doći zato što je on došao do zaključka. Naravno, ako zamolite muškarca da se spusti dolje, a on kaže da mu se to ne sviđa, uvijek ga se možete riješiti.

Sudionica Salona:

Ne osjećam se ugodno kada se trebam spustiti dolje kod muškarca. Učinila sam to nekoliko puta, no nisam u tome uživala. Osjećam se kao da sam loša ili prljava.

Gary:

To se godinama smatralo pogrešnim. Spustiti se dolje kod muškarca smatralo se najvećom pogrešnošću koju biste mogli učiniti. Svejedno, mnogim je ženama to užitak jer je to jedna od rijetkih stvari koju će si muškarci zapravo dopustiti primiti.

Nažalost, oko osamdeset posto muškaraca neće si dopustiti primiti kad se žena spusti dolje. Vi isto ne primate kada se kod vas oni spuste dolje.

Koju glupost koristite da stvarate felacio i kunilingus što birate? Sve što to jest bezbroj puta, hoćete li uništiti i dekreirati sve to? Right and Wrong, Good and Bad, Pod and Poc, All 9, Shorts, Boys and Beyonds.

Dame, u koliko ste života bile muškarci te ste imali ženu koja se spustila dolje i ona se gušila ili je povraćala ili je pljunula pa ste odlučili da je to jedna od najodvratnijih stvari koje bi netko za vas mogao učiniti? Sve što to jest bezbroj puta, hoćete li sve to uništiti i dekreirati? Right and Wrong, Good and Bad, Pod and Poc, All 9, Shorts, Boys and Beyonds.

Morate izabrati biti nesvjesni onoga što vaš izbor stvara. Kojim god putem idete, stvorili ste nešto oko toga što ima popriličnu količinu naboja.

UZBUĐIVANJE MUŠKARACA

Sudionica Salona:
U posljednjem ste pozivu govorili o upotrebi kontrole za seksualno uzbuđivanje muškarca. Rekli ste i da većina ljudi koristi prosudbe kako bi stvorili seksualno uzbuđenje. Biste li govorili o seksualnom uzbuđivanju muškaraca koristeći kontrolu, a ne prosudbu?

Gary:

Muškarci vole biti kontrolirani. Žene kažu: "Dušo, hoćeš li učiniti ovo za mene?" To su ih cijeloga života trenirali da rade. No, trebale biste birati što od muškaraca tražite. I nemojte ih zvati "dušo". Zovite ih "ljubavniče." Kada to činite, oni počinju isporučivati zato što ih seksualno uzbuđujete kontrolirajući način na koji vi isporučujete njima.

Muškarcu isporučujte kao da je pastuh. Morate ići vidjeti kako se pastusi uzgajaju. Vodiči šetaju pastuha do kobile koja ga ne želi. Zatim ga vode do druge kobile i ona ga isto ne želi, zatim ga vode do sljedeće te se kobila i pastuh skroz uzbude. Zatim pastuha odvedu do kobile koja ga je voljna imati. U trenutku kada ga dovedu do kobile koja ga je voljna imati, on se naglo uzbudi. Spreman je i isporučuje.

Muškarca morate gledati kao pastuha. Morate ga zadirkivati. Izvedite svoga muškarca, šećite ulicom i recite: "Bi li želio imati seks s onom djevojkom? Nekako je slatka. Ljepuškasta je. Čini se seksi." Nakon što ste prošli 150 metara, on će biti spreman za krevet. A sve što trebate učiniti jest odvesti ga kući i iskoristiti ga.

Sudionica Salona:

Možete li malo više pričati o tome kako kontrolirati uzbuđenost kod muškarca bez prosuđivanja?

Gary:

Većini je ljudi najuzbudljiviji netko tko ih gleda bez prosudbe. Svejedno, postoje muškarci kojima je potrebna prosudba kako bi se mogli uzbuditi. Imao sam prijatelja koji se nije mogao uzbuditi bez ženine prosudbe da odredi što bi on trebao činiti. Za njega je prosudba bila izvor seksualnog uzbuđenja.

Morate biti voljni pogledati u muškarca s kojim jeste i vidjeti: "Treba li ovom muškarcu prosudba kako bi se uzbudio? Koju mu prosudbu mogu dati koja bi ga uzbudila da bude čvršći od stijene?" Tu morate prepoznati da ste vi operativna osoba u odnosu ili u seksu. Vi stvarate ono što se pojavljuje. Većina žena ne želi misliti da ima kontrolu, da su one zadužene, da su one pokretač.

Poznajem dosta žena koje se nakon udaje pitaju: "Zašto moj suprug više ne pokazuje interes za mene?"

Pitam ih: "Je li on stvarno otpočetka pokazivao interes za tebe?"

One kažu: "Pa, ne baš."

Pitam: "Zašto onda pretpostavljaš da sada hoće?"

One kažu: "Zato što bi trebao."

Kakvo je pitanje "on bi trebao"? To nije pitanje! Pitanje je:"Što je potrebno da se dečko jako uzbudi?" Morate pogledati osobu s kojom jeste i vidjeti što je potrebno kako biste ga uzbudili.

ŽENE SU STVORENJA KOJA SE NA PLANETU NAJVIŠE NADMEĆU

Sudionica Salona:
Možete li molim vas objasniti ono što izgleda kao posebna vrsta nadmetanja između žena kada su oko njih muškarci?

Gary:

Vi se kao žena nadmećete više nego muškarac. Žene su stvorenja koja se na planetu najviše nadmeću. Zašto? Djelomično zato što im je nadmetanje za najboljeg muškarca genetski usađeno kako bi mogle stvoriti najbolje potomstvo za stvaranje širenja vrste. Muškarci su samo donatori sperme. Žene uvijek biraju najbolje muškarce. U životinjskom kraljevstvu partnere ne biraju muškarci, već žene.

Kada su muškarci u okruženju, žene se počnu još više međusobno nadmetati. Nikada nisam vidio da se to nije dogodilo. Vidio sam kako žene međusobno razgovaraju, ljubazne su, drage i brižne jedne prema drugoj, a kada se pojave muškarci, to nestaje i počinje napeto nadmetanje. Tako to funkcionira.

Ne postoji ništa što u vezi toga možete učiniti, osim da to priznate i tada možete birati: u redu, želim li se družiti s ovim ženama dok ovo rade? Sljedeće što možete učiniti kada se pojavi muškarac jest da sa ženama počnete razgovarati kao s grupom i nazivati ih "dame." Kada to činite, morat će promijeniti način na koji funkcioniraju u prisustvu muškarca kako bi dokazale da su dame. To se naziva kontroliranje grupe bez kontrole.

MUŠKO I ŽENSKO PROGRAMIRANJE

Sudionica Salona:

Koja pitanja mogu postaviti što će otključati svo muško programiranje i ranjivost koju imam jer sam žena?

Gary:
Mi biramo mušku ili žensku stranu ovisno o našem iskustvu kao žena ili muškarac u svijetu. U nekim od života bili ste muško; u drugim ste životima bili žensko. Ponekad će se muško programiranje uključiti kada ste u blizini određenih ljudi - a žensko će se programiranje uključiti kad ste pored drugih ljudi. Dakle, različiti ljudi potiču vaše muško ili žensko programiranje. Da eliminirate sva programiranja, mogli biste stvarati u trenutku, iz zabave.

Koju glupost koristite da izbjegavate biti žena što biste uistinu mogli birati?

Sve što to jest bezbroj puta, hoćete li sve to uništiti i dekreirati? Right and Wrong, Good and Bad, Pod and Poc, All 9, Shorts, Boys and Beyonds.

Izabrali ste žensko tijelo. Znači li to da ste žena? Ili ste beskonačno biće s tijelom žene? Ako ste beskonačno biće sa ženskim tijelom, ne biste li to trebali iskoristiti kao oružje i alat? Ne težite tome da koristite ta oružja i alate zato što se odlučili, zaključili i prosudili što znači biti žena, što biste trebali biti kao žena i što kao žena niste?

Koju prosudbu imate o bivanju ženom? Sve što to jest bezbroj puta, hoćete li sve to uništiti i dekreirati? Right and Wrong, Good and Bad, Pod and Poc, All 9, Shorts, Boys and Beyonds.

Koju prosudbu imate o sebi, bivajući žena? Sve što to jest bezbroj puta, hoćete li sve to uništiti i dekreirati? Right and Wrong, Good and Bad, Pod and Poc, All 9, Shorts, Boys and Beyonds.

Koju prosudbu imate o seksu, bivajući žena? Sve što to jest bezbroj puta, hoćete li sve to uništiti i dekreirati? Right

and Wrong, Good and Bad, Pod and Poc, All 9, Shorts, Boys and Beyonds.

Koju prosudbu imate o sebi sa seksom, bivajući žena? Sve što to jest bezbroj puta, hoćete li sve to uništiti i dekreirati? Right and Wrong, Good and Bad, Pod and Poc, All 9, Shorts, Boys and Beyonds.

Sudionica Salona:
Shvaćam da sam beskonačno biće u ženskom tijelu, no za mene postoji razdvajanje između toga.

Gary:
Jeste li *beskonačno biće* definirali kao imanje seksualnosti ili imanje seksualne energije ili imanje tijela? Ili ste beskonačno biće definirali kao biće bez tijela? Ako nemate tijelo, ne možete imati odnos. I ne možete imati odnos sa sobom jer to znači da ne možete imati sebe. *Bez tijela* znači da nemate čak ni sebe.

ČIJA JE OVO PROSUDBA?

Sudionica Salona:
Uvijek sam mislila da se povlačim u seksu, no shvatila sam da sam birala partnere koji su se povlačili, a ja sam bila svjesna njihova povlačenja.

Gary:
Koliko puta pretpostavljate da je prosudba vaša? Ako osjećate prosudbu, ako ste svjesni prosudbe, automatski pretpostavljate da je vaša. Ne idete u pitanje i ne pitate se:

- Čija je ovo prosudba?
- Što da ovdje činim?
- Što ovdje želim učiniti?
- Kako će ovo izgledati?
- Koje izbore ovdje imam?

Evo zašto je tako važno postaviti ova pitanja: pitanje stvara mogućnost, a izbor stvara potencijal. Kada se potencijal sječe s mogućnošću, može se stvoriti nova stvarnost.

Koji izbor i koje pitanje ne postavljate što bi stvorilo novu stvarnost oko seksa, kopulacije i prosudbe? Sve što to jest bezbroj puta, hoćete li sve to uništiti i dekreirati? Right and Wrong, Good and Bad, Pod and Poc, All 9, Shorts, Boys and Beyonds.

Vi stvarate pitanje, što stvara brojne mogućnosti. Svaki puta kada presretnete novu mogućnost, stvarate nove izbore. Kada zapravo izaberete nešto s tom novom mogućnošću koju ste stvorili postavljajući pitanje, imate trenutak u kojem možete stvoriti novu stvarnost. Pitanje stvara višestruke mogućnosti.

Učili su vas da zaključujete. "Muškarac je bla bla bla." Je li to stvarno ono što muškarac jest? Ne.

Koju prosudbu imate o muškarcima? Sve što to jest bezbroj puta, hoćete li sve to uništiti i dekreirati? Right and Wrong, Good and Bad, Pod and Poc, All 9, Shorts, Boys and Beyonds.

Koju prosudbu imate o sebi u odnosu na muškarce? Sve što to jest bezbroj puta, hoćete li sve to uništiti i dekreirati? Right and Wrong, Good and Bad, Pod and Poc, All 9, Shorts, Boys and Beyonds.

Koju prosudbu imate o seksu s muškarcima? Sve što to jest bezbroj puta, hoćete li sve to uništiti i dekreirati? Right

and Wrong, Good and Bad, Pod and Poc, All 9, Shorts, Boys and Beyonds.

Koju prosudbu imate o sebi u odnosu na seks s muškarcima? Sve što to jest bezbroj puta, hoćete li sve to uništiti i dekreirati? Right and Wrong, Good and Bad, Pod and Poc, All 9, Shorts, Boys and Beyonds.

Sada razumijem zašto su seks i kopulacija tako teški ljudskoj vrsti. Svi se ponašaju kao da to rade, a nitko to ne radi. Većina svijeta tvrdi da ima seks, no oni nemaju seks. Sve je to pretvaranje.

BOL I INTENZITET

Sudionica Salona:
Kada ste radili procese o prosudbama, svi su mi se odgovori odnosili na bol. Kako se iz toga mogu izvući?

Gary:
Koju glupost koristite da stvarate intenzitet kao bol što birate? Sve što to jest bezbroj puta, hoćete li sve to uništiti i dekreirati? Right and Wrong, Good and Bad, Pod and Poc, All 9, Shorts, Boys and Beyonds.

Skloni smo imati to čudno gledište da ako je nešto intenzivno, to je bol. To je ideja prema kojoj je intenzitet jednak boli. Pokušavamo to stvoriti takvim - no intenzitet ne mora biti bol. Vjerojatno ne shvaćate da ste intenzivno svjesni. Je li intenzivna svjesnost bolna? Da. Zašto? Jer ste je *definirali* kao bol. Ne zato što to jest bol.

Sve što ste definirali kao bol, a zapravo nije, hoćete li sve to uništiti i dekreirati?

Right and Wrong, Good and Bad, Pod and Poc, All 9, Shorts, Boys and Beyonds.

Ogroman broj ljudi vidi bolnim sve što je intenzivno. Zašto bi to bilo vrijedno ili održivo?

Biste li voljeli znati zašto? Način na koji održavate intenzitet problema i bol je ne gledavši u to *što* jest i nastojanje da vidite ono što ste *odlučili da jest*. To je zaključak. Nastojite doći do zaključka o tome što je to i pričate o svom zaključku, umjesto da sagledate što je to što bi moglo biti drugačije. Želite to promijeniti, no ne želite učiniti nešto drugačije. Nastojite *promijeniti* bol tako da manje boli, umjesto da *učinite nešto drugačije* što bi stvorilo drugačiju stvarnost u kojoj bol ne bi trebala postojati. Nemojte to pokušavati *promijeniti*. Želite *drugačiju* stvarnost. Mijenjanje je čini manjom nego što jest; a ne radi se o tome da vam se u životu pojavljuje nešto drugačije. Iz toga gledišta niste u mogućnosti stvoriti stvarnost koja je drugačija. Umjesto toga postavite pitanje: što mogu biti ili činiti drugačije što će ovdje stvoriti drugačiju stvarnost?

To pitanje će vaš život učiniti toliko lakšim. Većina ljudi ne shvaća da će im to olakšati život pa zato to ne biraju.

Morate biti voljni imati svjesnost o onome što birate. Pitajte:

+ Što ovdje radim?
+ Što mogu izabrati da bude drugačije?

To je način na koji ćete prestati misliti da činite nešto drugačije dok samo nešto mijenjate.

Sudionica Salona:
Ako ste voljni imati sve više intenziteta, što to stvara?

Gary:

Stvara sve više mogućnosti. Intenzitet je pitanje, a ne zaključak.

Sudionica Salona:

Što je intenzitet? Mislim da ja nemam intenzitet.

Gary:

Vi ste vrlo intenzivni/jaki. Samo pitajte ove ljude misle li da ste naporni. Kada imate intenzitet do točke u kojoj on postaje bolan, može biti bolan drugima ili vama može biti bolan. Intenzitet je jedan od načina na koji osiguravate da ništa ne morate izgubiti. To je proces vjerojatnosti koji smo prošli puta radili.

Koju glupost koristite da stvarate strukturu vjerojatnosti budućnosti, umjesto sustava mogućnosti budućnosti što biste mogli birati? Sve što to jest bezbroj puta, hoćete li uništiti i dekreirati? Right and Wrong, Good and Bad, Pod and Poc, All 9, Shorts, Boys and Beyonds.

Toliko toga što se događa u svijetu odnosi se na izbjegavanje gubitka. Kada uđete u odnos, želite izbjeći gubitak. Ako imate gledište da biste tu osobu u trenu mogli izgubiti, tada će on uvijek htjeti ostati s vama. Kada imate gledište da ne želite izgubiti ljude, intenzivno ih se trudite zadržati, što ih udaljava od vas. Tako žene dolaze u nevolje. Nešto zahtijevaju, umjesto da budu u izboru.

Ako od muškarca nešto intenzivno zahtijevate, otjerat ćete ga. Ako kažete: "Nemaš seks sa mnom, a ja želim seks s tobom" on će otići. Imat će manje volje za seksom, ne više.

STVARANJE ZAHTJEVA OD MUŠKOG TIJELA

Sudionica Salona:
Razlikuje li se to od onoga što ste rekli o stvaranju zahtjeva od muškog tijela?

Gary:
Da. Stvarati zahtjev od muškog tijela i postaviti to u njegov svemir je: "Ooh, volim način na koji hodaš. Sviđa mi se kako izgledaš. Možeš li samo skinuti svoju odjeću i pustiti me da te gledam?" To je i način na koji će on učiniti ono čemu se posebno divite. Primijetio sam da se različite žene dive različitim dijelovima muškoga tijela. Neke žene vole noge. Neke žene vole guzice. Neke žene vole bicepse. Neke žene vole tricepse. Nekim se ženama sviđaju druge stvari. Morate postaviti pitanje kako biste vidjeli dio koji vam se sviđa. Poznavao sam ženu kojoj se sviđalo da se njezin ljubavnik okreće udesno, ali ne i ulijevo. Dakle, kad je stajao, ona bi stavila nešto na desnu stranu i rekla: "Možeš li samo ovo učiniti za mene, molim te?" On bi to učinio, a ona bi rekla: "Volim kada to činiš. To je tako seksi. Sve o čemu mislim kada to radiš je seks." Taj je muškarac cijelo vrijeme bio napaljen. To je način na koji stvarate zahtjev od njegovoga tijela, umjesto da od njega zahtijevate da se promijeni kako bi se uklopio u ono što vi želite.

Sudionica Salona:
Kada mladom muškarcu kažete: "Hej, hvala ti na izvrsnom seksu", on to u potpunosti primi. Kada istu stvar kažete starijem muškarcu, on to ne prima. Kamo stariji

muškarac ide s time? Zašto on to ne prima na isti način kao mladi muškarac?

Gary:

Mladi muškarac na to gleda iz gledišta: "Oho, mora da sam dobar." Stariji misli: "O, moj Bože. Pitam se nisam li obvezan na nešto za što nisam znao da sam se obvezao. " Stariji muškarci pretpostavljaju da ako im date kompliment, to znači da trebaju nešto učiniti ili da nešto trebaju isporučiti, bilo da mogu ili ne.

Sudionica Salona:

S mladim muškarcem kao da ste samo igrali frizbi. Koji je drugi način da kažete: "Hvala na izvrsnom seksu" kada govorite zbogom?

Gary:

Možete reći: "Ovo je bilo tako zabavno. Zahvalna sam što si tako mlad." Tada će on pomisliti: "Oho. Još sam uvijek pastuh", što je ono s čime većina muškaraca ima problem.

Sudionica Salona:

Shvatila sam da imam toliko prosudbi o muškarcima.

Gary:

Ne gledate u ono što je ispred vas. Sve gledate kroz filtar prosudbe na koji ste naučeni. Koliko vas žena shvaća da ste uvježbani kako vam se ne bi sviđali muškarci? Jesu li se vašoj majci sviđali muškarci? Jesu li vaše tetke voljele muškarce? Je li vaša baka voljela muškarce? Ili su sve imale temeljni osjećaj potpune pogrešnosti kad bi im se sviđali muškarci?

Većina žena ne voli muškarce. Voli li žena muškarca možete reći ako voli miris različitih dijelova njegovoga tijela.

Sudionica Salona:
Zaista mi se sviđa miris različitih dijelova tijela kod muškaraca... dobro, kod većine muškaraca.

Gary:
Muškarci čiji vam se miris sviđa su oni s kojima se želite družiti. Ne oni drugi.

Sudionica Salona:
Znači li to da zapravo volim muškarce?

Gary:
Nažalost, da dušo, voliš. Oprosti.

Sudionica Salona:
Je li to ono kada dobivam naziv drolja?

Gary:
Nadam se. Drolje se daleko više zabavljaju nego uštogljene djevice. Mislim da takvih ionako nema u ovom razgovoru.

Sudionica Salona:
Ako je tome tako, možda to zahtijeva da imam ponešto seksa.

Gary:
Ne, ne trebate imati seks da biste bili drolja. A možete imati seksa koliko god hoćete ako ste to voljni izabrati.

Sudionica Salona:
Je li osjet mirisa drugi oblik svjesnosti? Je li to prosudba? Postoje određeni mirisi na koje sam osjetljiva. Ako se moj ljubavnik ne istušira, ne mogu podnijeti miris. Mrzim li muškarce? Može li se ovo promijeniti?

Gary:
Miris je dio svjesnosti. Morate biti pragmatični. Samo prije seksa odvedite svog ljubavnika sa sobom pod tuš.

"PRETVORILA SAM SE U HIHOTAVU ŠKOLARKU"

Sudionica Salona:
Kada god sam u prisustvu muškarca s kojim bih voljela imati seks, čini se da se pretvorim u hihotavu školarku.

Gary:
Kada je u pitanju seks s muškarcem, pitajte: tko bi bio lak i od koga mogu učiti?

Ako se u prisustvu muškaraca pretvorite u hihotavu školarku, vjerojatno birate ono što biste izabrali dok ste bili školarka. Koliko je tih muškaraca zapravo postalo netko koga bi ti htjela poznavati?

Koju glupost koristite da stvarate hihotavu školarku što birate? Sve što to jest bezbroj puta, hoćete li sve to uništiti i dekreirati? Right and Wrong, Good and Bad, Pod and Poc, All 9, Shorts, Boys and Beyonds.

NISTE ODGOVORNI ZA SVE ŠTO LJUDI BIRAJU

Sudionica Salona:

Možete li pričati o tome kako nešto birate i stvarate? Na primjer, ako je netko zao ili okrutan, pitam: "Kako ovo biram i stvaram?" Odlazim tamo gdje sve radim krivo.

Gary:

Trudite se promijeniti tu stvarnost pa tražite što ste krivo učinili kako biste pokušali promijeniti činjenicu da je netko drugi zao. Ne. Ta je osoba bila zla. To je sve. Nastojite pronaći razlog i opravdanje za nešto, kao da se to više neće ponoviti ako znate zašto se dogodilo.

Umjesto da to radite, pitajte: što bih mogla biti ili činiti drugačije što bi stvorilo drugačiju stvarnost?

Sudionica Salona:

Kada me netko omalovažava ili prosuđuje, ulazim u reakciju. Ulazim u: "Ja sam ovo stvorila."

Gary:

Niste to stvorili. Cijeloga ste života nastojali preuzeti odgovornost za sve i svakoga. Dobra je vijest ta da ste vi bog - no jedan zbilja loš jer umjesto da prosuđujete *njih*, vi prosuđujete *sebe*. Mogli biste napokon od toga odustati i postati beskonačno biće koje prepoznaje da niste odgovorni za sve što ljudi biraju. Sve je izbor. Izbor je krajnji izvor svog stvaranja. Svaki izbor koji činite nešto stvara. Zašto biste birali pretpostavku da ste odgovorni za sve što se pojavljuje?

Primijetite kako nemate odgovora. No, ići ćete tražiti razlog zašto ste za sve odgovorni, što je kreacija.

Koju glupost koristim da stvaram glupost od sebe što biram? Sve što to jest bezbroj puta, hoćete li sve to uništiti i dekreirati? Right and Wrong, Good and Bad, Pod and Poc, All 9, Shorts, Boys and Beyonds.

Sudionica Salona:
Možete li malo više govoriti o konceptu dobrote i kako si mogu dopustiti da budem dobra prema sebi i drugima, bez da budem povrijeđena i da izigravam budalu.

Gary:
Ovdje postoji problem. Stvarate upozorenja. Tražite sve one razloge zašto vas ljudi neće shvatiti, zašto će misliti da ste idiot, zašto će misliti da ste glupi. Mislite da će se pitati zašto biraju vas i zašto vas nastavljaju birati. To je ono što radite kada niste voljni biti u potpunom dopuštanju.

Ne činite ništa drugačije. Morate pitati: što danas mogu biti ili činiti da si dopustim biti ljubazna prema sebi i svima koje dodirnem s potpunom lakoćom?

Toplo preporučujem da nabavite CD set *Deset zapovijedi*. To je ključ ka vašoj potpunoj slobodi.

SPUŠTANJE BARIJERA KA PRIMANJU

Sudionica Salona:
Možete li malo pričati o tome kako spustiti barijere da primam ljude i moguće odbijanje?

Gary:

Ako vas brine primanje odbijanja, privući ćete nekoga tko će vas odbiti jer nad glavom imate veliki natpis koji kaže "odbij me." To je kao kada ste bili dijete pa ste nekome na leđa stavili natpis "udari me". Svi bi tu osobu udarili, a vama je to bilo strašno smiješno.

Ako shvatite da na svoja leđa stavljate natpis "odbij me", možda bi vam moglo biti zabavno kada vas ljudi odbijaju, umjesto da pretpostavljate da je to pogrešnost. Morate imati malo više volje da budete ranjivi. Biti ranjiv znači biti poput otvorene rane, što znači da ne podižete nikakve barijere ničemu ili nikomu.

Nakon prošlogodišnjeg velikog događaja s Rickyjem Williamsom izašli su strašni novinski članci o meni. U jednom je pisalo da sam karizmatičan, bogat, zao stvoritelj kulta u kojemu se muškarcima i ženama nude orgazmi cijeloga tijela.

Rekao sam: "Iz kojega vas razloga to ne bi zanimalo?" Bio sam nacionalno omalovažavan u novinama. Jedina loša vijest u vezi toga je ta da su me svakom svojom prosudbom obogatili za 5.000 $. Računam da bih sada trebao imati oko pola milijuna dolara nakon onoga što su do sada objavili u novinama. To mi odgovara. Kako biste u bilo čemu bili uspješni, morate biti voljni primiti klevetanja. Morate biti voljni da vas samelju. Morate biti voljni primiti prosudbu.

Cijela ideja trenutnog novinarstva je senzacionalizam. Sve što tražim od svijesti svijeta jest da preko njih stavi stakleno zvono pa ako samo rade senzacionalizam, uništit će im se karijere. Kad zapravo počnu izvještavati stvarne vijesti, mogli bismo dobiti neke prave novinare u svijetu.

Sudionica Salona:

Kada nekog upoznam, smjesta ulazim u to što će moji prijatelji i obitelj misliti o meni i o toj osobi. To se događa trenutačno. To je šamar u lice s prosudbom. Kako s time mogu ostati u pitanju?

Gary:

Pitajte: koja energija, prostor i svijest mogu biti da budem prljava mala drolja koja uistinu jesam?

Drolje ne vode svoje dečke kući kako bi ih upoznale sa svojim roditeljima ili prijateljima. One svoje dečke samo iskorištavaju i izgube ih. Ne kažem to kao prosudbu. Morate biti voljni biti prljava mala drolja koja uistinu jeste ako želite imati izbor da budete s nekim i da s njim budete prisutni, umjesto da pokušavate doći do zaključka. Ako počnete postavljati ovo pitanje, izaći ćete iz prosudbe.

Sudionica Salona:

Kako izgleda ako su obje osobe u kopulaciji seksualni iscjelitelji i ako obje osobe primaju?

Gary:

To bi vam bilo prezabavno.

Sudionica Salona:

Ako su obje osobe seksualni iscjelitelji i vi ste otvoreni primanju, no druga osoba nije, kako to izgleda?

Gary:

To znači da vam je dosadno i da želite ići kući. Nedostatak primanja kod druge nije uzbudljiv. Kada netko nije voljan primati, to zapravo isključuje vas i vaše tijelo. Kada je netko uistinu voljan primati, vaše se tijelo više uzbuđuje, a ne manje.

Sudionica Salona:
Ako ste s nekim tko ne prima, a postoji mogućnost, što možete pitati kako bi on više primao?

Gary:
Pitajte: mogu li ti vezati oči? Mogu li te vezati? Mogu li te škakljati svojim perom?
Većina muškaraca ne zna kako primati. Jednostavno ne znaju kako to učiniti. Odličan je način da to učinite ako ih vežete, pa da nemaju drugog izbora osim da primaju. Nabavite svilene kravate, poveze za oči i vrlo lijepo nojevo pero.

MOŽE LI DRUGA OSOBA PRIMITI ONO ZA ŠTO STE SPOSOBNI?

Sudionica Salona:
Rekli ste da biste imali četiri žene dnevno dok ste bili mlađi. Koji su elementi zaista dobro funkcionirali sa ženama koje su s vama htjele samo seks, a ne odnos?

Gary:
Prije svega, pušio sam travu. Popušio bih dva džointa prije nego što bih sa svakom ženom legao u krevet. Stoga nisam mogao čuti koje su bile njene prosudbe ili koje su bile njene potrebe. Više to ne preporučam. Ali to je ono što sam morao učiniti kako ne bih bio svjestan njihovih potreba.

Nisam se bio voljan obvezati, ali nisam bio *ne*obvezan prema njima. Ne bih im rekao da *ću* postati njihov dečko, ali im ne bih rekao ni da *neću* postati njihov dečko. Uvijek sam imao gledište "pogledajmo što će se sljedeće dogoditi" jer svaki puta kada sam se nekome obvezao, nešto strašno se dogodilo.

Jedna se žena doselila k meni. Noć kada se uselila, prešao sam rukom tri inča iznad njezinoga tijela i munje su sijevnule iz njezinoga tijela u moju ruku. Sljedećeg je jutra ustala, otišla i nikada više sa mnom nije razgovarala. Uplašio sam je, no nisam to shvatio. Nisam znao da s osobama koje voliš i do kojih ti je stalo ne možeš raditi čaroliju. U to vrijeme nisam bio voljan toga biti svjestan.

Nakon toga nisam htio ponovno stvoriti taj svemir. Uvijek sam bio voljan stajati i čekati kako bih vidio tko može primiti ono za što sam sposoban, umjesto da im pokušavam dati ono za što sam sposoban. To je jedna od stvari koju radite ako želite stvoriti takvu vrstu odnosa. Stojite i čekate kako biste vidjeli može li netko primiti ono za što se sposobni. Ne pokušavajte im dati ono za što ste sposobni, osim ako oni to mogu primiti.

Ovo je većini žena teško. U stvarnosti su žene puno agresivnije od muškaraca, no one to ne prepoznaju. Misle da trebaju biti sramežljive i povučene. Želim znati je li itko od vas zapravo upoznao sramežljivu i povučenu ženu koja vas neće ubosti u leđa. Sramežljive i povučene ubost će vas u leđa. Ostale žene nisu sramežljive i povučene. Žene mogu biti tihe, no u stvarnosti "sramežljivo i povučeno" nije ženska osobina.

"Sramežljivo i povučeno" muška je osobina. Muškarci se trude biti sramežljivi i povučeni zato što imaju gledište da bi trebali biti visoki, tamni, zgodni i tihi. No, većina njih nije visoka, nije tamna i nije zgodna. Samo su sramežljivi. Muškarci imaju manje povjerenja u sebe nego što to imaju žene.

ŠAPAT PROMJENE

Sudionica Salona:
Nešto je u vjetru što mi šapuće promjenu što ne mogu dokučiti. Prije ste spomenuli dodir svjesnosti poput pera. Što je iznad toga što se sada može osvijestiti?

Gary:
To se sada počinje pojavljivati i zato je to šapat promjene koja se događa. Ne može se definirati. Ono što se ne može definirati ujedno je nešto što vas ne može ograničiti. Svaka vas definicija ograničava. Definicija je ograničavanje. Bez definicije znači bez ograničenja. Nastavite pitati za to, umjesto da tragate za zaključkom koji će vam dati osjećaj čvrstoće ove stvarnosti.

Sudionica Salona:
Možete li malo više govoriti o šapatima mogućnosti budućnosti?

Gary:
Šaptati budućnosti su energija koju osjećate o onome što će se u životu pojaviti. Nastojite učvrstiti tu energiju, učiniti je čvrstom i stvarnom, misleći da je možete i aktualizirati ako je uspijete učiniti čvrstom i stvarnom. Radi se o sljedećem - već ste učinili izbore koji su stvorili šapate budućnosti. Morate pratiti te šapate i dopustiti im da vam pokažu u što

će se aktualizirati. Ako to ne činite, neprestano prosuđujete sve što činite, umjesto da budete voljni primiti ono što sve već stvorili.

Sudionica Salona:
Kako da to činim?

Gary:
Ne radi se o *kako*. Radi se o prepoznavanju: što je to što titra po vanjskim rubovima moje svjesnosti i moje stvarnosti? Jedini način na koji te šapate budućnosti mogu opisati jest taj da se osjećaju kao poljubac ili milovanje drugačije mogućnosti.

Sudionica Salona:
Ponekad imam osjećaj da nešto trebam učiniti kada čujem te šapate.

Gary:
Jednostavno trebate ići u pitanje: sada ili kasnije?

Sudionica Salona:
Da mi bude jasnije što učiniti?

Gary:
Ne radi se o jasnoći o tome što učiniti. Očigledno to već stvarate jer inače ne biste imali šapate budućnosti. Već se počinje pojavljivati. Vi pokušavate uskočiti u zaključak da nešto morate učiniti kako bi se to ostvarilo. Već ste učinili ono što je potrebno da se to dogodi. Samo ne znate što ste to učinili. To je bivanje. Morate biti voljni biti u neoprostivom mjestu bez zaključka. Radije dolazite do zaključka jer ako

dođete do zaključka, možete to zaustaviti, umjesto da idete u pitanje i nastavite stvarati mogućnosti. Pitanja stvaraju mogućnost. Izbor stvara potencijal. Kada se potencijal siječe s mogućnošću, može biti stvorena nova stvarnost.

To su šapati mogućnosti - ona mjesta u svemiru u kojima se sijeku potencijal i mogućnost. Tada možete stvarati ono što se pojavljuje.

Sudionica Salona:
Puno sam puta svjesna šapata budućnosti. Zatim kažem: "Nije se upravo sada pojavilo."

Gary:
Idete u zaključak i zato sam vam dao onaj proces o zaključku. Imate zamisao da jednom kada dođete do zaključka, treba se pojaviti x, y ili z. Zaključak više nije pitanje. Kada izađete iz pitanja, šapati budućnosti umiru, raspadaju se i odlaze. To je razlog zašto morate koristiti četiri elementa: izbor, pitanje, mogućnost i doprinos.

Koja energija, prostor i svijest mogu biti da budem izvan kontrole, izvan definicije, izvan ograničenja, izvan forme, strukture i značaja, izvan linearnosti i izvan koncentričnosti za cijelu vječnost, osobito u vezi seksa, kopulacije i odnosa? Sve što ne dopušta da se to pojavi bezbroj puta, hoćete li sve to uništiti i dekreirati? Right and Wrong, Good and Bad, Pod and Poc, All 9, Shorts, Boys and Beyonds.

Je li dolaženje do zaključka doprinos vašem životu? Ili to uništava svaku mogućnost, izbor i pitanje? Ako dolazite do zaključka, zaustavljate sve što se trudite stvoriti kao budućnost. Cijelo vrijeme morate ići u izbor i mogućnost.

Ako želite stvoriti budućnost, morate izabrati nešto drugačije. Različitost stvara prostor. Promjena stvara zaključak i stezanje.

Dobro, dame, to je sve za večeras. Čujemo se sljedeći put!

4
Stvaranje odnosa koji vam odgovara

Morate se maknuti iznad pogleda ove stvarnosti o tome što je odnos kako biste stvorili nešto što vam zapravo odgovara.

Gary:
Bok, dame.

STRUKTURE VJEROJATNOSTI NASPRAM SUSTAVA MOGUĆNOSTI

Sudionica Salona:
Kada znam da mi muškarac laže, želim da to i prizna. Dobivam energiju da laže i tražim od njega da to prizna. Znam da je to kontrola.

Gary:
Ne. To je kučkasto. Sad, imate pravo biti kučka ako to želite biti i ako želite otjerati muškarca, to je način da to

učinite. Ako znate da laže, možete ga uhvatiti u velikoj laži koja prelazi preko svake granice i možete ga uništiti, zgaziti ga u prah i ubiti ga ako želite. No, ako želite zadržati muškarca, trebate zadržati svoj stav, što znači da ne potvrđujete laganje, osim sebi. Nikada ne želite njemu u lice priznati da znate da vas laže. Pogledajte u njega slatko, nasmijte mu se i recite: "Oh, dušo."

Kada to učinite, ne možete ni zamisliti koliko će se osjećati krivim i dobit ćete poklon u roku od tri dana. Učinite ovo kada tražite poklon - jer muškarci nisu baš najbistrija stvorenja na planetu. Sve što trebate učiniti je reći: "Vidi! Nije li ovo prekrasno? Tako bih to voljela imati. Kad bih si barem to mogla priuštiti. Oh, dobro." A zatim otiđite.

Kada nastojite shvatiti što činiti s muškarcima, zapravo nastojite shvatiti koje su strukture vjerojatnosti. Ako imate zamisao da postoji vjerojatnost da vam laže, tada živite u prosudbi, a ne u mogućnosti.

Vjerojatnosti su ono što činimo kako bismo izbjegli, eliminirali ili zaustavili rizik. Vjerojatnosti znače da ćete izgubiti. To je ideja da uvijek postoji rizik, uvijek postoji opasnost i uvijek će nešto ispasti loše. Stoga svoj život provodimo pokušavajući izbjeći različite rizike, eliminirajući tako mogućnost i izbor. Puno pitanja koja su postavljena tijekom ovih razgovora odnose se na vjerojatnost gubitka ili na vjerojatnost postojanja problema. Smislio sam ovaj proces za vas:

Koju glupost koristite da stvarate strukture vjerojatnosti gubitka u odnosu, umjesto stvaranja sustava mogućnosti što bi vam dopustilo da on za vas funkcionira, što birate? Sve što to jest bezbroj puta, hoćete li sve to uništiti i dekreirati?

Right and Wrong, Good and Bad, Pod and Poc, All 9, Shorts, Boys and Beyonds.

To ujedno funkcionira za novac. Nastojimo zadržati ono što imamo zbog straha da ćemo izgubiti, da nećemo imati ništa drugo i da nećemo imati drugih izbora. Ništa od ovoga nema veze s istinskim izborom, istinskom mogućnošću ili istinskim pitanjem. Trebamo biti u istinskoj mogućnosti i izboru i pitati "Što je još moguće?", umjesto "Koje su šanse da ću ovdje izgubiti?"

VJEROJATNOST GUBITKA

Sudionica Salona:
Otprilike prije godinu dana u mom sadašnjem odnosu ušla sam u nesigurnu energiju o životnim problemima izdaje od strane muškarca. Od tada imam neprestanu energiju sumnje. Što je to?

Gary:
To je vjerojatnost gubitka. Imamo zamisao da će odnos vjerojatno funkcionirati ili da vjerojatno neće funkcionirati. To je vaganje i mjerenje koje ljudi rade.

Morate se maknuti iznad pogleda ove stvarnosti o tome što je odnos kako biste stvorili nešto što vam zapravo odgovara. Trenutno ljudi stvaraju više odnosa koji ne funkcioniraju nego odnosa koji funkcioniraju. Zašto je tako? Zato što uvijek traže vjerojatnost da će se pojaviti problem, vjerojatnost da će doći do gubitka, vjerojatnost da će ispasti loše, vjerojatnost da će se pojaviti laž ili izdaja. Stvaramo strukture vjerojatnosti zato što prihvaćamo ideju da sve možemo vagati i mjeriti i ako dovoljno precizno izvažemo i izmjerimo, nećemo izgubiti.

To je razlog zašto se većina ljudi, jednom kada uđu u odnos, vjenčaju - kako bi zauvijek mogli živjeti sretno, kao da je svrha odnosa zauvijek živjeti sretno.

Koja je prava svrha odnosa? Povećati razinu udobnosti i mogućnosti. Tako bi trebalo biti. No, većina ljudi to vidi kao povećanje svoje mogućnosti preživljavanja. Prestanite na odnos gledati iz gledišta preživljavanja i krenite u napredak. Pitajte:
- Što je još moguće sada kad imamo ovaj odnos?
- Što bismo zapravo mogli stvoriti, a nismo još stvorili?

Kada to radite, stvarate potpuno drugačiju mogućnost i potpuno drugačiji svemir.

Koju glupost koristite da stvarate strukture vjerojatnosti odnosa kako ne biste gubili, umjesto sustava mogućnosti koji bi vam dopustili da birate, što birate? Sve što to jest bezbroj puta, hoćete li sve to uništiti i dekreirati? Right and Wrong, Good and Bad, Pod and Poc, All 9, Shorts, Boys and Beyonds.

Sudionica Salona:
Možete li malo više govoriti o tome što podrazumijevate pod gubitkom?

Gary:
Gubitak je kada tražite što je u ljudima krivo ili što oni čine krivo. Ili tražite način kako će vam lagati. Svi lažu. Ljudi lažu sami sebe više nego bilo koga drugoga. Skloni su manje lagati drugim ljudima nego samima sebi. Hoće li netko lagati? Sigurno. Zato što ljudi o samima sebi imaju zamisli koje nisu nužno istinite.

Imao sam prijatelja koji je mislio da je uvijek čist i uredan. Zapravo je bio ljenčina. No prema svojim standardima čistoće i urednosti on je bio čist i uredan. Sebe je vidio kao čistog i urednog jer je sve slagao i organizirao. No, njegova je kuća bila prljava. Uredno i organizirano za njega je značilo čisto. Drugačija stvarnost.

Jednom su moje spremačice dale otkaz zato što nisam skupljao igračke za svojom djecom. Rekle su: "Kuća je za nas previše prljava da je čistimo pa dajemo otkaz."

Pitao sam: "Kako to mislite da je prljava? Usisao sam je dan prije nego što ste došle."

Rekle su: "Ali prljava je."

"Što je tu prljavo?"

"Sve igračke na podu."

To je bilo neuredno. Nije bilo prljavo. Ljudi imaju svoje standarde onoga što nazivaju neurednim ili prljavim ili ono što nazivaju dobrim ili lošim ili ono što misle da je prikladno ili neprikladno u odnosu te nisu sposobni vidjeti ništa drugačije. Dakle, kada s nekim krenete živjeti, morate prepoznati da je naglasak na tome da funkcionirate iz pozicije "Što danas mogu stvoriti i generirati?" a ne "Što želim promijeniti kod osobe s kojom jesam?" Jedino s onime što stvarate i generirate može promijeniti način na koji s nekim živite. Ne možete nikoga natjerati na promjenu.

"JA GA MOGU POPRAVITI"

Poznajem mnogo žena koje su izabrale muškarca i rekle: "Oh, dobro. Ima nekih dobrih stvari. Mislim da ga mogu popraviti." Molim? Zašto biste htjeli kupiti nešto što treba popravljati? Selite u novu kuću i trebate promijeniti tepih i boju? Ljudi čine lude stvari misleći kako će nekoga popraviti i pretvoriti ga u nekog dobrog.

Moja je bivša žena običavala reći: "Kada sam upoznala Garyja, odijevao se kao iskorišteni automobil." Uvijek sam se pitao što je to značilo. U biti je govorila da se nisam dobro odijevao. Istina je da kada sam je upoznao nisam imao novca. Nisam bio u odnosu, trudio se iz petnih žila kako bih zaradio novac, činio sam sve što sam mogao kako bih se brinuo o svom djetetu i nosio se sa svojim obavezama. Nisam uopće trošio novac na odjeću. Osam godina nisam kupovao odjeću. Tako da sam bio izvan tadašnjeg stila odijevanja.

Iz njenoga gledišta, ako nisi bio u stilu, nije bilo smisla živjeti. Kako smo zarađivali novac, ona je počela obnavljati moju garderobu. Svoju je obnavljala tri puta brže nego moju, no ipak, bio sam obnovljen. Kupovala mi je stvari kako je ne bih sramotio zato što sam bio baš za popravljanje.

Ako svoga muškarca tretirate kao nešto što treba popravljati, on će se u nekom trenutku protiv toga pobuniti, zato što nijedan muškarac ne želi da mu se neprestano pred drugima govori kako je bio manje vrijedan kad ste ga dobili. Previše žena to čini. To su žene koje zapravo ne vole muškarce.

Biste li htjele obnoviti način na koji se odijeva? Naravno. Hoćete li uspjeti? Vjerojatno ne. Morate biti voljne biti s osobom s kojom jeste, ne trudeći se preobratiti ga u ono što mislite da bi trebao biti. Ako niste sretni s osobom koju ste pronašli, ako se ne odijeva dovoljno dobro za vas, ostavite ga i nađite drugoga, umjesto da se trudite popraviti ovoga.

Muškarci nemaju iluziju da mogu popraviti žene. Oni već znaju da su u tom pogledu mljeveno meso. Bez obzira koliko su dobrog okusa, nikada neće dobiti ženu koja će izabrati iskoračiti na njihovu razinu. Morate shvatiti razliku u načinu na koji muškarci i žene funkcioniraju.

Koju glupost koristite da stvarate strukture vjerojatnosti odnosa kako biste izbjegli gubitak, umjesto sustave mogućnosti koji bi vam dopustili da birate? Sve što to jest bezbroj puta, hoćete li sve to uništiti i dekreirati? Right and Wrong, Good and Bad, Pod and Poc, All 9, Shorts, Boys and Beyonds.

MOGUĆNOST USPJEHA

Sudionica Salona:
Možete li molim vas govoriti o elementima uspjeha?

Gary:
Ovo je još jedno mjesto gdje pokušavate ući u strukture vjerojatnosti. U biti imate zamisao o *vjerojatnosti* uspjeha, umjesto o *mogućnosti* uspjeha. Kada dolazite iz mogućnosti uspjeha, uvijek ostajete u pitanju.

Ako uvijek ostajete u stanju pitanja glede svog odnosa, možete promijeniti način na koji on funkcionira. Nikada nećete moći doći do zaključka o tome funkcionira li nešto ili ne. Pitat ćete se: što danas mogu biti ili činiti drugačije, što bi dopustilo da se ovo odmah promijeni?

Kada počnete funkcionirati iz pitanja umjesto iz zaključka, doći ćete do točke gdje ste na kreativnom rubu mogućnosti i sposobni ste činiti nešto što ovdje nikada prije nije postojalo.

Ono što imate kao referentnu točku za odnos jest sve ono što ste vidjeli da drugi čine. Funkcionira li to? Ne. No, to je jedina stvar koju imate kao referentnu točku. Morate biti voljni stvarati odnos koje se ne uklapa u ovu stvarnost. Evo nešto što trebate snimiti i slušati:

Koju fizičku aktualizaciju odnosa iznad ove stvarnosti ste sada sposobni generirati, stvarati i utemeljivati? Sve što to jest bezbroj puta, hoćete li sve to uništiti i dekreirati? Right and Wrong, Good and Bad, Pod and Poc, All 9, Shorts, Boys and Beyonds.

Slušajte ovo barem deset dana i vidite što će se početi događati. Morate doći do toga da počnete prepoznavati da postoje drugačije mogućnosti.

Koju glupost koristite da stvarate strukture vjerojatnosti odnosa kako biste izbjegli gubitak, umjesto sustave mogućnosti koji bi vam dopustili da birate? Sve što to jest bezbroj puta, hoćete li sve to uništiti i dekreirati? Right and Wrong, Good and Bad, Pod and Poc, All 9, Shorts, Boys and Beyonds.

ŽIVLJENJE U DESET-SEKUNDNIM INTERVALIMA

U svakom odnosu imate još deset sekundi života. Ako svoj život živite u intervalima od deset sekundi, tada nećete dolaziti do zaključka ili prosudbe jer će svakih deset sekundi stvoriti nešto novo. Trebate živjeti u tih deset sekundi, umjesto da dolazite do zaključka koji se zasniva na strukturama vjerojatnosti da možete uravnotežiti stvari i ako je odnos dobar, na kraju će biti bolje, a ne lošije. To se zapravo uopće ne odnosi na strukturu vašeg odnosa jer se ne radi o stvaranju mogućnosti. Radi se o stvaranju strukture u kojoj imate zaključak da će dugoročno uspjeti ili da će na kraju biti najbolje. To su stvari o kojima neprestano dolazimo do zaključka, no nijedno nam ne daje pravi izbor.

Sudionica Salona:
Kako da uklonim svoju muku oko muškaraca i žena. Počelo je dok sam bila tinejdžerka kada su moji roditelji odlučili što će biti moja životna karijera. Sve je ovo učinjeno bez moga pristanka. Ovaj razgovor drma temelje onoga što ja stvarno jesam. Sada mislim da nijedan moj izbor nije istinski moj.

Gary:
Morate shvatiti da je sve što ste ikada odlučili da je istinito ili stvarno, laž ili implantat. Dakle, ako je sve laž ili implantat, gdje početi? Počnite sa:
✦ Što bih danas voljela?
✦ U ovih deset sekundi, što bih izabrala?

Iz toga morate početi funkcionirati kako biste naučili vjerovati u sebe. Razlog zbog kojega ne vjerujete muškarcima i razlog zbog kojega ne vjerujete ženama jest taj što ne vjerujete u sebe. Da vjerujete u sebe, mogli biste znati da nisu bili dostojni povjerenja ili da su bili dostojni povjerenja i imali biste drugačiju mogućnost.

PRIMANJE ONOGA ŠTO U ODNOSU ŽELITE

Sudionica Salona:
Govorili ste da devedeset posto žena mrzi muškarce i da devedeset posto muškaraca mrzi žene, ipak, svi bi htjeli

posjedovati jedni druge. Osjetite li mogućnost da bi se to ovim razgovorima moglo promijeniti?

Gary:

Da. To je razlog zašto vodim ove razgovore. Volio bih vidjeti da nestane ovo stalno stanje ljutnje, srdžbe, bijesa i mržnje iz kojega ljudi funkcioniraju pa ćete naučiti imati referentnu točku da budete ono što u odnosu želite i primate ono što u odnosu želite.

Sudionica Salona:

Je li to naučeno? Ili je to osnova bićima i njihovim sklonostima?

Gary:

Sve o odnosima je naučeno. I sve je loše naučeno. Učili su vas glupi ljudi o glupim odnosima pa će vaši odnosi biti glupi kao i njihovi, što opravdava ideju da njihovi odnosi nisu glupi. Ljudi vas uče i usklađuju s lošim odnosima poput njihovih jer ako imate odnos koji je loš kao i njihov, to dokazuje da je njihov najbolji što može biti. Ako je vaš odnos isto loš, vjerojatnost je da njihov odnos nije toliko loš kao što su mislili da će biti.

Sudionica Salona:

Ja nisam u odnosu. U njemu je, čini se, više nevolje nego vrijednosti, zato što sam vrlo sretna sama sa sobom. Ne isključujem odnos, ali ga isto tako ne uključujem.

Gary:

Ono što opisujete je trenutak u kojem ste zapravo voljni primiti odnos koji će vam odgovarati. Savršeno ste sretni što niste u odnosu. Da vam se sada pojavi odnos koji vam odgovara, biste li to znali? To je pitanje koje trebate postaviti. Kad ste neovisni, kad imate dovoljno novca i sve ide dobro, vi ste izvan svemira potrebe i u poziciji "Što je još moguće?"

Vi ste u svemiru pitanja što može stvoriti odnos koja bi vam mogao odgovarati, koji bi vam mogao biti zabavan, koja bi mogao širiti vašu agendu, vašu stvarnost i vaše mogućnosti. Do toga nećete doći iz požude. Otplovit ćete u to slučajno. Naći ćete nekoga tko će uživati u druženju s vama i tko će cijeniti ono što jeste. Nažalost, ako ste poput većine žena, reći ćete: "On je samo prijatelj." Ne, on je mogućnost, a ne prijatelj.

Većina žena, čim nađe tipa koji s njima voli razgovarati i družiti se, kaže: "Ako se sa mnom želi družiti, on je gubitnik." Što? Volite li se družiti sa sobom? To bi bilo pitanje. Ako se volite družiti sa sobom, možete birati drugačije.

OGRANIČAVAJUĆI IZBORI

Sudionica Salona:
Zbunjuju me ograničavajući izbori koje činim, što mi oduzima moć.

Gary:
Još jednom, to su strukture vjerojatnosti. Oduzimate ono što je u vama i u vašim izborima zaista moćno i stvarate ograničavajuće izbore kao način funkcioniranja unutar struktura vjerojatnosti kako biste osigurali da nećete izgubiti.

Koju glupost koristite da stvarate strukture vjerojatnosti odnosa kako biste izbjegli gubitak, umjesto sustave mogućnosti koji bi vam dopustili da birate? Sve što to jest bezbroj puta, hoćete li sve to uništiti i dekreirati? Right and Wrong, Good and Bad, Pod and Poc, All 9, Shorts, Boys and Beyonds.

Sudionica Salona:
Prije nekoliko dana bila sam u parku i neki me muškarac gledao. Osjetila sam da mi pokušava prići, a moje je tijelo i biće osjećalo da je grozan.

Počela sam POD i POC-ati da mi ne priđe i nije. Koji pragmatični alat možemo koristiti kako bismo udaljile muškarca koji je previše ustrajan?

Gary:
POD i POC-anje je bilo savršeno. Bila si svjesna i točno si znala što je potrebno.

Razgovarao sam sa ženom koja se htjela udati. Pitao sam je: "Kakve muškarce nalaziš?"

Ona je rekla: "Sve što nalazim su bezveznjaci koji idu po kafićima."

Pitao sam je: "Zašto ideš u kafić ako se želiš udati?"

"Pa, kako ću naći muškarca ako ne idem u kafiće?"

Rekao sam: "Idi na popodnevni čaj u najelegantniji hotel u svome mjestu i sjedni tamo s knjigom. Obuci lijepu haljinu, onu koja malo pokazuje dekolte i dobar par visokih potpetica. Prekriži noge i tako sjedeći, neka ti se stopalo pomalo ljulja gore dolje."

To će kod muškarca probuditi zanimanje. Kada vam priđe i pita vas što čitate, recite: "Oh, samo čitam ovu zanimljivu knjigu." Uzmite knjigu koju volite, nešto što vas zanima, ali ne romantičnu novelu. Ako čitate romantičnu novelu, odbit ćete muškarca jer će misliti da tražite odnos.

Nemojte čitati *Pedeset nijansi sive* misleći kako ćete time pridobiti muškarca. *Radost poslovanja* mogla bi prizvati vrlo bogatog muškarca. On će reći: "Čitate o poslovanju?" A vi ćete odgovoriti: "Da, jednostavno volim poslovanje. Poslovni ljudi su tako seksi." Nemojte se bojati upotrijebiti riječ *seksi* ako ste zainteresirani.

Ako za njega niste zainteresirani, budite pristojni, razgovarajte s njime, a kada kaže: "Biste li voljeli koji puta izaći na piće?" recite: "Oh, hvala ti puno dragi, no ja ne izlazim. Direktno ulazim u brak i prije toga zahtijevam 500.000 $ garancije." Prije nego se okrenete, njegov će auto škripati cestom. Jedna mi je žena rekla: "Trebaš ljude podučiti oživljavanju ako ćeš im govoriti da to čine." Ona je to rekla jednom muškarcu koji je umalo preminuo. Dakle, muškarac bi mogao dobiti srčani udar. No, ako je dovoljno star da bi imao srčani udar, dovoljno je star da ga odvedete kući i… nema veze. To je ono što činite.

NE POSTOJI NIŠTA ZA ŠTO SE TREBATE BORITI

Sudionica Salona:

U svome životu imam puno više mira i lakoće otkako sam postala svjesnija borbe s muškarcima te biram to otpustiti. Moje su barijere spuštene. Puno sam ljubaznija. No, još sam uvijek malo zbunjena. Biste li mi, molim vas, pomogli? Prije nekog vremena spomenula sam vam da je na poslu bilo nekoliko nasilnih muškaraca. Osjećala sam se kao Amazonka i da po svom tijelu imam oružje. Pretvarala sam ih u prašinu.

Mislim da ste rekli nešto poput: "Zašto biste se zbog toga okrivljavali? To je upravo ono što u tom trenutku trebate stvoriti. Zašto ste se zaustavili? Nije li to seksi?"

Možete li mi to malo objasniti pod svjetlom ovoga o čemu govorimo? Je li ljubaznije za nas da ne budemo ratnice?

Gary:

To je pretpostavka - da je ljubaznije ne biti ratnik. Ponekad baš treba biti ratnik. Morate biti voljni biti, činiti, imati, stvarati i generirati bilo što ili sve što je potrebno kako biste imali potpuni izbor.

Koju glupost koristite da stvarate to da nikada niste, da ne činite, da nemate, da ne stvarate, ne generirate i ne utemeljujete bilo što i sve što je potrebno, što birate? Sve što to jest bezbroj puta, hoćete li sve to uništiti i dekreirati? Right and Wrong, Good and Bad, Pod and Poc, All 9, Shorts, Boys and Beyonds.

Sudionica Salona:

Spomenuli ste da kada se ne borim, to je isto kao i borba jer pretpostavljam superiornost.

Gary:

Mislim da to nisam rekao. Mislim da sam vam postavio pitanje: osjećate li se superiorni kada to činite? Je li to način na koji se pravite dovoljno superiorni da ne budete manji? Ako nastojite dokazati da niste manji, prakticirat ćete superiornost, umjesto izbor. Izbor znači da možete izvući svoj mač i otkinuti im glavu ako to želite ili ne, kako želite, toliko ljubazno koliko to birate. Ponekad je brzi rez po grlu jako dobar, ljubazan način. Neki ljudi to zaslužuju.

Sudionica Salona:
Kada koristim zanimljivo gledište, ne postoji ništa vrijedno borbe.

Gary:
O tome se i radi. Ne postoji ništa za borbu. Dakle, ako se ne borite, koje druge izbore imate?

Sudionica Salona:
Rekli ste i da nisam voljna ubiti, da sam seksi kada sam zla, da sam neprestano jadna i da mrzite kad sam jadna.

Gary:
Kada se ponašate kao superiorna osoba, kada se ponašate kao osoba koja to više neće podnositi, kada govorite: "Ne petljaj se sa mnom", to je više seksi nego "Buuu-huuu, jadna ja. Nitko me ne voli; svi me mrze. Bolje da idem jesti crve." To baš nije jako uzbudljivo. Kada ste jadni, to je ono vrijeme kada nikada niste svoji.

DJELOVANJE IZ POTPUNOG IZBORA

Sudionica Salona:
Kako izgleda ljubazno ili zlo?

Gary:
Ljubazni ste ili zli ovisno o trenutku, ovisno o potrebi, ovisno o žudnji, ovisno o zahtjevima ljudi s kojima jeste. Vi ste sve što birate biti jer funkcionirate iz potpunog izbora.

Koju glupost koristite da stvarate to da nikada niste, da ne činite, da nemate, da ne stvarate, ne generirate i ne utemeljujete bilo što i sve što je potrebno, što birate? Sve što to jest bezbroj puta, hoćete li sve to uništiti i dekreirati? Right and Wrong, Good and Bad, Pod and Poc, All 9, Shorts, Boys and Beyonds.

Sudionica Salona:
Je li to ono kad u muškarcu nalazimo najmanji dio dobrote i to izvlačimo van?

Gary:
Ne baš. Morate početi gledati i zlo i dobro u ljudima te prepoznati da ćete dobiti što god dobijete, kada to dobijete, ne trudeći se izvući samo dobro ili ljubazno. Morate biti voljni imati osobu s kojom jeste. U suprotnom, nemojte se zamarati.

STVARA LI VAŠ ODNOS VIŠE UGODE?

Sudionica Salona:
Postavila sam pitanje: "Istina, bih li u svom životu voljela imati odnos?" Bilo je *da*. Zatim, kada sam postavila pitanje: "Istina, bi li odnos proširio moju agendu?" Dobila sam *ne*.

Gary:
Odnosi ne znače nužno širenje vaše agende. U ovoj vam stvarnosti svi govore da će vam odnos proširiti agendu. Nažalost, većina ljudi odnose prakticira vrlo stegnuto i skupljeno i to ih zapravo veže i ograničava sve ono što biraju.

Sudionica Salona:
Pričali ste o tome kako odnos može biti odličan ako stvara više ugode. Možete li govoriti o tome kako to izgleda?

Gary:
Većina ljudi ulazi u odnos s idejom kako će od njega nešto dobiti. Misle kako će im on pružiti nešto za čime žude ili napraviti nešto za njihov život. Ili da će zauvijek biti zaljubljeni ili da će zauvijek živjeti sretno.

Ako ulazite u odnos zato što je ugodan, može vam se otvoriti potpuno drugačiji svemir.

Kada sam godinama prije živio sa cimerima, ljudi su dolazili na razgovor kako bi postali cimeri. Obavijestio bih ih kolika je stanarina i rekao: "Pričaj mi o sebi."

Oni bi rekli: "Stvarno sam čist i uredan, rado dijelim hranu s ljudima i vodim brigu o stvarima."

Primijetio sam da ljudi koji tako govore nisu čisti i uredni, ne vode brigu o stvarima, jedu svu moju hranu i razljute se ako ja jedem njihovu.

Ono što se dogodilo kada bi došli u moju kuću na razgovor jest da su pogledali uokolo i vidjeli što su morali biti. Vidjeli su da je moja kuća čista i uredna pa su rekli: "Jako sam čist i uredan." To se događa u odnosima. Ljudi pogledaju uokolo i vide što moraju biti kako bi vama bilo u redu da budu u vašem životu.

Ako zaista želite otkriti što ćete u odnosu imati, trebate otići u kuću osobe i vidjeti kako ona živi. Ako tamo možete ušetati, živjeti sa svime što osoba ima i s time biti zadovoljni, imate stvarno dobre šanse za stvaranje odnosa.

Ako mrzite način na koji uređuju, ako mrzite način na koji svoju kuću održavaju, ako mrzite način na koji se hrane, ako mrzite način na koji održavaju ormare, ako bilo što od toga mrzite, onda vam u odnosu neće biti ugodno.

Većina nas ne radi nikakva istraživanja kako bismo pronašli što će nam odgovarati. Jeste li ikada živjeli s nekim pa primijetili da su stvari koje vas počinju iritirati one koje je on činio cijelo vrijeme, za koje ste mislili da vam neće smetati jer ga toliko volite? Jeste li to ikada primijetili? To su stvari koje niste smatrali toliko lošima kada ste ušli u odnos, no u isto vrijeme, to nisu bile stvari s kojima bi vam zapravo bilo ugodno živjeti. Zato trebate početi postavljati pitanje: ako ulazim u odnos, s kime bi mi bilo ugodno živjeti?

Sudionica Salona:
Koju ulogu ovdje ima dopuštanje?

Gary:
Kada s nekim živite, želite ugodu više od dopuštanja. Ako vam je ugodno, uvijek ćete imati dopuštanje. Ako vam je neugodno, nikada nećete imati dopuštanje.

Dopuštanje ne možete koristiti kao način da prevladate ono što vam se ne sviđa. To nije dopuštanje. Dopuštanje je "zanimljivo gledište." Ako je ono kako osoba živi nešto s čime možete živjeti, onda to nikada neće biti problem.

Dain i ja dijelimo kuću. Mi ne "živimo zajedno" jer nismo par, iako mnogi ljudi misle da jesmo. Na našoj Božićnoj zabavi susjed je pitao: "Jeste li vi dečki oženjeni?"

Rekao sam: "Ne, mi smo samo dva heteroseksualna muškarca koji dijele kuću i poslovanje te većinu stvari radimo zajedno."

Dain ima svoju sobu i uređuje ju kako god izabere. Izgleda da ja uređujem ostatak kuće. Samo zato što je njemu tako lakše. On je zadovoljan sa stvarima koje biram imati u kući. Ponekad kaže: "Ova je stvar ružnjikava", a ja kažem: "U redu" i riješim se toga. Zašto? Zato što je zadovoljan živjeti s time. On ima osam milijuna strojeva koji rade razne stvari. Imamo stroj za margaritu, stroj za espreso kavu i mikser Vitamix. Sve što trebam znati jest u koji ih ormarić mogu ugurati.

S njime je ugodno živjeti jer on voli da je sve čisto i organizirano, barem izvana. Ako unutar ladice ili ormara izgleda kao smeće, njemu je to u redu. To je i meni u redu. Sve dok je vizualni dojam dobar, ono što je u ormaru me ne zamara jer o tome ne mislim.

Kada sam upoznao Daina, imao je svoj stan. Ušao sam u njegovu kuću i osjećao se ugodno. Što znači da vam je nešto ugodno? To je energija koju ljudi u svom životu stvaraju, što se očituje u njihovom namještaju i stvarima. Stvari oko sebe koriste za stvaranje osjećaja mira u svom životu. Ako vam je ugodno s osobom s kojom jeste, izvjesnije je da ćete imati odličan odnos.

KADA U IGRU ULAZI DOPUŠTANJE?

U osobi želite vidjeti dobrotu i brižnost. Želite znati što ih zanima i ono što ih ne zanima. Dopuštanje ulazi u igru onda kada shvatite da im se sviđaju neke stvari koje se vama ne sviđaju. Na primjer, Dain se počeo baviti streličarstvom pa smo našu garažu namjestili kao streljanu. U dvorištu smo postavili životinje kako bi ih mogao gađati. Meni je to bilo iznimno smiješno jer je on u tome ludo uživao. Mene streličarstvo nije zanimalo, no bilo mi je drago da on u tome uživa. Tu ulazi u igru dopuštanje različitosti. Prepoznajete ono što druga osoba voli raditi, što nije nužno ono što vi volite raditi i drago vam je zbog nje. Imate velikodušnost da budete sretni zbog toga što postoji nešto njemu toliko vrijedno i zanimljivo.

Sudionica Salona:
Danas sam shvatila da istinska dobrota znači potpuno dopuštanje.

Gary:
Da. Istinska dobrota je potpuno dopuštanje. No, to je i više od toga. Istinska dobrota je i voljnosti da se bude više, da se ima više. To je prepoznavanje da morate biti dobri sebi - ne prema drugima. Većina ljudi pokušava biti dobra prema drugima i neki su ljudi zapravo dobri prema sebi. Ako ujutro ustanete, pogledate se u zrcalo i prosuđujete sebe, svoje tijelo, jeste li dobri? Ne, no većina ljudi to čini. Kažu nešto poput: "Tako starim. Tako mi sve visi, tako se vučem." Kakve to ima veze sa stvaranjem? Morate postaviti pitanje: "Ah! Što je potrebno da se ovo promijeni?"

Otkrio sam da ponekad izgledam kao da imam četrdeset, a deset minuta kasnije izgledam kao da imam sedamdeset. Kako se to dovraga događa? Znači li to da imamo neke veze sa stvaranjem izgleda naših tijela? Da, imamo!

HUMANOIDNA ŽENA ŽELI OSVOJITI SVIJET

Sudionica Salona:
Možete li, molim vas, govoriti o ženskom humanoidnom tijelu i kako uistinu u njemu uživati te koristiti ga kao našu prednost?

Gary:
Prije svega, morate shvatiti da kao humanoidna žena želite osvojiti svijet. Dakle, vaše će tijelo biti dizajnirano tako da možete bilo koga osvojiti - ako ste si voljni dopustiti da imate žensko humanoidno tijelo. Pitajte: koga mogu osvojiti ovim tijelom? Zatim pogledajte uokolo kako biste vidjeli nekoga tko vam se voljan predati. Uvijek postoje muškarci koji će vam se predati ako ste ih voljni osvojiti.

Sudionica Salona:
Što misliš pod *osvajanjem*?

Gary:
Biti osvajač znači kontrolirati bez kontrole, pozivati drugačije mogućnosti bez zahtijevanja i stvarati iznad ograničenja osvojenog. To je razlog zašto želite znati koga danas možete osvojiti. Postavljanje pitanja "Koga mogu osvojiti ovim tijelom?" počet će vam pokazivati tip osobe koja će biti voljna biti dijelom vašeg života. To ne mora značiti da je to osoba koju želite. To može značiti da je to tip osobe s kojim ćete vrlo vjerojatno uspjeti.

Osvajanje znači da imate dominantan prostor, no ne morate dominirati izborima osobe. Osvajač će doći i dopustiti vam da budete to što jeste, no promijenit će uporišta na kojima sve funkcionira.

Humanoidne žene žele osvojiti svijet. One žele vladati svijetom. To je ono što vi kao humanoidna žena želite raditi. Humanoidne žene nisu slabe, jadne hrpe smeća koje žele stajati sa strane ne radeći ništa. Ako ste voljni osvajati, možete stvarati nešto veće.

Ljudske žene, s druge strane, žele kontrolirati kokošinjac, ali ne žele osvajati. Žele kastrirati muškarce.

Jeste li u svom životu ikada imali muškarca ili ženu nad kojima ste potpuno dominirali? Je li vam se to svidjelo? Ne, zato što su bili pokorni. Oni bi se pokorili ili odustali. To nije osvajanje.

Molim vas prepoznajte da imate sposobnost zapovijedanja - no istinski vođa ne zapovijeda. Ljudi koji zapovijedaju rade zahtjeve. Zahtijevaju od drugih da im se pokore.

Biti pokoran znači odustati, predati se, objesiti bijelu zastavu. Vi, kao humanoidna žena, uvijek ćete se razljutiti kada vam se ljudi pokore zato što ne volite da vam se netko preda. Ne volite ni ljude koji se s vama bore, no ne želite one koji će se predati jer ako se prelako predaju, nemaju vrijednost. Njihova voljnost da se ne predaju čini ih vrijednima.

Sudionica Salona:
Ako ljudske žene žele kastrirati muškarce, što ljudski muškarci čine sa ženama?

Gary:
Ljudski se muškarci nose sa ženama tako da ih ne poštuju i obesnažuju. Žene stvaraju polarnim suprotnostima; to je način na koji stvaraju privlačnost prema suprotnom spolu.

Ljudska stvarnost je prosuđivanje suprotnog spola. Ljudski muškarci kažu: "Žene - ne možete živjeti s njima i ne možete živjeti bez njih."

Sudionica Salona:
Jedan od mojih najvećih izazova je da kognitivno verbaliziram znanje koje imam, a da ne ispadnem superiorna. Što je potrebno kako bih ojačala taj kapacitet?

Gary:
Tišina. Morate biti voljni ne govoriti ljudima ili kognitivno verbalizirati ono čega ste svjesni. Morate imati svjesnost za sebe i ni za koga drugoga. Samo za sebe, samo za zabavu, nikada nikome ne pričati o tome.

KAKO PRISTUPITI MUŠKARCU

Sudionica Salona:
Ako s muškarcem o nečemu želite raspravljati, kako tome pristupiti?

Gary:
Ako s muškarcem o nečemu želite raspravljati, samo recite: "Dušo, mislila sam..."

Muškarcu nikada nemojte pristupati s izjavom "moramo razgovarati" ili "želim s tobom razgovarati" zato što to svakog muškarca nasmrt plaši. "Dušo, moramo porazgovarati" znači: "Odrezat ću ti testise. U krivu si i platit ćeš za to."

Ako krenete sa: "Razmišljala sam o ovome. Što misliš?", možete stvoriti raspravu. Morate stvoriti raspravu.

Nemojte muškarcu dati uranjeno upozorenje kao: "Moramo razgovarati." Muškarci imaju drugačije signale od žena. Muškarcu je to znak da se sprema borba, stoga izvucite bijelu zastavu. Moraš se predati zato što si muškarac i zato što si u krivu. Tako to funkcionira u svijetu muškarca. Morate ovo znati ako želite stvoriti nešto što vam odgovara s muškarcem s kojim uistinu želite biti.

Dain je moj čovjek. Oboje kažemo: "Razmišljao sam..." tako da druga osoba ne mora misliti da treba zgrabiti svoju bijelu zastavu. Nemojte na svog muškarca ići s komentarom poput: "Moramo razgovarati." Idite okolo na stražnja vrata. Provirite sa: "Dušo, razmišljala sam o ovome. Što misliš? Kako se osjećaš glede toga?"

Druga dobra taktika jest: "Razmišljala sam o ovome, no čini mi se da nešto propuštam. Vidiš li nešto u što ja ovdje ne gledam?" Na taj način angažirate muškarca da u nešto pogleda, umjesto da mu se suprotstavljate. Većina se ljudi u odnosu pokušava suprotstavljati, misleći da je suprotstavljanje način na koji će nekoga pridobiti da bude iskren. Iz suprotstavljanja nikada ne dobivate iskrenost. Dobivate sukob. Razgovor se pokreće sa: "Mislim... Što ti misliš?" Ako stvarate suprotstavljanje, jadan dečko se mora sukobiti s vama i nema drugog načina.

SNOVI, NOĆNE MORE, ZAHTJEVI, ŽUDNJE I NUŽNOSTI VAŠEGA ŽIVOTA

Sudionica Salona:
Imam brzi seksualni život sa svojim ljubavnikom s kojim živim. On kaže da sam prezahtjevna i da zahtijevam previše

vremena i milovanja kako bih imala vanjski orgazam. Sada gotovo da izbjegavam seks. Što mogu učiniti da to promijenim i da ponovno imam orgazmičan seks?

Gary:
Riješi ga se. On je idiot. Nađi novog ljubavnika. Želiš muškarca koji će žudjeti da njeguje vaše tijelo i vašu dušu.

Sudionica Salona:
Što mogu učiniti kako bih imala orgazam samo od penetracije?

Gary:
To baš i nije vjerojatno. Ženska tijela nisu dizajnirana da imaju orgazam od penetracije. Većina orgazama događa se iz klitorisa, a ne iz unutrašnjosti vagine koja baš i nije strašno osjetljiva. Postoji nekoliko osjetljivih točaka, no one nisu dovoljne. Vaše je tijelo dizajnirano da podnese porod i istisne kuglu za kuglanje iz vaše vagine.

Morate pronaći muškarca koji zna kako se dobro odnositi prema ženi. Ne postoji puno muškaraca koji uče o ženskom tijelu. Morate mu postavljati pitanja prije nego s njim odete u krevet. Pitajte: "Koji ti je najdraži dio seksa?" Ako ne kaže "da se spustim dolje", vjerojatno nikada neće biti odličan ljubavnik zato što je osnovni način na koji prakticira seks: "Stavit ću ga unutra i ona će biti sretna." A to obično nijednu ženu neće usrećiti.

Sudionica Salona:
On radi četrnaest sati na dan. Ja radim dvanaest sati dnevno i imam djecu i kuću o kojoj brinem. On želi da

prestanem raditi to što radim i da odem u krevet kad i on, što ja ne biram. Moje tijelo ne uživa u njegovom dodiru. Nije njegujuće.

Gary:
Vaše tijelo ne uživa u njegovom dodiru zato što on prosuđuje. Prosuđuje da ne činite ispravno - a on čini. Kada ste u odnosu s ljudima koji prosuđuju, vaše je tijelo sklono povući se od njih, bez želje da ih dodiruje.

Nađite nekoga drugoga u svom životu. Ovaj muškarac neće isporučiti. Ako ga ne zanima njegovanje vašega tijela i želi da odete u krevet kada i on ide, onda je on kontrolirajuća fatalna žena.

Koju fizičku aktualizaciju ljubavnika, prijatelja i životnoga druga ste sada sposobni generirati, stvarati i utemeljivati? Sve što ne dopušta da se to pojavi bezbroj puta, hoćete li sve to uništiti i dekreirati? Right and Wrong, Good and Bad, Pod and Poc, All 9, Shorts, Boys and Beyonds.

Koju glupost koristite da stvarate snove, noćne more, zahtjeve, žudnje i nužnosti u svom životu što birate?

Sve što to jest, bezbroj puta, hoćete li sve to uništiti i dekreirati? Right and Wrong, Good and Bad, Pod and Poc, All 9, Shorts, Boys and Beyonds.

Imate svoje snove o tome kako bi nešto trebalo biti. Imate svoje noćne more o tome kako se nešto pojavljuje. Imate svoje zahtjeve i mislite: "Jednom kada ovo ispunim, sve će biti dobro." Imate nešto što želite od ljudi, što oni zapravo rijetko čine. Zatim imate nužnosti. To je sve ono što mislite da morate raditi, a baš i ne želite, no smatrate da to morate činiti jer su vam rekli da morate.

Sudionica Salona:

Radi li se samo o pitanju: "Što ovdje trebam biti?"

Gary:

Tu potreba postaje nužnost. To je ono gdje se stvari ne pojavljuju onako kako biste htjeli. Tu stvarate san, noćnu moru, zahtjev, žudnju ili nužnost. Sve to u našim životima radimo kao da će to funkcionirati.

Moja kćer Grace došla je sa svojim djetetom u posjetu, a ja sam mislio: "Ovdje ima toliko posla. Ona ništa ne čisti. Ona ništa ne radi."

Zatim sam se pet sati brinuo o djetetu. Shvatio sam činjenicu da je čudo što se djevojka digne iz kreveta. Imati dijete... činjenica da vi dame to činite meni je nevjerojatna. Ne znam kako to ona radi. Jedino što ona nema je netko tko će brinuti o njoj zato što se ona uvijek brine o djetetu.

Odjednom je nestalo sve ono što me uzrujalo jer sam dobio jasnoću što je to. Možda biste htjeli pokretati: koja energija, prostor i svijest mogu biti što bi mi s ovime dalo potpunu jasnoću i lakoću za cijelu vječnost?

Sudionica Salona:

Kao da nam je nametnuta stvarnost druge osobe. No, ako pitate što oni zahtijevaju, postaje li lakše?

Gary:

Osvijestio sam što ona zahtijeva kada sam nakratko radio njezin posao. Osvijestio sam što je poticalo njenu potrebu za osjećajem da je netko voljan brinuti o njoj. Od tada sam postao voljan bolje brinuti o njoj. Bio sam voljan i biti ovdje za nju na način na koji nije ni znala da joj treba.

Ako pitate: "Koja energija, prostor i svijest mogu biti što bi mi s ovime dalo potpunu jasnoću i lakoću za cijelu vječnost?" to će početi odmotavati ponešto od onoga što vas zbunjuje. Postoji nepodudarnost između onoga što primamo i onoga što mislimo te između onoga što osjećamo i onoga što se zapravo događa. Čudno je kad nastojimo izjednačiti ono što se ne podudara tako da možemo doći do zaključka, umjesto da shvatimo kako je nepodudarnost razlika između onoga kad smo svoji i kad nismo svoji.

Koliko nepodudarnosti imate između onoga što biste bili i onoga što mislite da se od vas zahtijeva i onoga što se od vas traži, što ne razumijete? Sve što to jest, bezbroj puta, hoćete li sve to uništiti i dekreirati? Right and Wrong, Good and Bad, Pod and Poc, All 9, Shorts, Boys and Beyonds.

Koju glupost koristite da stvarate snove, noćne more, zahtjeve, žudnje, potrebe i nužnosti u životu što birate? Sve što to jest, bezbroj puta, hoćete li sve to uništiti i dekreirati? Right and Wrong, Good and Bad, Pod and Poc, All 9, Shorts, Boys and Beyonds.

ŠTO JE OVDJE MOGUĆE ŠTO NISAM UZELA U OBZIR?

Sudionica Salona:
Govorite li o operativnom stanju funkcioniranja?

Gary:
Želite biti biće koje vam dopušta da budete sve što jeste i da funkcionirate unutar struktura ove stvarnosti, a da niste

pod utjecajem struktura. Ovo je više od svega vezano za strukture vjerojatnosti.

Ako se trudite izbjeći sukob, tražite strukture vjerojatnosti sukoba i nastojite ih izbjeći, umjesto da postavite pitanje: što je ovdje još moguće, a nisam ni uzela u obzir? Ako stvarno nešto želite promijeniti, postavite to pitanje. U to niste još pogledali. To je ono što sam ja učinio s Grace.

Kada sam se brinuo o djetetu, shvatio sam da ona o njemu svakodnevno brine 24 sata bez ikakve pomoći. Nitko za nju nije tamo, a potreban joj je osjećaj da netko o njoj brine.

Želi se osjećati njegovano; treba osjetiti da može imati malo slobodnog vremena jer je neprestano "u pogonu". Stoga sam radio sve što mogu kako bih se brinuo o djetetu. Nastavit ću to raditi jer vidim koliko joj je to potrebno.

Koju glupost koristite da stvarate snove, noćne more, zahtjeve, žudnje, potrebe i nužnosti u životu što birate? Sve što to jest, bezbroj puta, hoćete li sve to uništiti i dekreirati? Right and Wrong, Good and Bad, Pod and Poc, All 9, Shorts, Boys and Beyonds.

Sudionica Salona:
Hoće li taj proces razbistriti fantaziju da će muškarac brinuti o vama?

Gary:
Nadam se. Negdje gdje postoji mjesto u kojem ljudi misle: "Jednoga će dana doći moj princ." Gledam ljude kako to stalno čine. Mislim da nitko neće stvarno brinuti o nama. Mi sami trebamo brinuti o čemu god je potrebno brinuti.

Moji se prijatelji žene. On je uvijek imao gledište da će netko o njemu brinuti. Ona ima gledište da će netko brinuti o njoj.

Ne znam kako će taj odnos uspjeti ako oboje traže nekoga tko će o njima brinuti. Bit će zanimljivo gledati što će se pojaviti. I vrlo sam sretan zbog njih što toliko brinu jedno o drugome.

ŠTO JE ONO ŠTO STVARNO ŽELITE?

Sudionica Salona:
U mojoj odrasloj dobi uvijek sam se sama brinula o sebi. Nikada to nitko nije trebao činiti za mene. Sada sam u fazi kada bih to voljela pozvati u svoj život. Bilo bi lijepo imati nekoga tko bi mi pomagao u vrtu i prati suđe kada ja to ne želim raditi.

Gary:
To se naziva sluškinja i vrtlar. Njih možete unajmiti. Što je ono što stvarno želite?

Sudionica Salona:
Partnera.

Gary:
Zaista želite partnera? Razumijem da je to ono što *mislite* da želite.

Sudionica Salona:
Kako shvatiti što želiš?

Gary:
Tu morate pitati:
- Da sam s nekime, kakav bi mi izgledao život?
- Kako želim da mi život izgleda za pet godina?

- Za deset godina?
- Kakav život želim?
- Kakav život želim za pet godina?
- Za deset godina?
- Kako želim da mi život izgleda?

To nije *slika* onoga što će to biti. To je *svjesnost o energiji* koja će biti.

Pogledajte uokolo i nađite nekoga tko ima ono što biste vi htjeli imati s drugom osobom. Jeste li ikada vidjeli odnos koji biste vi htjeli imati? Ne. Onda ćete ga sami morati stvoriti. Počnite sa: kako bih htio da moj život izgleda s partnerom?

Zarađujete dovoljno novca. Mogli biste si priuštiti da unajmite partnera. Jeste li voljni platiti dečka kao igračku? Već ste zaključili kako to baš ne bi bilo zabavno, umjesto da pitate: što bih ovdje htio stvarati i generirati?

Ovo je vjerojatno najluđe područje na planetu Zemlji. Zato i vodimo ove razgovore.

Koju glupost koristite da stvarate potpunu nesvjesnost svjesnosti o onome što biste mogli birati, a voljeli biste birati i kada biste izabrali, to bi stvorilo odnos koji bi bio po vašem izboru? Sve što to jest, bezbroj puta, hoćete li sve to uništiti i dekreirati? Right and Wrong, Good and Bad, Pod and Poc, All 9, Shorts, Boys and Beyonds.

Promatrao sam odnose za koje sam mislio da bi mogli biti nešto što bih volio imati. Vidio sam neke ljude u sjajnim odnosima koji im odgovaraju i njihovi su odnosi oni koje bih ja želio. Ne gledamo na to iz gledišta: što bi za mene bio odličan odnos?

Napokon sam shvatio da u svom životu moram imati nekoga tko bi bio voljan pustiti me da putujem diljem svijeta, bez gledišta o tome hoću li se vratiti ili ne. Koliko bi ljudi to bilo voljno učiniti? Vjerojatno nitko. To bi trebao biti netko tko će mi dopustiti potpunu slobodu da budem i radim što god želim. Nažalost, jedina osoba koja se u tu računicu uklapa je Dain, no on se seksualno ne uklapa jer on to jednostavno neće.

Sudionica Salona:
Kada tako gledate, kako izbjegavate odlazak u zaključak da nikada nećete pronaći odnos?

Gary:
Zašto vam je stalo? Ako dođete do zaključka da nikada nećete imati odnos, upravo će se to i pojaviti. Nikada nećete imati odnos. Je li to bitno?

Stalno neke stvari nastojimo činiti bitnima koje uopće nisu bitne. Kako bi veza funkcionirala, mora postojati nešto što svakoj osobi dopušta da potpuno bude svoj ili svoja i stvara drugačije mogućnosti. Morate znati što biste htjeli stvoriti kao svoj život. Je li vam jasno kakav biste život htjeli za pet godina? Počnite s ovime:

- Kakav bih htio da moj život bude za pet godina?
- Za deset godina?
- Za dvadeset godina?
- Želim li zaista imate nekoga uza se na tom putovanju?

Otkrio sam da me zapravo ne brine je li netko sa mnom na tom putovanju. Shvatio sam da ću ići, pridružio mi se tko ili ne. Tako sada imam ljude koji sa mnom žele raditi različite stvari u različito vrijeme, na različitim područjima. To donekle ispunjava osjećaj potrebe za odnosom jer imam odnos u tih deset sekundi. To je način na koji možete povezati odnos s drugima bez osjećaja potrebe za odnosom. Ujedno imate priliku stvoriti nešto drugačije.

Pitajte: kada bih imala odnos, kakav bih htjela da bude? Vidio sam vrlo malo odnosa za koje mislim da su zaista sjajni. Imam prijatelje koji imaju sjajne odnose u svakom pogledu, osim što nikada nemaju seks. Imam prijatelje koji imaju odličan seksualni odnos, no cijelo se vrijeme svađaju. Imam prijatelje koji imaju sve što žele, no nisu zadovoljni sa svojim životom. To nije uzbudljivo. Sve su već osmislili. Život je predvidiv. Mnogi ljudi misle da je predvidljivost odnos koji bi htjeli imati. Promjenljivost bi bila bliža onome što bih ja htio imati kao odnos - gdje je moguće neprekidno stanje promjene.

Moja druga žena bila je promjenjiva, no nije bila voljna imati financijsku stvarnost koja uključuje *imanje* novca. Bila je voljna imati samo financijsku stvarnost *trošenja* novca. To je ubilo odnos jer ja nisam mogao živjeti bez novca i bez izbora, osim odlaska na posao. Uvijek je postojala nužnost odlaska na posao jer svaki put kad bih se osvrnuo, bili smo bez novca. Nije mi se svidjelo živjeti na tom rubu. Ona za to nije marila. To joj je bilo u redu.

Stoga počnite gledati na:
+ Kakav bih htio da moj život bude za pet godina, deset godina, dvadeset godina?
+ Kakav bih ja htio da on bude?
+ Što bih htio da mi se u životu događa?
+ Postoji li netko u svijetu s kime bi to bilo zabavno raditi ili to biti?

Nemojte ni uključiti ideju odnosa. Pitajte se kako biste htjeli da vam život izgleda. Ako ono što tražite da stvarate kao svoju budućnost uključuje odnos, tada ćete ga i dobiti.

Ako ne može uključivati odnos, tada ga nećete imati. Odnos će stvoriti ono što biste htjeli imati. Druga osoba neće doći i brinuti se o vama ili slično. Radi se o tome da vi stvarate ono što zaista hoćete imati. Kada to radite, može vam se početi pojavljivati potpuno drugačija stvarnost.

Zatim se pitajte: što bih danas morao biti ili činiti da odmah stvorim tu stvarnost?

Ono što znam o tebi, H, jest da bi ti voljela imati nešto ugodno i lako, nešto što podrazumijeva dovoljno novca da možeš raditi što god želiš. Već i sada to donekle imaš. Dakle, ako ćeš imati odnos, to bi trebao biti netko tko je na istoj valnoj duljini kao i ti, netko tko neće očekivati da mu ti to pružiš. Da on očekuje da mu ti to pružiš, uvrijedila bi se. Ne želiš da moraš sve pružati. Morate si pojasniti što će vam ili što neće odgovarati. Ne radi se o dobrom ili lošem. Radi se samo o načinu na koji želite stvarati svoj život i svoj odnos. Ako si to počnete pojašnjavati, sve će početi lakše funkcionirati.

Zapamtite, tražite udobnost, tražite lakoću i tražite sve što omogućava da vam život odgovara. Počnite s pitanjima:
- Kakav bih htjela da moj život bude za pet godina?
- Za deset godina?
- Za dvadeset godina?

Ako tako počnete gledati i dobivate energiju kako bi to bilo, dobit ćete elemente onoga što želite stvarati. Ako elementi ujedno uključuju i odnos, bit ćete sposobni to i stvoriti.

Hvala svima što ste bili na ovom pozivu.

5
Pragmatičan izbor

*Morate pogledati u pragmatičan izbor koji u svakom trenutku imate.
Ako počnete gledati u pragmatični izbor, može se pojaviti drugačija mogućnost*

Gary:
Bok, dame. Počnimo s nekim pitanjima.

TRAŽENJE UGODE I POTPORE IZVAN SEBE

Sudionica Salona:
Kad me muškarac grli, to mi pruža ugodu i potporu. Sadašnji me dečko ne grli dovoljno. Dvoumim se između toga da samoj sebi kažem kako je to moja blesava potreba koju njemu ne bih trebala nametati da je ispuni i osjećaja da mi nečiji zagrljaj daje njegujuću energiju. Što se ovdje događa i koju energiju zapravo tražim?

Gary:

Ono što zaista tražite je prvo što ste rekli: "To mi pruža ugodu i potporu."

Koju glupost koristite da stvarate ugodu i potporu što birate? Sve što to jest, bezbroj puta, hoćete li uništiti i dekreirati sve to? Right and Wrong, Good and Bad, Pod and Poc, All 9, Shorts, Boys and Beyonds.

Ako ste potpuno prisutni kao vi i ako potpuno imate sebe, ugoda i potpora koju dobivate grljenjem nije nužnost. Nažalost, to znači da ćete dobiti muškarca koji vas cijelo vrijeme želi grliti, što će biti stvarno dosadno.

Postoje ljudi koji koriste hranu kao ugodu. Postoje ljudi koji koriste seks kao ugodu. Postoje ljudi koji koriste alkohol kao ugodu. Postoje ljudi koji koriste kupovanje kao ugodu. Postoji puno ugoda i potpora koji idu u svim smjerovima. Zato sam i izabrao baš ovu temu.

Sudionica Salona:

Jesu li podrška i brižnost slične ugodi i potpori?

Gary:

Podrška i brižnost su dio ugode i potpore. Žene tješe i podupiru jedna drugu dijeljenjem, zajedničkim odlascima u kupaonicu i zajedničkim kupovanjem. Postoji još dvadeset i pet drugih stvari koje moraju činiti zajedno. Osjećaj zajedništva je ono što ljudi traže kao ugodu i potporu. Ako ste uistinu voljni imati sebe, biće, u potpunosti, ne trebate ništa izvan sebe kako biste si ugodili i poduprli se. Imate ugodu i poduprени ste samo svojim bivanjem. To je cijela zamisao.

Kako doći do točke gdje imamo ugodu i potporu na temelju bivanja, a ne na temelju onoga što moramo raditi ili bilo što od ostalih ludosti za koje ljudi misle da su nužne?

Sudionica Salona:
Što je podrška?

Gary:
Podrška je opis posla i izbor. Možete biti osoba koja podržava. To znači da možete biti suspenzor ili grudnjak. Koji dio tijela želite držati sa svojom podrškom? Ili želite istražiti kako umjesto toga možete osnaživati? Podrška je referenca koje ne obuhvaća mogućnosti osnaživanja; umjesto toga vi nekoga podržavate.

Za ugodu i potporu koristite svoju prošlost. Koristite referentne točke, koristite svoju obitelj, koristite svoju djecu. Postoji tisuću stvari koje koristite. Ljudi kažu: "Tako je ugodno imati ovdje svoju obitelj." Ne baš. To zahtijeva puno više rada.

Posao koristite kao ugodu. Postoje ljudi kojima je ugodno imati previše posla. Postoje ljudi kojima godi njihova droga. Postoje ljudi kojima ugodu pruža odjeća koju oblače. Imaju odjeću za ugodu. To je kao da tražite nešto što će preuzeti ono što su vaša mama ili tata za vas trebali biti, a možda nisu bili. Ili ako su bili ljudi koji tješe, tražite ugodu ili potporu koju ste od njih imali.

Sudionica Salona:
Osjećam da uvijek gledam izvan sebe, umjesto da budem svoja.

Gary:
Točno. Kada ugodu i potporu tražite izvan sebe, nikada niste dovoljno prisutni kako biste se pitali:
+ Želim li doista ovo?
+ Je li ovo doista nužno?
+ Je li mi stvarno stalo do toga?
+ Je li to ono što doista trebam?

Stvorili ste mjesta ugode i potpore što izjednačujete sa sigurnošću. Ljudi traže sigurnost. To je zamisao da imate čvrsto mjesto na kojem stojite, umjesto čvrstoću bivanja, što vam dopušta da stojite bilo gdje i svugdje bez osjećaja da ne možete biti ili da ne možete zadržati svoj položaj.

Svi nastoje stvoriti položaj. Ovo je svijet položaja. Uvijek se trudimo pronaći mjesto gdje pripadamo, čemu pripadamo i komu pripadamo. Što je prikladno imati? Što je prikladno raditi? Tko je prava osoba za razgovor? Tko je prava osoba s kojom možemo biti? Sve je to pozicijska hijerarhija koju stvaramo kako bismo odredili čvrsto gledište koje nam pruža ugodu i potporu što imamo čvrstu i postojanu stvarnost. Ugoda i potpora dio su svemira izvjesnosti za stvaranje osjećaja da imate mjesto u kojemu možete biti, umjesto da budete prostor koji jeste, u kojem uvijek možete biti ono što jeste i nikada nemate potrebu za promjenom.

Neki dan sam pričao s nekime i on je rekao: "Ova žena je tako sjajna. Kao da je jedna osoba kad je s djecom, druga je osoba kad je s roditeljima i druga je osoba kada je na tečaju. Druga je osoba kad je sa mnom i druga je osoba kada radi procese."

Rekao sam: "Da. Dobro došao u svijet."

Pitao je: "Kako to misliš?"

Rekao sam: "Ona se neprestano treba prilagođavati jer iz njenoga gledišta, ono što ona jest nije dovoljno."

Sudionica Salona:

Pričali ste o gluposti kad iznosimo nešto iz prošlosti. Je li to povezano sa zonom ugode?

Gary:

Da, uvijek nastojite prizvati osjećaj ugode koji ste imali nekada prije. Ljudi se pitaju: "Što je s mojom prošlošću? Što je s mojom pričom?" To su stvari koje se ponavljaju u ljudskim svemirima. Vrijednost priče. Prava stvar. Nužnost da vrate osjećaj samoga sebe. Nužnost da vrate osjećaj *ja*.

Koju glupost koristite da stvarate ugodu i potporu što birate? Sve što to jest bezbroj puta, hoćete li sve to uništiti i dekreirati? Right and Wrong, Good and Bad, Pod and Poc, All 9, Shorts, Boys and Beyonds.

Sudionica Salona:

Jesu li ugoda i potpora energije - ili su to samo načini razmišljanja?

Gary:

Uglavnom su to načini razmišljanja jer su nas učili da bi život trebao biti ugoda i njegovanje. Ako postavite pitanje: "Može li ova osoba pružiti ugodu, njegu ili potporu za kojom žudim?" dobit ćete ne. Ne može vam pružiti ono za čime žudite. Može vam pružiti samo ono za čime on žudi. To je sve što on može vidjeti.

Vi kažete: "Želim da me netko grli i bit će tako divno." No, ako želite imati muškarca koji grljenje shvaća prema vašem gledištu, vjerojatno će biti ženskast, muškarac koji je toliko osjetljiv da će plakati svaki puta kad imate seks. Reći ćete: "Ovo je tako dosadno. Želim otići odavde."

"TO JE BILO STVARNO LIJEPO, DRAGI"

Vi ste jedini koji možete vidjeti što je za vas ugoda i potpora. Vi ste jedini. Nitko drugi to ne može vidjeti. Morate saznati može li vam osoba od koje tražite da vam nešto pruži to i dati na način na koji želite. Ako vam ne pruža na način na koji želite, bit ćete skloni prosuđivati muškarca. Čim idete u prosudbu, ubijate odnos.

Ipak, kad vam da pet minuta onoga što volite, recite: "To je bilo stvarno lijepo, dragi. Osjećala sam se tako dobro. Hvala ti. Tako sam zahvalna." Sljedeći put možda dobijete šest minuta. A nakon tih šest minuta recite: "Ovo je bilo tako divno. Volim kada me grliš." Možda ćete sljedeći put dobiti sedam minuta.

Ali ako kažete: "Jednostavno me ne grliš dovoljno!" od tada ćete dobivati samo tri minute. Morate naučiti kako stvoriti situaciju koja *ohrabruje* muškarca, umjesto pritužbe koja ga *ubija*. Ako želite pastuha u spavaćoj sobi, bolje da ne zanovijetate dok ste u kuhinji.

Ako počnete zanovijetati, dobit ćete uškopljenog konja. Svaki put kad zanovijetate, režete mu testise. Zanovijetanje ne pomaže da se muškarac uzbudi! Ako želite uzbuditi muškarca, morat ćete obuzdati svoj jezik.

MUŠKARCI POTISKUJU
SVOJU OSJETLJIVOST

Sudionica Salona:
Jesu li muškarci oduvijek bili osjetljiviji od žena? Je li zapravo suprotno od onoga kako se čini?

Gary:
Da. Muškarci su oduvijek bili osjetljiviji jer su od prvoga dana morali potiskivati svoju osjetljivost. Ženama je bilo dopušteno izražavati svoju, vrišteći, derući se, plačući, lupajući nogama ili radeći nešto drugo. Muškarci uvijek moraju smanjiti svoju osjetljivost. To ih ne čini manje osjetljivima. Njihovi se osjećaji povrijede kao i kod žena. Razlika je u tome što će žena reći: "Povrijedio si moje osjećaje." Muškarac će utihnuti i povući se.

Sudionica Salona:
Kako to funkcionira sa ženama koje nešto potiskuju?

Gary:
Postaju poput muškaraca. Imaju osjetljivost, no ne mogu je izraziti, ne mogu s njom živjeti i ne mogu s njom ništa učiniti. Stoga se nastoje povući. Ako ste osjetljivi, a nisu vam dopuštali da budete osjetljivi, povući ćete se u svakoj prilici koju dobijete zato što mislite da je to način da se zaštitite od ostalih.

Morate imati dopuštanje prema sebi. Koji postotak dopuštanja prema sebi imate? Manje od deset posto? Koji postotak dopuštanja imate za druge? Više od pedeset posto? Imate više od pedeset posto dopuštanja prema drugima, a manje od deset posto prema sebi. To nije vaš najbolji izbor, ipak to je ono iz čega svi funkcioniramo. Ako *mi* nismo u dopuštanju prema sebi, kako možemo očekivati da *drugi* imaju dopuštanje prema nama? Kako možemo očekivati da bilo što u životu dobijemo na način na koji bismo to zapravo htjeli imati?

Koju glupost koristite da stvarate stupnjeve dopuštanja što birate? Sve što to jest, bezbroj puta, hoćete li sve to uništiti i dekreirati? Right and Wrong, Good and Bad, Pod and Poc, All 9, Shorts, Boys and Beyonds.

Dijeljenje je nešto što radite sa ženama jer pronalazite ugodu i potporu u tome što možete o nečemu detaljno razgovarati. Muškarci se ne osjećaju ugodno ili sigurno detaljno razgovarajući. To ih traumatizira. Volio bih vam reći da postoje muškarci s kojima o ovome možete razgovarati. Ne postoje. To nije način na koji su od početka trenirani.

Sudionica Salona:

Govorite li da muškarci funkcioniraju iz ohrabrivanja i da ih bilo kakav komentar koji ne izgleda kao zahvalnost navodi na povlačenje?

Gary:

Da, oni se povlače i odlaze. To je nešto što je u muškarcima stvoreno otkako su bili mali dječaci. Kada sam ja bio dijete, rekli su mi: "Moraš biti jak, moraš biti tih i ne smiješ plakati." Neplakanje je bila najvažnija stvar ako ste muškarac. To je značilo ne pokazivati emocije i ni u što ne biti emotivno uključen. To se nije baš puno promijenilo.

Muškarci su daleko finiji u svom prostoru energetike življenja od žena, zato što žene imaju nekoga s kime će dijeliti

- drugu ženu. Žene dijele svoje "osjećaje." Žene dijele ono što im se događa. Žene razgovaraju o koječemu. Muškarci to nikada ne čine. Oni ne kažu nešto kao: "Supruga mi je sinoć povrijedila osjećaje." Nikada ne spominju te stvari. Oni to usišu. Ono što su naučili u životu raditi uglavnom je povlačenje. To su ih kao male dječake učili.

Ponekad žene kažu nešto poput: "Tom bi muškarcu samo trebala reći što da radi." To vas neće dovesti do onoga što želite. Kad vam ljudi to kažu, jesu li vam prijatelji - ili vaši neprijatelji. To je ženama teško. Muškarci pretpostavljaju da su svi neprijatelji sve dok ne dokažu suprotno. Žene pretpostavljaju da su svi prijatelji sve dok ne dokažu da su neprijatelji. Čak i onda to ne mogu vjerovati.

Većina je muškaraca naučena da ne smiju biti nimalo osjetljivi i ako imaju bilo kakvu osjetljivost, moraju se povući. Ipak, postoje muškarci koji su naučeni da trebaju biti osjetljivi dečki Novoga Doba.

Većina njih plače na zapovijed kako bi manipulirali ishodom, baš kao i žene. Dakle, to je ono što čine. To nije ni dobro ni loše. To je samo način na koji to funkcionira. Volio bih da shvatite pragmatiku kako to funkcionira i da se ne trudite postići savršeni odnos. Ne postoji savršeni odnos. Postoje odnosi koji funkcioniraju i odnosi koji ne funkcioniraju. Postoje odnosi koje će postati bolji i oni koji to neće postati. Morate biti voljni sagledati kako nešto možete iskoristiti da dobijete ono što želite.

Ne radi se o tome da budete pozitivni. Radi se o tome da ste prisutni bez prosudbi. To je manipulacija. Što je tu krivo? Nije li tužno što vas tome nisu podučili kad ste imali dvanaest? Ne bi li vam to olakšalo život?

Suprotstavljanje ne djeluje. Sve što to od druge osobe zahtijeva jest da se bori ili preda. Kad se ljudi predaju i postanu sluge ili žrtve, odlaze u zamjeranje i gubite vaš odnos i vašu povezanost. Ako ulaze u sukob, moraju se boriti za ispravnost svoga gledišta bez obzira na sve. Time se u životu ne postiže gotovo ništa. Što biste htjeli postići u svom životu glede odnosa? Molim vas, isprobajte ovo. Djeluje.

KOPULACIJA BEZ PROSUDBE

Sudionica Salona:
Kako izgleda kopulacija bez prosudbe? Znaju li naša tijela kako biti bez prosudbe? Ili svijest našega tijela također prosuđuje naše partnere?

Gary:
Ne. Vaše tijelo ne prosuđuje. Vi, biće, ste ona koja određuje što je prikladna seksualna igra na temelju prosudbi.

Koju glupost koristite da stvarate seksualnu igru što birate? Sve što to jest bezbroj puta, hoćete li sve to uništiti i dekreirati? Right and Wrong, Good and Bad, Pod and Poc, All 9, Shorts, Boys and Beyonds.

Većina nas ne prakticira seks kao seksualnu igru. Žene su sklone imati seks kako bi stvorile odnos. Muškarci su skloni imati odnos kako bi stvorili seks. No, nitko ne prakticira seks zbog igre u njemu. Da to radimo zbog igre i da ga smatramo radosnim i razigranim, mogle bi se pojaviti drugačije mogućnosti.

Misli li itko od vas da je seks romantika, ružine latice i svijeće? Seksualna igra može biti samo zabava uživanja u nečijem tijelu. Veliko je zadovoljstvo pronalaziti mjesto na tijelu osobe koje je tako osjetljivo da postaje sve više predorgazmično svaki puta kada ga dodirnete na način na koji tijelo traži, zahtijeva i žudi. Vjerojatno sebe nikada niste pokušali izložiti prepoznavanju vaših tjelesnih sposobnosti za razgovor s tijelima drugih ljudi i pitali ih:

- Tijelo, što bi htjelo doživjeti?
- Što bi htjelo da ti se radi što bi stvorilo najugodniju, orgazmičnu seksualnu mogućnost koju si ikada imalo?

Kada postavim ovakvo pitanje, odjednom misao ode u neki dio tijela druge osobe pa to počnem dodirivati.

Bi li seksualno uzbuđenje trebalo biti iz *mjesta*? Ili bi trebao biti *prostor*? Kad je iz prostora, počnete raditi ono što tijelo druge osobe želi i nemate prosudbe. Kad nemate prosudbe, *mjesto* nestaje i počinje prostor. Nažalost, kod mnogih ljudi to tako ne funkcionira. Imaju sve manje i manje prilika. Ono što bih ovim razgovorom volio stvoriti jest više prilika i mogućnosti za vas i za sve s kojima dolazite u kontakt.

Koju glupost koristite da stvarate seksualnu igru što birate? Sve što to jest, bezbroj puta, hoćete li sve to uništiti i dekreirati? Right and Wrong, Good and Bad, Pod and Poc, All 9, Shorts, Boys and Beyonds.

"HEJ, ŽELIŠ LI IMATI SEKS?"

Sudionica Salona:
Ponekad primijetim da skrećem pogled kada muškarac primijeti da zurim. Možemo li to promijeniti?

Gary:

Da. Možete postati homoseksualni muškarac. Homoseksualac će uvijek intenzivno gledati muškarca s kojim želi imati seks. Nikada neće spustiti pogled, što znači: "Hej, želiš li imati seks?"

Muškarac koji ne želi homoseksualni seks gleda u muškarca sve dok ne shvati da on s njim želi imati seks i onda prestane piljiti.

Kada ne spuštaš svoj pogled i muškarca gledaš direktno u oči, njegovo je gledište da želiš imati seks.

Koju glupost koristite da izbjegnete stvaranje budućnosti iznad ove stvarnosti što birate? Sve što to jest bezbroj puta, hoćete li sve to uništiti i dekreirati? Right and Wrong, Good and Bad, Pod and Poc, All 9, Shorts, Boys and Beyonds.

Koja energija, prostor i svijest vi i vaše tijelo možete biti što bi vam dopustilo da imate odnos koji je veći od bilo koje stvarnosti? Sve što ne dopušta da se to pojavi bezbroj puta, hoćete li sve to uništiti i dekreirati? Right and Wrong, Good and Bad, Pod and Poc, All 9, Shorts, Boys and Beyonds.

Koju glupost koristite da stvarate muškarce što birate? Sve što to jest, bezbroj puta, hoćete li sve to uništiti i dekreirati? Right and Wrong, Good and Bad, Pod and Poc, All 9, Shorts, Boys and Beyonds.

SEKSUALNO UZNEMIRAVANJE

Sudionica Salona:

Možete li govoriti o seksualnom uznemiravanju i zviždanju?

SALON ZA ŽENE

Gary:
Seksualno uznemiravanje i zviždanje je način na koji muškarci seksualno zastrašuju. Kao žena možete nadstrašiti bilo kojeg muškarca. Samo ga pogledajte svisoka i recite: "Žao mi je, taj usrani komadić nije dovoljno velik" i otiđite. Cijeloga ste života izbjegavali biti drolja.

Koju glupost koristim da izmislim nedostatak bivanja droljom što biram? Sve što to jest bezbroj puta, hoćete li sve to uništiti i dekreirati? Right and Wrong, Good and Bad, Pod and Poc, All 9, Shorts, Boys and Beyonds.

Da li se samo u Americi osjećate krivi što ste žena? Ne, svuda u svijetu muškarci bulje u vas, vrebaju vas i prosuđuju. To je posvuda na planetu. Morate biti seksualno zastrašujući, a to je ono što vi niste voljni biti.

Koju fizičku aktualizaciju bivanja fizički zastrašujućom kujom mogućnosti sam sada sposobna generirati, stvarati i utemeljivati? Sve što to jest bezbroj puta, hoćete li sve to uništiti i dekreirati? Right and Wrong, Good and Bad, Pod and Poc, All 9, Shorts, Boys and Beyonds.

Ako imate velike grudi, više ste seksualna meta. No, nije bitno imate li velike ili male grudi, muškarci su idioti. Uvijek pokušavaju dokazati da žude za seksom - a devedeset posto njih ne žudi. Boje ga se. Pogledajte u njih i recite: "Ako ne prestaneš, moje je gledište da imaš mali kurac." Sve što trebate jest biti voljni biti više zastrašujući od njih pa će vas prestati uznemiravati.

BITI PRAGMATIČAN SA SVOJIM IZBORIMA

Sudionica Salona:
Imam pitanje o bivšem ljubavniku. Čini neke stvari kako bi stvorio odnos s mojim sinom i sa mnom. Na kraju dana ne želi imati seks. Samo želi ići kući. Ipak, ja znam da on želi seks. Htjela bih imati seks i ne činiti to značajnim.

Gary:
Taj čovjek nastoji stvoriti odnos i obitelj, a ne seks.

Sudionica Salona:
Upravo tako. Ne shvaćam to.

Gary:
On je žena. On želi odnos.

Sudionica Salona:
Znam. To je čudno. Ne želi seks. Što se to događa?

Gary:
On nastoji stvoriti obiteljsku situaciju. Njegova slika obitelji i odnosa ne uključuje seks. To je samo ono iz čega on djeluje. Zato imate pragmatične izbore. Svaka osoba polazi iz svojega gledišta. Ako ste pragmatični sa svojim izborima, možete postaviti pitanje: želim li stvarno ići u to?

Sudionica Salona:
Dakle, ne bih trebala pokušavati izvući ga iz tog načina funkcioniranja jer je to njegov izbor i to je ono čemu teži? Trebam li samo biti u dopuštanju?

Gary:

Mogli biste biti u dopuštanju i shvatiti da on nije muškarac kojega želite.

Sudionica Salona:

Imam drugog muškarca s kojim spavam jer s ovim ne funkcionira.

Gary:

To je odlično opravdanje "jer s ovim ne funkcionira".

Sudionica Salona:

Bila sam jasna da hoću seks. On ne želi.

Gary:

Treba li ga vaš sin?

Sudionica Salona:

Da, moj sin ga treba. Oni su jako bliski i ne želim to prekinuti. No, ne mogu isključiti svoje seksualne žudnje. Provodimo cijele dane zajedno, on kupuje večeru, on kupuje ručak, on sve plaća, a zatim samo želi ići kući. To je čudno.

Gary:

Onda nazovete svog dečka za igru i kažete: "Hej, želiš li svratiti? Napaljena sam i uznemirena."

Sudionica Salona:

To i radim.

Gary:

Što je tu krivo? Zašto to činiš krivim? Možeš imati sve što želiš. To se zove pragmatični izbor.

Sudionica Salona:
Dobivam da on želi seks. Samo se boji ići u to.

Gary:
Mogli biste ga pitati: "Dakle, kako bih ti se trebala obvezati da bi ti sa mnom mogao imati seks?"

Sudionica Salona:
To je čudno.

Gary:
Ako s tim tipom želite imati seks, to ćete morati izabrati. To je pragmatično rješenje. Trebate otkriti što druga osoba želi. Ono što vi želite je dobro, odlično i divno, a to drugoj osobi ništa ne znači. Bezobziran sam. Oprostite.

Druga osoba ima zamisao što želi. Ako mu omogućite bilo koji dio toga, on će reći: "Dobro. Dobivam ono što želim." On čak ni ne vidi što vi želite. Ne može. Ne može čitati vaše misli. Ne može biti svjestan onoga što vi jeste iako vas je svaka žena koju ste ikada znali učila da su muškarci sposobni čitati vaše misli. Oni to nisu sposobni. Naučeni su da ako to rade, u krivu su i ako to ne rade, u krivu su. Tako da umjesto toga samo postaju zbunjeni.

POPRAVLJANJE ODNOSA S BIVŠIM

Sudionica Salona:
Još bih uvijek htjela popraviti neke stvari sa svojim bivšim suprugom.

Gary:
Niste mogli popraviti odnos dok ste bili s njim. Zašto popravljati sada kada niste? Postoji razlika između popravljanja i imanja svjesnosti da vam je do nekoga stalo. Meni je stalo do mojih bivših supruga. Znam da ne mogu popraviti odnos s njima. Znam da ne mogu njihove živote učiniti boljima. Znam da s njima nikada više ne mogu biti u odnosu. Zato i ne pokušavam. Zašto? Zato jer nije pragmatično moguće da se to postigne.

Koju glupost koristite da stvarate popravljanje muškaraca što birate? Sve što to jest bezbroj puta, hoćete li sve to uništiti i dekreirati? Right and Wrong, Good and Bad, Pod and Poc, All 9, Shorts, Boys and Beyonds.

To je zajednička mana svim ženama - zamisao da mogu popraviti muškarca i da će tada biti dobar. Ne birate muškarca zbog toga što se može popraviti. Birate ga zbog onoga što on može popravljati za vas.

To je posao koji su mu cijeloga života davali. "Mama će te voljeti ako mi ovo popraviš." Tako je on istreniran za ovu stvarnost.

Ne gledajte način na koji možete naći muškarca i popraviti ga. I nađite onoga koji može popraviti *nešto* za vas - a ne da *popravi* vas. Kod vas ništa nije slomljeno. Nažalost, viđam žene koje teže tome da ne biraju muškarce koji popravljaju. Uvijek biraju one koji će popraviti njih i onda se na njih ljute. Ako izaberete humanoidnog muškarca i odlučite da ga treba popravljati, učinit će sve što treba kako bi dokazao da mu to ne treba. A vi ćete učiniti sve kako biste sebi dokazali da treba.

Koju glupost koristite da stvarate muškarca kojega treba popraviti što birate? Sve što to jest, bezbroj puta, hoćete li sve to uništiti i dekreirati? Right and Wrong, Good and Bad, Pod and Poc, All 9, Shorts, Boys and Beyonds.

DOPUŠTANJE

Sudionica Salona:

U svom sadašnjem odnosu ne čujem "hvala ti" ili osjećaj zahvalnosti od svoga partnera za male stvari koje za njega činim, poput kupovanja malih darova ili svakodnevnih poslova kako bi se naše kućanstvo lakše održavalo. To me počinje iritirati. Je li to samo stanje bez dopuštanja?

Gary:

Stanje dopuštanja. Mislim da je to odmah do Arkansasa, nije li tako?

Sudionica Salona:

Kako da me to manje iritira?

Gary:

Prepoznavajući što je stvarno dopuštanje.

Koju glupost koristite da stvarate stupnjeve dopuštanja što birate? Sve što to jest bezbroj puta, hoćete li sve to uništiti i dekreirati? Right and Wrong, Good and Bad, Pod and Poc, All 9, Shorts, Boys and Beyonds.

Sudionica Salona:

Kako u odnosu mogu reći da li se razvodim od dijelova sebe, nasuprot onoga kad se opirem onomu što mi muškarac kaže ili onomu što me pita?

Gary:

Kad god se bilo čemu opirete i reagirate ili se priklanjate i slažete, rastajete se od sebe zato što niste u pitanju. Odustajete od svoje svjesnosti u korist zaključka. Trebate postaviti pitanje:
- Želim li stvarno ovo raditi?
- Je li ovo zabavno?
- Je li to ono što bih htjela imati?
- Što će zapravo stvoriti najveći učinak i najviše zabave u mom životu?
- Što bih htjela više nego bilo što drugo u svom životu?

To su mjesta u koja želiš ići.

"BRAK ME PLAŠI"

Sudionica Salona:

Primijetila sam obrazac. Godinu i pol budem u odnosu s muškarcem, a onda ga ostavim.

Gary:

To je dugoročna veza.

Sudionica Salona:

Koje pitanje mogu postaviti što će zaustaviti ovaj obrazac? Ne volim obvezivanje - i brak me plaši.

Gary:

Plaši vas? Trebao bi vas na smrt prepasti! Niste jedini. Koju glupost koristite da stvarate brak i svete zavjete što birate? Sve što to jest, bezbroj puta, hoćete li sve to uništiti i

dekreirati? Right and Wrong, Good and Bad, Pod and Poc, All 9, Shorts, Boys and Beyonds.

Sudionica Salona:

Imam pitanje o pravilu 1-2-3, gdje kažete da nakon trećeg puta što s nekime imate seks, oženjeni ste. O kojem to braku govoriš?

Gary:

Nakon što prvi put imate seks kažete: "Ovo je bilo zabavno. Vidimo se kasnije." Nakon drugoga puta kažete: "Učinimo to ponovno." Nakon trećeg puta ulazite u brak. Brak je mjesto u kojem ste se obvezali. Mislite da ako tri puta s nekim spavate, obvezali ste se.

Ni ne znate na što ste se obvezali jer ga ne pitate: "Što ćeš ti zapravo očekivati od mene?" Što bi točno htio, kako da naš odnos izgleda? Što bi htio imati sljedeće?

Sudionica Salona:

Može li to obvezivanje izgledati kao nešto ako postavljamo pitanja?

Gary:

Da. Pitajte ga: "Što bi htio dalje?" Mogli biste i sebe pitati: "Očekuje li on nešto od mene?"

Vi od njega ništa ne očekujete zato što ne tražite normalni odnos. Vi želite biti majstor ševe. Već imate 2,5 djece. Ne želite to ponovno učiniti. No, to ne znači da muškarac nema takva očekivanja. Mnogi muškarci imaju očekivanja da moraju pronaći pravu osobu za genetički materijal obitelji koju bi trebali imati. To je ludo.

ODNOS S MUŠKARCEM KOJI JE BIPOLARAN

Sudionica Salona:
Imam odnos s divnim muškarcem koji je bipolaran i uzima lijekove. Sumnjam da je humanoid jer je poprilično intuitivan.

Gary:
Intuicija nije ono što karakterizira humanoide. Ima puno intuitivnih ljudi. Mnogi su ljudi vidoviti. Mnogi ljudi čitaju misli. Bave se tarotom, astrologijom i svim drugim oblicima metafizike. No, oni to čine kako bi nešto dokazali.

Sudionica Salona:
Borim se s osjećajem bliskosti prema njemu.

Gary:
Ne možete osjećati bliskost s nekim tko je bipolaran jer kada oni osjete bliskost prema drugoj osobi, osjećaju se ugroženi i to donosi bipolarnu epizodu koja stvara razdvajanje između njih i partnera. To vam onemogućava da im se uopće približite. To je zapravo rezultat toga kako oni vide svijet i načina na koji bi htjeli da on bude.

Sudionica Salona:
Teško mi je shvatiti njegovo polazište. U prošlim sam odnosima bolje mogla shvatiti polazišta svojih partnera.

Gary:
Doći do zaključka o tome odakle netko polazi i biti prisutan s onime gdje on jest, dva su različita svemira.

Sudionica Salona:
Želim se povezati s njim. Želim odnos koji funkcionira. Što trebam učiniti?

Gary:
To nije moguće s nekime tko je bipolaran. Ljudi koji su bipolarni stvaraju pozitivan svijet koji se ne temelji ni na čemu drugomu osim na pozitivnom polaritetu. Zatim stvaraju negativan svijet koji se temelji samo na negativnom polaritetu. Nastoje izbjeći jedno i izabrati drugo, no ne mogu. Trebaš li zaista biti tako bliska - ili možeš uživati u dijelovima njega u kojima uživaš? Jednostavno možeš uživati u muškarcu s kojim jesi.

Bipolarnim ličnostima ili onima koji imaju Aspergerov sindrom ili autizam teško je imati osjećaj lakoće u povezivanju s drugim ljudima i s njima biti bliski. Oni stvaraju odvajanje jer je to jedini način na koji mogu održavati prostor u kojemu se nalaze, bez brige o tome da će ga oštetiti nečije potrebe, zahtjevi ili žudnje. Iz toga oni funkcioniraju.

POSTATI RODITELJ

Sudionica Salona:
Shvaćam da je biti roditelj dio te neke sigurnosti, gdje sigurnost koju bih htjela imati tražim izvan sebe.

Gary:
Kada postanete roditelj, obvezali ste se svojoj djeci za cijeli njihov životni vijek. Oni nisu obvezani prema vama. Nikada vam se neće obvezati ako ste sretnici. Oni žele da

vi njima budete obvezani jer je to vaš posao. To je ujedno i ugoda i potpora.

Koju glupost koristite da stvarate sigurnost što birate? Sve što to jest bezbroj puta, hoćete li sve to uništiti i dekreirati? Right and Wrong, Good and Bad, Pod and Poc, All 9, Shorts, Boys and Beyonds.

Sudionica Salona:

Imam dijete s posebnim potrebama. Rekli su mi da će mu određene stvari biti od pomoći. Da li da krenem s nekom od tih stvari ili da jednostavno pokušam biti energija onoga što on treba?

Gary:

Za svoje dijete morate biti voljni učiniti što je god potrebno. To je vaš posao. Jednom kada postanete roditelj, odlučili ste se privremeno odreći svoga života zbog njihovoga. Kako biste osigurali njihov život, odreći ćete se dijela svog. To je pragmatično. Koje izbore ovdje imate? Imate li stvarno izbor da ne brinete o svome djetetu? Ne. Izabrali ste. Dobili ste dijete. Sada je to:

+ Kako će ovo biti zabavno?
+ Kako da stvaram svoj život dok brinem o njemu?

Jednom kada imate djecu, vi ste se obvezali. Morate biti voljni raditi taj posao i rado ga raditi, ne zato što to morate, već zato što ste to izabrali. Problem je što većina žena dođe do toga gdje to postanu, a onda izgube svoj život.

Koju glupost koristite da stvarate život majčinstva što birate? Sve što to jest bezbroj puta, hoćete li sve to uništiti i dekreirati? Right and Wrong, Good and Bad, Pod and Poc, All 9, Shorts, Boys and Beyonds.

Kada izaberete da ne budete majka, prosuđujete se zbog toga što to niste izabrali. Prokleti ste ako izaberete i prokleti ste ako ne izaberete.

Sudionica Salona:
Je li posao brige o djeci drugačiji za muškarce i za žene?

Gary:
Muškarci su naučeni da je njihov posao izaći i zaraditi novac kako bi mogli uzdržavati djecu. Žene su naučene da je njihov posao njegovati djecu, voditi brigu o njima, mijenjati im pelene i raditi sav posao.

Je li to ono što ste ikada stvarno htjeli raditi? Ne. Kao humanoidna žena radije biste išli osvojiti svijet. Završili ste kao hraniteljica obitelji učeći svoju djecu kako da se sami brinu o sebi.

Sudionica Salona:
Njihov otac odbija brinuti o njima ili biti hranitelj.

Gary:
On to nikada neće učiniti. Izabrali ste ga zbog činjenice da će otići. A vaša su djeca izabrala vas i njega zato što je on odlazio. Djevojke su htjele znati da ne moraju imati muškarca ako to ne žele. Zatim su otkrile kako da same brinu o sebi, neovisno o tome imate li vi muškarca ili ne. Vi ste ih tome naučili.

ŠTO JE KRIVO U TOME DA SVOJOJ MAJCI DATE ONO ŠTO ONA ŽELI?

Sudionica Salona:
 Što se događa kad imate roditelja koji zahtijeva njegu i ako to ne dobije od vas, izluđuje vas?

Gary:
 Što je krivo u davanju? Kako bi izgledalo kad biste joj to dali? Što je to što ona od vas zahtijeva? Je li to tako velika stvar? Morate biti u pitanju: "Mama, što mogu učiniti za tebe što će ti dati do znanja koliko mi je do tebe stalo?" U devedeset posto slučajeva kada roditelji kažu da trebaju njegu i brižnost, samo žele da im kažete da ih volite. Roditelji vole znati da su voljeni.

Sudionica Salona:
 Izgleda kao da želi da se s njom svađam.

Gary:
 Neki ljudi to smatraju ugodom. Ali ako se svađaš s njom, svađaj se bez gledišta i tada nećeš otići uzrujana. Reći ćeš: "Oho. To je bilo smiješno." Moja se sestra voli svađati. Pa kada želim da zna da mi je stalo do nje i da je volim, nazovem je i kažem: "Ti prokleti republikanci!" Moja ih sestra mrzi. Tako s njom raspravljam dvadeset ili trideset minuta i ona kaže: "Bože, bilo je tako zabavno pričati s tobom."

 Ja kažem: "Super! Hvala, seko!" Briga mene za njih, ali mi je zabavno nazvati ih "teabaggers" (korisnici vrećica za čaj) zato što ona ne zna što je "teabagging". Za vas dame koje isto ne znate što je to, to je kada stavite muškarčeve testise u svoja usta i kada ih lagano i nježno sišete.

STAV ZAHVALNOSTI

Sudionica Salona:
Neizmjerno sam zahvalna prirodi i životinjama; ipak, teško mi je biti zahvalna ljudima koji najviše brinu o meni, uključujući moju obitelj i mog dečka. Što je toliko drugačije u zahvalnosti u odnosu s ljudima, nego s prirodom i životinjama? Ima li to veze s time što životinje i priroda ne prosuđuju? Što je moguće da imam više zahvalnosti za svoju ljudsku vrstu?

Gary:
Nemojte se zamarati. U redu je ako nemate zahvalnost za njih. Možda želite odnos s puno ljudi. To ne znači da će to funkcionirati. To ne znači da će biti lagano. To ne znači da će to biti ono što uistinu želite. To samo znači da želite odnos. Ako ne prosuđujete, nećete imati problema.

Sudionica Salona:
Odrastala sam stalno slušajući svoju majku da na svemu trebam biti zahvalna. Trebala bih biti zahvalna na grašku u svom tanjuru, iako ga mrzim. Uvijek su mi govorili da trebam imati stav zahvalnosti. Nije da nisam zahvalna, no kako da povećam svoj kapacitet zahvalnosti?

Gary:
Majka vas je prisilila na stav zahvalnosti, umjesto radosti mogućnosti zahvalnosti. Nije vas educirala. Ona je to nametnula. "Bit ćeš zahvalna. Pojedi taj prokleti grašak i budi na njemu zahvalna." To stvara mjesto u kojem imate otpor kao svoj jedini izbor. Nažalost, govorila je: "Radi ono

što ti ja kažem." Manipulirala je sa: "Trebala bi biti zahvalna" ispod čega je prosudba da nisi zahvalna, umjesto da prizna ono što si zapravo bila, a to je dijete koje nije voljelo grašak.

Tvoja je majka od svoje majke naučila kako svoju djecu učiniti krivim. Nije li to super? Zapravo nije govorila o zahvalnosti. Govorila je: "Trebala bi cijeniti činjenicu da sam ti ja ovo dala." Tu se uopće nije radilo o zahvalnosti. Krivo ste primijenili i krivo protumačili da je zahvalnost obaveza. Bilo bi lakše da prepoznate što je zahvalnost, a što je obaveza.

Dobro, dame. To je sve do sljedećeg puta. Ono što želim da shvatite jest da vam s muškarcem treba biti ugodno. Trebate imati pragmatični izbor. Trebate pitati: koji pragmatični izbor ovdje imam koji će kreirati veću, ekspanzivniju i radosniju lakoću u mom životu? U vašem životu – ne u njihovom! Mnoge su žene naučene da trebaju raditi za muškarca, raditi za muškarca, raditi za muškarca i biti sretne. Većina muškaraca koje znam naučeni su da bi trebali raditi za ženu, raditi za ženu i biti sretni. Ali nitko nikada nije sretan. Zašto? Zato što svi rade, a nitko ne uživa. Nitko zapravo ne prima ono što druga osoba radi. Morate pogledati u pragmatični izbor koji svakoga trenutka imate. Ako počnete gledati u pragmatični izbor, može se pojaviti drugačija mogućnost.

Hvala vam svima. Molim vas, koristite ove alate. Volio bih da imate veću slobodu u ovom području gdje možete stvarati i generirati odnos i seks na način na koji vam odgovara. Vi ste sve tako moćne i sjajne žene. Ne biste s ovime trebale imati problema ili s bilo kojim područjem, no umanjujete sebe kako biste imale probleme. Učinit ću sve od sebe kako bih vas doveo do toga da nemate problem koji trebate prevladati i umjesto toga stvarate mogućnost kao novi izbor, što stvara novu mogućnost, novi izbor, novo pitanje i novi doprinos koji možete biti ili primiti. U tom smjeru idemo.

6
Vi ste kreator budućnosti

Ako ne priznate da ste kreator budućnosti,
ako ne priznate da predviđate budućnost i da je možete mijenjati,
nikada nećete biti sve što jeste.

Gary:
   Bok, dame. Ima li kakvih pitanja?

ŽENE SU IZVOR STVARANJA DRUGAČIJE STVARNOSTI

Sudionica Salona:
   Možete li govoriti o silovanju, ratu, trgovini seksom i zlostavljanju djece? Čujem da otimaju i seksualno napastuju žene. Što možemo učiniti u vezi toga? Možemo li to promijeniti? Kako da to promijenimo?

Gary:
   Kao žena, stvorili ste mogućnost da budete izvor stvaranja drugačije stvarnosti za muškarce. Zato ste postali žena, a ne muškarac.

Evo što vi žene o sebi ne shvaćate. Gledate kako vas muškarci prisiljavaju da nešto radite, kako postoji silovanje, kako je to strašno i kako se to ne bi smjelo pojavljivati. No, kako bi se išta od toga pojavilo, mora se isključiti neka svjesnost. Stvarnost je ta da kao žena imate kapacitet promijeniti cijelo čovječanstvo. Zato ste ovdje došle, a to ne činite.

Koju glupost koristite da izbjegnete svjesnost o bivanju katalizatorom promjene cijeloga čovječanstva što birate? Sve što to jest bezbroj puta, hoćete li sve to uništiti i dekreirati? Right and Wrong, Good and Bad, Pod and Poc, All 9, Shorts, Boys and Beyonds.

MUŠKARCI OVDJE MORAJU DOĆI KAKO BI ODRŽALI STATUS QUO

Sudionica Salona:
Vrijedi li to i za muškarce?

Gary:
Muškarci ovdje moraju doći kako bi održali status quo. Oni to ne shvaćaju. Status quo je da muškarci idu u rat i umiru, a žene stvaraju budućnost. Poteškoća je u tome što žene ne stvaraju budućnost, a to je ono što su ovdje došle raditi.

Koju fizičku aktualizaciju bivanja kreatorom potpuno drugačije stvarnosti, budućnosti koja je iznad ove stvarnosti ste sada sposobni generirati, stvarati i utemeljivati? Sve što ne dopušta da se to pojavi bezbroj puta, hoćete li sve to uništiti i dekreirati?

Right and Wrong, Good and Bad, Pod and Poc, All 9, Shorts, Boys and Beyonds.

Najbolji način da vam to opišem je ovaj: postoje ljudi koji su iscjelitelji, a to ne priznaju. Ne dopuštaju sebi ući u svoje sposobnosti i svoje kapacitete. Neprestano pokušavaju funkcionirati kao da stvarno nisu iscjelitelji. Zaključavaju štošta u svoje tijelo i time ga povrjeđuju. Isto je i s vama kao kreatorom budućnosti. Ako ne priznajete da ste kreator budućnosti, ako ne priznajete da predviđate budućnost i da je možete mijenjati i promijeniti, nikada nećete biti sve što jeste.

Sve što vam ne dopušta da percipirate, znate, budete i primate sve što zapravo jeste, hoćete li sve to uništiti i dekreirati? Right and Wrong, Good and Bad, Pod and Poc, All 9, Shorts, Boys and Beyonds.

Sudionica Salona:
Je li ovo podloga bitke spolova?

Gary:
To nam je učinjeno da nas odvoji od beskonačnog bivanja. Učinite muškarce poticateljima statusa quo, a žene učinite kreatoricama budućnosti i onda im recite da je jedini način na koji mogu stvoriti budućnost imajući djecu, a ne da imaju sposobnost stvaranja budućnosti. Tako stalno misle da je imanje djece stvaranje budućnosti, a nije.

Sudionica Salona:
Ako muškarci održavaju status quo, a imamo toliko muškaraca koji su "vođe", je li to način da ih navedemo da ne gledaju u budućnost? Sve je naopako.

Gary:

Cijela ova stvarnost je naopaka. Imamo muškarce kao vođe. No, kako to funkcionira? Ne funkcionira. S muškarcima kao vođama naš politički sistem je: "Trebamo mijenjati stvari bez promjene. Trebamo učiniti stvari boljima bez da ih mijenjamo ili da ih mijenjamo što je manje moguće. Trebamo učiniti stvari boljima, no, učinit ćemo to kao što smo uvijek radili. Nećemo to učiniti potpuno drugačije."

Ako vi žene ne priznate činjenicu da imate kapacitet stvaranja budućnosti koja na planetu još nikada nije postojala, niste snaga koja jeste. Humanoidne žene žele ići van, boriti se i osvojiti svijet. To je ono što vi želite učiniti - zato što znate da postoji budućnost koja je moguća, a nije još postojala na ovome planetu.

Sve što ste učinili da poreknete, da ne znate, ne vidite, ne budete, ne percipirate i da ne primate sve što ste sposobni mijenjati i kako ste sposobni mijenjati i stvarati drugačiju stvarnost na ovom planetu, hoćete li sve to uništiti i dekreirati? Right and Wrong, Good and Bad, Pod and Poc, All 9, Shorts, Boys and Beyonds.

Da ste voljni biti 990% onoga što jeste, htjeli biste pogledati kako to možete promijeniti. Htjeli biste vidjeti kako možete stvoriti drugačiju mogućnost.

Ja sam očito žena u muškom tijelu jer sam uvijek voljan vidjeti kako se sve može promijeniti i kako budućnost može biti drugačija. Voljan sam vidjeti mogućnost koja je drugačija od svega što smo ikada percipirali, znali, bili ili primili. Važno je shvatiti da je razlog vašeg dolaska na planet Zemlju stvaranje stvarnosti koja nikada prije nije postojala.

Ljudsku verziju percipiranja, znanja, bivanja i primanja stvarate sitničavošću i spletkarenjem. Da se nadmećete u stvaranju stvarnosti koja još nikada nije postojala i da ste voljni nadmetati se u stvaranju nečeg većeg od ovoga što trenutno postoji, bi li to promijenilo ono što se u vašem životu događa? Bi li to promijenilo način na koji jedni s drugima funkcionirate? Bi li to promijenilo ono što pokušavate stvarati i generirati?

BUDUĆNOST U KOJU NISMO ZAKORAČILI

Sudionica Salona:
Govorite li o budućnosti u kojoj su ljudi svjesni da sami sebe mogu iscijeliti?

Gary:
Ne znam o kojoj to budućnosti govorim. Samo znam da nam je dostupna budućnost u koju još nismo zakoračili.

Koji generativni kapacitet za trenutno učvršćivanje elementala u stvarnost, na zahtjev kvantnih zapleta ispunjenih kao percipiranje, znanje, bivanje i primanje budućnosti koja će stvoriti budućnost iznad budućnosti koja se trenutno stvara, ste sada sposobni generirati, stvarati i utemeljivati? Sve što ne dopušta da se to pojavi bezbroj puta, hoćete li sve to uništiti i dekreirati? Right and Wrong, Good and Bad, Pod and Poc, All 9, Shorts, Boys and Beyonds.

Niste voljni stvarati budućnost. Ne želite biti odgovorni za ono što budućnost stvara. Da ste odgovorni za ono što će se u budućnosti stvoriti, morali biste biti odgovorni kada pola ljudi na planetu treba umrijeti na temelju budućnosti koju ste vi stvorili. Bi li vam to bilo lako ili teško? Što niste voljni činiti i biti? Većina ovoga se dogodila zato što nešto niste bili voljni činiti i biti.

Što niste voljni biti i činiti, a da ste to voljni biti i činiti, to bi stvorilo budućnost koju čovječanstvo nikada ne bi moglo osporiti? Sve što to jest, bezbroj puta hoćete li uništiti i dekreirati? Right and Wrong, Good and Bad, Pod and Poc, All 9, Shorts, Boys and Beyonds.

Budućnost koja nikada nije bila ne može se definirati. Stvaranje u ovoj stvarnosti je stvaranje onoga što svi razumiju - onoga što već imaju ili trebaju imati ili bi morali imati. Ne govorim o tome. Postavljam pitanje: što želite stvarati?

Sudionica Salona:
Što ako nemam definiciju za budućnost? Znam da postoji lakoća i prostor. Tamo je, no nemam definiciju za to. To nije "želim stvoriti sto milijuna dolara."

Gary:
Stvaranje stotinu milijuna dolara je definicija budućnosti zasnovana na ovoj stvarnosti. Što ako bi vam budućnost koju biste mogli stvoriti dala deset milijardi dolara? Možete li to definirati? Stalno pokušavate definirati što znači stvaranje budućnosti, umjesto da ste svjesni da je stvaranje budućnosti stvaranje nedefinirane stvarnosti na temelju mogućnosti – ne zaključka. Nedefinirana stvarnost je shvaćanje: "Ono što želim je nešto drugačije. Ono što mogu stvoriti je nešto drugačije. Nemam pojma što je to. Ako nemam ideje što mogu stvoriti, što mogu stvoriti?"

Sudionica Salona:

Je li važno što je budućnost? Da su svi svjesni onoga što biraju, onda bi mogli izabrati ili ne izabrati? Ne bi bilo potrebe za nijednim od ovih problema.

Gary:

Da, no vi se radije bavite problemima jer vam je draže biti rješavač problema. Radije biste imali problem koji treba riješiti ili nešto konkretno što treba napraviti, nego da živite iz budućnosti koja nema čvrstoće.

"TAKO SE DOSAĐUJEM"

Sudionica Salona:

Tako se dosađujem radeći MTVSS. Možete li mi pomoći s time?

Gary:

Niste potvrdili da možete stvarati budućnost koja nije postojala. Kada to ne potvrđujete, bude vam dosadno ono što niste voljni biti i činiti.

Koju glupost koristite da stvarate dosadu i umanjivanje sebe što birate? Sve što to jest, bezbroj puta hoćete li sve to uništiti i dekreirati? Right and Wrong, Good and Bad, Pod and Poc, All 9, Shorts, Boys and Beyonds.

Ono što radimo u Access Consciousnessu nije davanje odgovora. Otvaramo vrata onomu za što ste sposobni, a to još niste priznali, percipirali, znali ili bili. Access vam daje mogućnost da to stvarate i birate.

Pojasnite si za što ste sposobni. Neprestano se pokušavate pretvarati da ste nekako zapeli u ovoj stvarnosti, da ste zaustavljeni ovom stvarnošću, kontrolirani ovom stvarnošću i ograničeni onime što drugi ljudi neće izabrati.

Kao žena, možete izabrati ono što drugi ljudi ne mogu.

Koliko vas je svoj život provelo stvarajući kao da budućnost ne postoji? Ipak, vi ste izvor budućnosti i muškarcima dajete izvor budućnosti. Sada mi je jasno zašto toliko puno žena radi za mene.

Koju glupost koristite da stvarate nepostojanje budućnosti što birate? Sve što to jest, bezbroj puta hoćete li sve to uništiti i dekreirati? Right and Wrong, Good and Bad, Pod and Poc, All 9, Shorts, Boys and Beyonds.

Kad biste morali potvrditi činjenicu da ste vi kreator budućnosti, biste li to htjeli priznati - ili biste pokušavali pronaći razlog zašto nema budućnosti kako ne biste morali stvarati?

Ne tražim od vas da stvarate budućnost na temelju prošlosti. Tražim da stvorite budućnost koja ovdje nikada nije postojala. Primjećujete li da kada postavim to pitanje, u vašem svemiru postoji lakoća koju ne možete definirati? Zato što cijelo to područje onoga što je odredljivo nije odredljivo.

Svi vi koji nastojite ne stvarati kako ne biste morali stvarati budućnost i biti odgovorni za budućnost koja je stvorena jer mislite da je prošlost sranje, hoćete li sve to uništiti i dekreirati? Right and Wrong, Good and Bad, Pod and Poc, All 9, Shorts, Boys and Beyonds.

Sudionica Salona:
Govorili ste o stvaranju budućnosti koja nikada nije postojala, kao i o budućnosti iznad ove stvarnosti. Postoji li razlika između toga?

Gary:
Ne baš. Ako stvarate budućnost iznad ove stvarnosti, to mora biti nešto što ovdje nikada nije postojalo. Jedina budućnost koja je ovdje stvorena jest predvidljivost budućnosti na temelju prošlosti - strukture vjerojatnosti ove stvarnosti.

KRAJNJA KVALIFIKACIJA

Sudionica Salona:
Ljudima sam davala Bars bez ikakve naknade, nadajući se da će to promijeniti nečiji svemir. No, onda ljudi kažu da nemam nikakve kvalifikacije kao životni trener.

Gary:
Vi se nadate i molite - ali ne namećete ono što je zapravo moguće. Recite ljudima da ste CFMW. Samo to izjavite. Neće vas pitati što je to. Pretpostavit će da bi trebali znati što je to.

Tražite opravdanja da je ono što radite ispravno, umjesto da ste voljni imati svjesnost o tome kako možete stvoriti drugačiju budućnost.

Ljudi govore da niste kvalificirani zato što im ne naplaćujete za ono što radite. Krajnja kvalifikacija na planetu Zemlji jest voljnost da naplatite. Što više naplaćujete, ljudi će misliti da ste bolji. Ako nešto pokušavate dati, to vrijedi točno onoliko koliko vam ljudi plaćaju. Ništa. Ljudima morate naplatiti ako želite da vrednuju ono što dajete. Nastojite stvoriti budućnost. Niste voljni naplatiti ono što će u njima stvoriti voljnost da imaju takvu budućnost.

Sudionica Salona:
Kada pomislim na novac, izgleda mi nedostižan.

Gary:
Ne birate imati novac, zato i pokušavate davati Access Consciousness besplatno radeći tretmane Barsa.

Stalno pokušavate Access učiniti religioznim iskustvom, umjesto kreativnim iskustvom. Access Consciousness nije religiozan. Nije nešto što trebate obožavati. Nije nešto što morate raditi. Nije nešto što morate vidjeti većim od sebe. To je nešto što morate vidjeti kao mogućnost drugačije mogućnosti, što u ovoj stvarnosti nikada nije bilo moguće.

Sudionica Salona:
Access Consciousness govori energiji za koju sam uvijek znala da je moguća.

Gary:
Da, znam to. Neprestano je pokušavate definirati po ovoj stvarnosti, zato stalno pokušavate davati, umjesto da dovoljno naplatite kako bi ljudi to cijenili. Ljudi ne cijene ništa što dobiju besplatno. Prestanite to pokušavati dijeliti. Žene nastoje dijeliti. Morate ići iznad toga što ste žena. Možete vidjeti što bi ljudima donijelo promjenu - no trebate biti voljni čekati i slušati što ljudi od vas zahtijevaju.

"ŽELE LI ONI TO ŠTO JA NUDIM?"

Sudionica Salona:
Voljela bih svima oko sebe donijeti više svjesnosti.

Gary:
   Niste se pitali žele li oni to. Ne funkcionirate iz pitanja: "Žele li oni to što ja nudim?" Vi ste kao majka s juga koja kuha griz i kaže: "Jedi ovo. Ovo je dobro za tebe." Nije važno voli li osoba griz. Činjenica da je skuhan znači da on ili ona to mora pojesti.

Sudionica Salona:
   Ne razumijem.

Gary:
   Koje je tvoje etničko porijeklo?

Sudionica Salona:
   Ja sam iz Kambodže.

Gary:
   Koji je osnovni umak u Kambodži?

Sudionica Salona:
   Fermentirani riblji umak.

Gary:
   Napravite fermentirani riblji umak i nekome kažite: "Evo malo fermentiranog ribljeg umaka za tebe. Stavila sam ga na sve što ćeš jesti. Sada uživaj u tome." Pokušavate reći: "Ova je svijest savršeni fermentirani riblji umak. Jedi ga."
   Druga osoba govori: "Ali ja ne volim fermentirani riblji umak."
   Vi kažete: "To je u redu. On je dobar za tebe. Jedi ga."
   To je zaključak da je dobar. Stalno pokušavate doći do zaključka o tome što biste trebali isporučiti, umjesto da

postavite pitanje: što ovi ljudi mogu čuti? To znači biti svjestan onoga što mogu i što ne mogu čuti - bez gledište o tome.

Budućnost je nedefinirana stvarnost - ali vi je pokušavate definirati. Govorite: "Sve dok je gore riblji umak, bit će fino", umjesto: "Mogu imati stvarnost u kojem riblji umak postoji ili ne postoji. Stvorit ću budućnost koja će funkcionirati na drugačiji način od onoga što ljudi misle da je stvarno zato što je to ono što mi odgovara."

Ne znate kakva će budućnost biti, no stalno nastojite stvoriti budućnost na temelju onoga što ste odlučili da je primjereno kao budućnost, umjesto da postavite pitanje: što može postojati kao budućnost, a nismo ni uzeli u obzir?"

VAŠ KAPACITET DA MIJENJATE STVARNOST

Sudionica Salona:

Što žene mogu biti ili činiti kako bi pozvale više muškaraca u Access?

Gary:

U Accessu ima više žena nego muškaraca zato što muškarci nastoje održati status quo. To je ono čemu su naučeni. Od prvoga su dana naučeni: "Ovo moraš popraviti, a ne promijeniti."

Žene su naučene da trebaju promijeniti svoju odjeću zato što je to promjena. Naravno, to je samo mijenjanje slike. Što ako ne mijenjate sliku, već promijenite sebe?

Koju fizičku aktualizaciju vječnog kapaciteta mijenjanja stvarnosti ste sada sposobni generirati, stvarati i utemeljivati?

Sve što ne dopušta da se to pojavi bezbroj puta hoćete li sve to uništiti i dekreirati? Right and Wrong, Good and Bad, Pod and Poc, All 9, Shorts, Boys and Beyonds.

Govorit ću o vašem kapacitetu mijenjanja stvarnosti u nekoliko sljedećih poziva. Voljnost da to radite i budete zahtijeva obvezivanje s vaše strane da se odreknete svega što ste definirali stvarnim i dobrim u ovoj stvarnosti, bilo da je to biti u obitelji, živjeti prema potrebama drugih ljudi, imati savršeni odnos ili stvarati nekoga u svom životu. Postoji točka u kojoj morate biti voljni stvarati budućnost koja nikada nije postojala, što će promijeniti način na koji vam se sve u životu pojavljuje.

Pogledajte kakav život želite i iz toga stvarajte, dakle, ako vam odgovara da u svom životu imate muškarca, onda ga imajte. Ako ne, nemojte. Ne radi se o stvaranju vašeg života na temelju: "Kako da dobijem odnos koji trebam?" nego: "Kako da dobijem život koji bih htio imati?"

Sada ću vas zamoliti da idemo korak naprijed. Postavite pitanje: što bih htjela kao budućnost što nikada nisam smatrala mogućim? Jeste li razmatrali sto milijuna dolara? Da. Nema problema. No, zbog čega nećete dopustiti da se to dogodi? Stvarnost je da nemate pojma.

Sve što ste učinili da eliminirate sto milijuna dolara koje biste mogli imati u svom životu zbog _____, hoćete li sve to uništiti i dekreirati? Right and Wrong, Good and Bad, Pod and Poc, All 9, Shorts, Boys and Beyonds.

Definirali ste kakvu bi vam budućnost stvorilo sto milijuna dolara. Odlučili ste: "Imati milijun dolara znači da radim ovo, ovo i ovo. Imam ovo, ovo i ovo." Što ako je vaša definicija sebe dio ograničenja iz kojega djelujete?

Jedini razlog zašto nemate sto milijuna dolara jest taj što ste definirali sebe da nemate sto milijuna dolara.

Koju glupost koristite da stvarate definiciju sebe što birate? Sve što to jest, bezbroj puta, hoćete li uništiti i dekreirati? Right and Wrong, Good and Bad, Pod and Poc, All 9, Shorts, Boys and Beyonds.

MORATE POGLEDATI KAKO MUŠKARCI FUNKCIONIRAJU

Sudionica Salona:
Suprug i ja smo zajedno otkako smo imali petnaest i sedamnaest godina. Prošli smo kroz nevjerojatne promjene u našem odnosu. Kada smo oboje ranjivi i povezani, imamo odnos koji stvarno funkcionira. Ipak, postoji problem. Kada se čini da je sve stvarno divno, moj suprug ide u traumu i dramu glede nečega što radim. Ne uzrujavam se oko toga, no čini se da što se ja manje uzrujavam, on se više ljuti. Povlači se i podiže zidove.

Gary:
To je zato što mora održati status quo.

Sudionica Salona:
Prošli put kad se to dogodilo, toliko je snažno povukao svoju energiju da je doslovno nestao ispred mojih očiju. Odvojio se od mene na nekoliko dana ili na tjedan. S vremenom se ponovno sa mnom želio povezati kao da se to nikada nije dogodilo. Možete li mi to malo pojasniti?

Gary:

Probajte postaviti pitanje: koja energija, prostor i svijest mogu biti kako bih u potpunosti stvorila drugačiju stvarnost? Možda se neće odmah dogoditi. Svemiru je potrebno neko vrijeme da to preinači.

Sudionica Salona:

Pokušala sam s njime razgovarati o tome, ali to ne djeluje.

Gary:

Morate pogledati kako muškarci funkcioniraju. Oni funkcioniraju iz: "Ako o tome moramo raspravljati, to znači da je nešto krivo i ja to moram popraviti." Ako zaista o nečemu želite raspravljati, morate reći: "Dušo, razmišljala sam o ovome. Što ti misliš?" Zatim ga ostavite na miru dva do tri dana. Doći će do nekog zaključka koji će vam pojasniti što morate napraviti i što morate promijeniti kako bi bilo drugačije.

Nikada nemojte reći: "Reci mi što želiš." On nema pojma. Muškarac treba sjesti, gledati TV dvadeset sedam sati i doći do zaključka. Ne može odmah doći do zaključka.

Ne zna kako dijeliti. Nikada ga nisu učili da dijeli. Nema pojma što dijeljenje znači. Vi žene stalno pitate: "Hoćeš li podijeliti svoje osjećaje sa mnom?" Ne može podijeliti svoje osjećaje jer su ga učili da je jedina stvar koju treba napraviti kad nešto osjeća, da se od toga povuče. Ako ga pokušavate navesti da s vama nešto podijeli, udarate ga direktno u testise. To nije način na koji želite stvarati odnos.

Uvijek i iznova birate isti tip muškarca, umjesto da birate odnos koji će funkcionirati. Dio problema je taj što imate standarde i ideale o tome što mislite kakav bi muškarac trebao biti. Muškarci koji nisu u skladu s tim standardima su muškarci koji bi vam pružili ono što kažete da želite, a ne ono što dobivate.

Volio bih da shvatite da ne morate mrziti muškarce. Ne morate odgurivati muškarce. Ne morate ih birati. Samo morate biti voljni dopustiti muškarcima da budu upravo ono što jesu, bez gledišta o tome. Zanimljivo će gledište stvoriti drugačiju stvarnost.

Radost bivanja ženskim humanoidom jest da imate sposobnost stvaranja budućnosti. To je jedna od stvari koju većina vas nije bila voljna priznati.

Koju glupost koristite da stvarate potpuno izbjegavanje stvaranja budućnosti za koju znate da je moguća, što birate? Sve što to jest, bezbroj puta, hoćete li sve to uništiti i dekreirati? Right and Wrong, Good and Bad, Pod and Poc, All 9, Shorts, Boys and Beyonds.

Radi se o stvaranju stvarnosti iznad ove stvarnosti. Ne radi se o stvaranju iznad onoga što znate. Znate da je drugačija stvarnost moguća i zauvijek pokušavate odgonetnuti što je to. Niste li primijetili? Doprinosi li itko da to učini mogućim? Niste bili voljni vidjeti za što ste sposobni, što drugi nisu sposobni.

Koju glupost koristite da stvarate nedostatak generativnog kapaciteta i svjesnosti o budućnosti što birate? Sve što to jest, bezbroj puta, hoćete li sve to uništiti i dekreirati? Right and Wrong, Good and Bad, Pod and Poc, All 9, Shorts, Boys and Beyonds.

BITI IZVAN KONTEKSTA

Sudionica Salona:
Izgleda da biranje naših generativnih kapaciteta i svjesnosti o budućnosti zahtijeva izlaženje iz bilo kakvog konteksta. Je li to točno?

Gary:
Ako sebe definirate ženom, je li to kontekst? Da, jest. To stvara parametre kako se odnosite prema svemu i svima. Koliko toga što ste naučili o bivanju ženom ukazuje da biste samo trebale biti glavna podrška, oslonac stvarnosti, a ne kreator stvarnosti? Je li to istina? Ili je to ono što ste prihvaćali kao istinu što vas ograničava?

Sve što ste prihvatili kao istinu o bivanju ženom, feministkinjom i ženskom osobom što nije istina, hoćete li to vratiti pošiljatelju s priloženom sviješću? Right and Wrong, Good and Bad, Pod and Poc, All 9, Shorts, Boys and Beyonds.

IZBORIMA KOJE DONOSITE KREIRATE DRUGAČIJU BUDUĆNOST

Sudionica Salona:
Nedavno sam gledala *Jane Eyre* i na kraju sam počela plakati. Shvatila sam da nisam čekala g. Rothschilda. Svaki put kada bih ušla u odnos, zahtijevala sam intimnost s tom osobom, sa svim stvarima i sa svima. Primijetila sam koliko sam intimnosti tražila. Hoće li stvaranje drugačije budućnosti biti moguće s tom energijom?

Gary:

Da. Ova se stvarnost ne zasniva na intimnosti mogućnosti. Ova se stvarnost temelji na udaljenosti koju među sobom možemo stvoriti kako bismo osigurali da nikada nismo dovoljno blizu da zapravo stvaramo i generiramo nešto što će dinamično promijeniti sve oko nas.

Sudionica Salona:

Hoću li slijedeći energiju mjesta u kojima tražim intimnost stvoriti drugačiju budućnost?

Gary:

Da, hoćete. Onime što birate stvarate drugačiju budućnost. To je ono što možete učiniti. To je način na koji možete stvoriti budućnost koja ovdje ne postoji.

Koju glupost koristite da izbjegnete budućnost koju biste mogli stvoriti i birati, što birate? Sve što to jest bezbroj puta, hoćete li sve to uništiti i dekreirati? Right and Wrong, Good and Bad, Pod and Poc, All 9, Shorts, Boys and Beyonds.

Svojim izborima možete stvoriti drugačiju budućnost. Ženama je to lakše nego muškarcima zato što su oni naučeni da bi trebali održavati ono što jest. Trebali bi sve raditi i popravljati; ne bi trebali bilo što mijenjati. A vi ste naučene da trebate barem promijeniti haljinu. To je vrlo drugačija pozicija djelovanja.

Kada nešto ne ispadne onako kako ste zamislili, počnete to prosuđivati. No, ako ste voljni stvarati budućnost, ne možete predvidjeti kako će nešto ispasti. To nije struktura vjerojatnosti. To je sustav mogućnosti. Nastojimo izbjeći gubitak stvarajući vjerojatnosti onoga što će pobijediti ili izgubiti. Stvara li to? Ne. To samo održava. To je ono čemu su muškarci naučeni - održavati na temelju vjerojatnosti: "Ako ne govorim, žene me neće mrziti. Ako ne pogriješim, žene se na mene neće ljutiti. Ako ovo ne učinim krivo, žene će sa mnom biti sretne." Muškarci funkcioniraju iz razine strukture vjerojatnosti koja je luda i zabetonirana u njihovu stvarnost s tolikim intenzitetom da zapravo rijetko imaju istinski izbor. Ali kada to izaberu, baš kao i vi, mogu stvoriti drugačiju mogućnost.

PRVO JEDAN IZBOR, A ONDA DRUGI

Sudionica Salona:
Govorite li da ne moram sve stvoriti danas? Prvo jedan izbor, onda drugi, pa drugi?

Gary:
Da, to je jedan izbor. Birate čuti kada ne želite čuti. Birate tu jednu stvar koja vas grize dok je ne izaberete.

Svjesni ste onoga čega ste svjesni, čak i ako ne želite biti svjesni koliko ste svjesni. Znate da to trebate učiniti. Znate da možete. Znate da je nešto moguće. Koji drugi izbor imate?

Koju fizičku aktualizaciju potpuno drugačije stvarnosti i potpuno drugačije budućnosti ste sada sposobni generirati, stvarati i utemeljivati? Sve što ne dopušta da se to pojavi bezbroj puta, hoćete li sve to uništiti i dekreirati? Right and Wrong, Good and Bad, Pod and Poc, All 9, Shorts, Boys and Beyonds.

MOŽETE IMATI DRUGAČIJU STVARNOST

Sudionica Salona:
Probudila sam se s pitanjem: "Što ako je danas drugačije?"

Gary:
Što danas može biti drugačije od onoga što sam ikada zamišljao? Morate izabrati stvarati nešto što zapravo jest budućnost. To će stvoriti nešto drugačije od onoga što je ovdje bilo prije. Sada je sve dizajnirano da uništi Zemlju.

Sudionica Salona:
Otkada sam bila dijete, svaki puta kada sam pokušala stvoriti drugačiju stvarnost nazivali su me glupom.

Gary:
Shvaćate li da ste vi jedni od onih koji bi mogli stvoriti drugačiju budućnost kada biste to izabrali? Možete stvoriti drugačiju budućnost za ljude u svom životu onime što birate kada ste s njima. Svaki vaš izbor može stvoriti drugačiju budućnost od one što mislite da stvarate. Morate izaći iz ove stvarnosti i početi shvaćati da možete imati drugačiju stvarnost, onu koja je vaša, neovisno o tome što bilo tko misli. Uvijek postoji neka vrsta prosudbe. Uvijek postoji netko tko misli da ste glupi. Ali bez obzira na to što bilo tko misli, postoji drugačija budućnost.

DEFINICIJA JE RAZARAČ

Sudionica Salona:
Govorite o budućnosti koju nije moguće definirati i od nas tražite da ne budemo definirani. Gdje god postoji definicija, je li to ono kada razarač dolazi u kreaciju kako bi je poništio?

Gary:
Da. Gdje god pokušavate definirati što je stvaranje budućnosti, uništavate budućnost u korist drugačije verzije sadašnjosti.

Kada ne biste mogli definirati ono što je dobro za budućnost, biste li morali stvarati ono što bi stvaralo budućnost koja je veća od onoga što ste znali da je moguće? Što ako je izbor koji vam je dostupan u stvaranju budućnosti nije ono što ste mislili da jest, već je veći nego što bi mogao biti? Ako definirate da je stvaranje odlične buduće stvarnosti stvaranje sto milijuna dolara, tada to definirate kao odličnu budućnost. Što ako je to ograničena budućnost, a ne odlična budućnost? Što ako je to ono što vas koči, a ne ono što za vas stvara?

KOJA JE MOJA META OVDJE NA PLANETU ZEMLJI?

Stvorio sam Access Consciousness iznad onoga što je bilo tko u ovoj stvarnosti rekao. Od samoga početka svi su mi govorili da sam u krivu. Sve što sam činio bilo je krivo. Način na koji sam ga stvorio bio je krivi. Njegova struktura bila je kriva. Sustav koji sam birao bio je krivi. Nisam radio ono što bi ga stvorilo savršenim kultom. Nisam to stvarao na način da svi dođu i ostanu. Ali to nije bila moja meta.

Morate početi gledati na:
- Koja je moja meta ovdje na planetu Zemlji?
- Želim li imati odnos i obitelj te živjeti sretno do kraja života, prema stvarnosti nekoga drugoga o "sretnom do kraja života"?
- Ili želim stvoriti nešto drugačije?
- Što bi mi zapravo odgovaralo, što ne bi nužno odgovaralo nekom drugom?

Dostupan vam je kapacitet stvaranja budućnosti koju nitko drugi ne vidi, nitko drugi ne može biti, nitko drugi ne može izabrati i nitko drugi nikada neće smatrati vrijednom – no vama će uvijek biti vrijedna. Ovdje postoji drugačija mogućnost. Ali je morate izabrati.

Morate vidjeti svoj kapacitet kao žena. Imate kapacitet za stvaranje budućnost koja nikada nije postojala. To je ono što se ovdje došle učiniti. Zato ste ovdje. Znate da je to moguće. To je ono što još niste izabrale biti ili činiti. Pokušale ste to izabrati prema onome što se u ovoj stvarnosti smatra ispravnim.

Što ako je to najmanje od vas, a ne najbolje od vas? Stalno pokušavate vidjeti najbolje u sebi, kao da je najmanje od vas ono najbolje u vama. Dostupno vam je toliko više sebe. Žao mi je što vam ne mogu dati sve u ovom razgovoru.

Sudionica Salona:
Možete li govoriti o razlici između *vrijednog* i *značajnog*?

Gary:

Nešto činite *vrijednim* prema stvarnostima drugih ljudi jer ono što drugi ljudi definiraju kao *značajno* je ono što mislite da biste trebali isporučiti. Ono što vam je najmanje značajno je ono što je u vama najvrjednije.

Budućnost koja se temelji na razmnožavanju vrste ne stvara stvarnost iznad ove stvarnosti. To je stvaranje ove stvarnosti opet i iznova, kao da ćete postići drugačiji ishod. Hoće li vaša djeca biti bolja od vas? Iz osobnog iskustva rekao bih *ne*. Vaša će djeca biti ono što jesu. Ne možete od njih očekivati da budu bolji od vas. Možete očekivati samo da budu ono što jesu. Ako na kraju budu bolji od vas, to je sjajno.

Sudionica Salona:

Ali ja svoju djecu vidim boljima od mene.

Gary:

Ne. *Prosuđujete* ih boljima od sebe. To je drugačije. Pokušavate ih vidjeti boljima od sebe, umjesto da vidite dar koji ste im dali - sposobnost biranja nečega što bi moglo biti moguće. To ih ne čini boljima od vas. Čini ih drugačijima od vas zato što vas tako nisu naučili. Sami ste to akumulirali.

Kako bi bilo kada biste bili dar koji je njihove života učinio boljima, umjesto da mislite da su oni dar koji čini vaš život boljim?

Kakvu budućnost nastojite stvoriti?

Hvala vam, dame. Radujem se razgovoru s vama sljedećeg tjedna.

7
Dajte drugima kraljevstvo mogućnosti

Istinska brižnost ne znači raditi sve za druge.
To znači drugima pružati kraljevstvo mogućnosti.

Gary:
Dobrodošle, dame. Volio bih početi s nekim pitanjima.

ŠTO ĆE DOPUSTITI DA U SVEMU POSTUPATE S LAKOĆOM?

Sudionica Salona:
Moj dvanaestogodišnji posvojeni sin ima fetalni alkoholni sindrom, ADHD i emocionalne izazove. Borila sam se s njime i proživjela sam puno stresa kao samohrana mama. Nedavno je izbačen iz poslijeveškolskog programa. To je i razlog zašto je otišao živjeti s ocem. Mislila sam da mu možda treba drugačiji tip discipline od onoga koji sam mu ja pružala i on je u nekoliko prilika rekao da želi živjeti s ocem.

Ipak, nakon što je o tome donijeta odluka, osjećao se kao da sam ga napustila.

Gary:
To se naziva manipulacija, draga, to nije stvarnost.

Sudionica Salona:
Većinom se čini da mu je dobro živjeti s ocem. Udaljen je samo petnaest minuta i redovito ga viđam. Nakon što se sve ovo dogodilo, otišla sam na nekoliko tečajeva Access Consciousnessa i na trenutke se osjećam krivom što učim alate koji bi mu pomogli, a sada mu manje mogu pristupiti da radimo s Barsima i ostalim alatima. Osjećaj krivnje se posljednjih šest mjeseci smanjio, ali i dalje se događa nešto što mi o tome daje svjesnost. Na primjer, nedavno sam od svoje petnaestogodišnje kćeri čula kako je otac govorio ljudima da sam napustila našeg sina.

Gary:
Nisi napustila svoga sina. To je očev način na koji sebe čini dobrim, a tebe lošim. On nastoji sebe učiniti boljim od tebe; on se pokušava nadmetati s tobom kako bi dokazao da je on dobar roditelj, a ti loš roditelj. Za njega to dugoročno neće dobro ispasti, ali tebi će odgovarati ako to ne budeš prihvaćala.

Sudionica Salona:
Znam da to što govori nije istina, ali mi svejedno smeta. Nosim se s krivnjom ili osjećajem da ne činim dovoljno, iako ostajem aktivna u životu svoga sina i nastavljam s onime što mislim da će mu koristiti. Imam puno nove svjesnosti o kapacitetima koje on posjeduje.

Pitam se: "Koja energetska sinteza zajedništva mogu biti da svojoj djeci budem roditelj onako kako je njima potrebno?"

Gary:
Ne, ne, ne. Trebaš pitati: koja energetska sinteza zajednice mogu biti što će dopustiti da se sve ovo dogodi s potpunom lakoćom? Nemoj zauzimati gledište da pokušavaš ispuniti potrebe svoje djece. Ako zauzmeš to gledište, već si došla do zaključka, odluke i prosudbe o kome? O sebi!

Nikada nemojte pitati svoju djecu što trebate biti zato što djeca uvijek traže nekoga tko će učiniti sve što žele, a da ne moraju pružiti nimalo svjesnosti. Nemojte se pitati što možete biti za svoju djecu. Pitajte: što će dopustiti da u svemu postupate s lakoćom?

ISTINSKA BRIŽNOST NASPRAM ZBRINJAVANJA

Sudionica Salona:
Hvala ti. Rekla bih da sam stvorila bolju stvarnost sa svojom kćeri načinom na koji se sada sve odvija. Ona je puno sretnija i anganžiranija tinejdžerka nego što je bila prije godinu dana.

Gary:
Da, zato što tvoj sin nije u blizini i ne uzima svu energiju.

Sudionica Salona:
Rečeno mi je da mom sinu ne ide loše, a on je u najboljoj školi u okrugu za djecu s posebnim potrebama. I njegov tata

tamo radi. Dakle, zbog koje se gluposti osjećam krivom i podložnom na emocionalne udarce njegovog oca koji govori da ja od njega odustajem?

Gary:
Nisi odustala od njega, slatko stvorenje. Volim te - i gluplja si od blata. Nisi odustala. Još si uvijek tu za njega. Ni od čega nisi odustala. Ti si netko komu je stalo.

Koliko vas žena ne želi prepoznati koliko vam je stalo? Sve što ste učinili kako biste porekli svoju brižnost, hoćete li sve to uništiti i dekreirati? Right and Wrong, Good and Bad, Pod and Poc, All 9, Shorts, Boys and Beyonds.

Prepoznajte da je *istinska brižnost* dio vas; to ne znači *zbrinjavati*. Ako prepoznate da ste kreator budućnosti i da ste to voljni činiti iz osjećaja brižnosti o mogućnostima budućnosti, o izborima budućnosti, nećete biti uhvaćeni u "moram voditi brigu o", "moram raditi - raditi - raditi", "moram se predati muškarcu", "moram poništiti sebe." Ništa od toga neće se dogoditi.

Zbrinjavanje je izmišljotina koja kaže da ako činite nešto za druge, vi ste brižni. To je izum brižnosti. Govori da je ono što činite za druge jednako tome da brinete, što se potiče znakove, pečate, amblema i značaj. U ovoj stvarnosti brižnost je: "Brinem o njima; prema tome, to dokazuje da sam brižan." Činite sve za nekoga kako biste dokazali da ste brižni, umjesto da prepoznate što brižnost zapravo jest.

Istinska brižnost može biti: "Učini to opet i ja ću te ubiti." Ponekad je brižnost isključivanje i nepodržavanje ljudi neovisno o situaciji. U jednom je periodu moj mlađi sin puno pio i dok je pio, postao bi stvarno odvratan. Brižnost prema njemu bila je: "Nemoj biti u mojoj blizini kada piješ jer mi se ne sviđaš."

Kao rezultat, smanjio je alkohol. Većinom ga se odrekao i sada ima veću kontrolu nad svojim životom. Moja brižnost bila je da mu kažem: "Nisi u redu kada piješ zato što postaneš šupak. Nemoj piti kada si u mojoj blizini."

On me pitao: "Tata, gdje je tvoje dopuštanje?"

Rekao sam: "To je dopuštanje jer a) nisam te prijavio policiji, b) nisam te ubio, i c) dovoljno dugo sam se nosio s tvojim sranjem. Sada kada sam to nadišao, moraš se promijeniti." Ponekad je brižnost zamoliti nekoga da se promijeni. Svi imamo te znakove, pečate, ambleme i značaje o tome što je brižnost, a nijedno nije istinska brižnost.

Koju glupost koristite da stvarate znakove, pečate, ambleme i značaje brižnosti kao pogrešnost, sumnju, glupost i ludost što birate? Sve što to jest bezbroj puta, hoćete li sve to uništiti i dekreirati? Right and Wrong, Good and Bad, Pod and Poc, All 9, Shorts, Boys and Beyonds.

Istinska brižnost nije da činite sve za druge. To znači drugima pružiti kraljevstvo mogućnosti. Naučili su vas da ako za nekoga činite sve, to dokazuje da brinete. Ali zašto biste trebali dokazivati da brinete? Na brižnost ne gledamo kao na pružanje kraljevstva mogućnosti drugima jer su nas učili da trebamo raditi x, y ili z kako bismo dokazali da brinemo, a to nema nikakve veze s istinskim izborom i istinskim mogućnostima.

MORATE PREPOZNATI ŠTO JEST

Sudionica Salona:
Može li se isto reći i za ljubav, Gary, kao "ako me voliš, učinit ćeš to"?

Gary:
To je samo manipulacija. Jednom mi je žena u Access Consciousnessu rekla: "Voljela bih s tobom imati odnos, no ne bih mogla imati odnos s Dainom jer bi me on povrijedio." Rekao sam Dainu da ona ima to gledište.

Nakon toga su završili zajedno. Ona mu je počela raditi zločeste i ružne stvari, a on nije mogao učiniti ništa zauzvrat jer je odlučio dokazati da je neće povrijediti. Ona ga je skoro ubila!

Sudionica Salona:
Dakle, u zauzimanju gledišta "ne mogu je povrijediti," on je učinio sve kako je ne bi povrijedio, uključujući ubijanje sebe?

Gary:
Da, a to nije ono što će stvoriti mogućnosti. Trebate prepoznati što *jest*, umjesto da vidite ono što *mislite* da jest.

Kraljevstvo mogućnosti je mjesto u kojemu možete prepoznati što je zapravo moguće, što je cijela zamisao stvaranja budućnosti. Govorio sam o tome na našem prošlom susretu. Žene misle da je stvaranje djece ili majčinstvo stvaranje budućnosti. To nije to. Stvaranje budućnosti jest prepoznavanje da su izbori koje ljudi čine jedina stvar koja stvara mogućnost.

Sudionica Salona:
   Naučili su me da je budućnost takva kakva je i da je ne mogu promijeniti.

Gary:
   Ne radi se o mijenjanju budućnosti; radi se o njezinom stvaranju.

Sudionica Salona:
   To je za mene blokada. Nikada mi nije rečeno da je budućnost stvaranje. Naučili su me da je tako kako je.

STVARANJE I IZUM

Gary:
   Dio problema je to što smo naučeni stvarati vizualnu stvarnost nečega i blokira nas ideja da su stvaranje i izum ista stvar.

Sudionica Salona:
   Koja je razlika?

Gary:
   Najbolje ću to ovako opisati. Jednom sam bio u Latinskoj Americi i gledao sam televiziju. Sve je bilo na španjolskom i nisam sve u potpunosti razumio. Pričali su o zavođenju i strasti, a strast su prikazali pokazavši par gaćica kako padaju na nečije gležnjeve. Osoba koja je imala velika stopala nosila je tenisice za tenis i niske teniske čarape. To su mogle biti muške tange koje padaju ili su mogle biti ženske, no čije god bile, u tome nije bilo strasti. To je trebala biti vizualna stvarnost strasti. Bio je to izum.

Sudionica Salona:
Možete li više govoriti o vizualnim stvarnostima koje izmišljamo?

Gary:
Koliko puta kažete "moram vidjeti kako će ovo izgledati" ili "moram vidjeti kako će ovo funkcionirati"? Kao da mislite ako možete dobiti vizualan dojam o tome kako će nešto funkcionirati, možete to dovesti u postojanje.

Sudionica Salona:
Znate li gdje sam otišla, Gary? U vizualizaciju. Vidim svoj kauč. Činim taj kauč toliko čvrstim da ga izmišljam. Da nisam upotrijebila taj vizualni prikaz, mogla bih promijeniti energiju ovoga kauča upravo sada dok na njemu sjedim.

Gary:
To je vjerojatno istina. Kada pokušavate nešto učiniti iz vizualnog aspekta, možete vidjeti samo način na koji to *izgleda* - a ne onakvo kakvo jest.

Sudionica Salona:
Tako ja vidim cijelu ovu stvarnost. Vizualiziram. Polazim iz toga i voljela bih da se pojavi nešto drugačije.

Gary:
Pa koliko ste ove stvarnosti izumili kao stvarno, što zapravo nije?

Sudionica Salona:
Sve.

Gary:

Govorio sam da su misli, osjećaji, emocije i seks ili ne-seks niži harmonici percipiranja, znanja, bivanja i primanja. Naučeni smo izumiti emocije o nečemu što nije stvarno. Kako bi bilo kada to ne biste pokušavali izumiti?

Koju glupost koristite da stvarate znakove, pečate, ambleme i značaje brižnosti kao pogrešnost, sumnju, glupost i ludost što birate? Sve što to jest bezbroj puta, hoćete li sve to uništiti i dekreirati? Right and Wrong, Good and Bad, Pod and Poc, All 9, Shorts, Boys and Beyonds.

Izmišljate misli, osjećaje, emocije, seks ili ne-seks kako biste se uklopili u ovu stvarnost. Ranije sam razgovarao sa ženom koja se osjećala krivom što nije dobra majka svome sinu. Je li izum da ste majka? Ili ste beskonačno biće koje je izmislilo da su djeca u rodu s vama? Svaki odnos je izum, a ne stvaranje. Kada idete iz izuma u stvaranje, uvijek otvarate vrata mogućnosti. Izum, s druge strane, uvijek stvara zaključak.

Koju glupost koristite kako biste izumili majku, oca, sina, Svetoga Duha, kćer i svaki odnos što birate? Sve što to jest bezbroj puta, hoćete li uništiti i dekreirati? Right and Wrong, Good and Bad, Pod and Poc, All 9, Shorts, Boys and Beyonds.

Sudionica Salona:

To smjesta odnosi puno prosudbi koje imamo o sebi.

Gary:

Da, zato što je svaki izum dizajniran tako da nešto zaključi. A što većinom trebate zaključiti? Kako ste u krivu. Kako vas treba prosuđivati. Kako ste pogriješili.

Sudionica Salona:
　Da, kako nisam dovoljno dobra.

Gary:
　Dakle, koliko onoga što pokušavate učiniti pogrešnim je potpuni izum? Sve, nešto od toga ili potpuno sve?

Sudionica Salona:
　Sve.

Gary:
　Sve što to jest bezbroj puta, hoćete li sve to uništiti i dekreirati? Right and Wrong, Good and Bad, Pod and Poc, All 9, Shorts, Boys and Beyonds.

Sudionica Salona:
　Je li to ono "nužnost je majka izuma"?

Gary:
　Da. Zato što uvijek pokušavamo izumiti kako se uklapamo.

Sudionica Salona:
　Činimo sebe nužnim.

Gary:
　Da. Da niste nužni, što biste zapravo činili ili bili što do sada niste bili voljni činiti ili biti?

Sudionica Salona:
　Dakle, način da izađemo iz izuma majčinstva ili roditeljstva jest da budemo potpuno prisutni i da jednostavno jesmo sa svime što se događa?

Gary:
　Da zapravo jeste, biste li mogli biti svjesni mogućnosti i izbora koji bi mogli biti dostupni za stvaranje mogućnosti? Bi li to bilo veće od onoga što trenutno birate?

Sudionica Salona:
　Puno veće.

Gary:
　Zato tamo i želite ići.

MORATE BITI ENERGIJA KOJA POKAZUJE MOGUĆNOSTI

Sudionica Salona:
　Što s djecom i ljudima oko vas koji ne mogu vidjeti ono što vi možete vidjeti i one koji se hvataju u klopku prosudbi?

Gary:
　Mogu se uhvatiti u klopku prosudbi jedino ako vi niste voljni stvarati budućnost. Morate biti energija koja pokazuje mogućnosti, što će im pružiti izbore koji mogu stvarati i generirati mogućosti. Tada se pojavljuje drugačija stvarnost.
　Sve što to jest bezbroj puta, hoćete li sve to uništiti i dekreirati? Right and Wrong, Good and Bad, Pod and Poc, All 9, Shorts, Boys and Beyonds.
　Koliko se toga što vidite kao odnos sa svojim roditeljima zasniva na vizualnoj stvarnosti koja je potpuni izum?

Sudionica Salona:
　Sve.

Gary:
   Sve što to jest bezbroj puta, hoćete li sve to uništiti i dekreirati? Right and Wrong, Good and Bad, Pod and Poc, All 9, Shorts, Boys and Beyonds.
   Koliko se seksa i kopulacije temelji na vizualnim izumima?

Sudionica Salona:
   O moj Bože, sve!

Gary:
   Sve što to jest bezbroj puta, hoćete li sve to uništiti i dekreirati? Right and Wrong, Good and Bad, Pod and Poc, All 9, Shorts, Boys and Beyonds.

PO ČEMU ŽIVITE - PO STVARNOSTI ILI PO ILUZIJI?

Gledao sam neki program na televiziji gdje je žena sjedila sa čašom šampanjca na krevetu posipanom ružinim laticama. Njezin je ljubavnik ušao s pištoljem u svom džepu. Zbog nečega je na nju bio ljut i bio ju je spreman raznijeti. Sve je ovo izum kako odnosi, seks, osjećaji i sve to zavodi vaš život. Oni izmišljaju iluziju vašeg života, a ne njegovu stvarnost. Po čemu vi živite? Po stvarnosti ili po iluziji?
   Koliko ste iluzije svoga života izumili koja zapravo ne funkcionira? Sve što to jest bezbroj puta, hoćete li sve to uništiti i dekreirati? Right and Wrong, Good and Bad, Pod and Poc, All 9, Shorts, Boys and Beyonds.

Sudionica Salona:
   Mogu li ovu vizualnu stvarnost koristiti u svoju korist?

Gary:
   Sve što trebate učiniti je postaviti pitanje:
   + Koliko ovoga je stvarno?
   + Koliko ovoga je izum?

   Pogledajte odnos koji trenutno imate. Kao vi, C, pogledajte svoj odnos sa sinom. Koliko je tog odnosa stvarno, a koliko je izum?

Sudionica Salona:
   Ništa od toga nije stvarno. Sve je izmišljeno.

Gary:
   Sve što ste učinili da izumite odnos, hoćete li sve to uništiti i dekreirati? Right and Wrong, Good and Bad, Pod and Poc, All 9, Shorts, Boys and Beyonds.

   Ako izmišljate svoje odnose, je li istinska brižnost zaista dostupna?

Sudionica Salona:
   Ne.

Gary:
   Zašto?

Sudionica Salona:
   Zato što nema svjesnosti i nema izbora. Tamo ništa nije stvarno.

Gary:

Da, istinska se brižnost zasniva na svjesnosti. Ne zasniva se na vizualnom izumu.

ISTINSKA SE BRIŽNOST ZASNIVA NA SVJESNOSTI

Sudionica Salona:

Oho! Kako da dođemo do toga, Gary?

Gary:

To je ono na što vas pokušavam navesti da učinite. Prvi korak, morate shvatiti da ste vi kreator svoje budućnosti - a to se ne radi imajući dijete. Kako bi izgledalo da ste voljni percipirati, znati, biti i primati ono kako bi izgledalo stvarati budućnost?

Koju fizičku aktualizaciju kreatora budućnosti sam sada sposobna generirati, stvarati i utemeljivati? Sve što to ne dopušta bezbroj puta, sve to uništavam i dekreiram. Right and Wrong, Good and Bad, Pod and Poc, All 9, Shorts, Boys and Beyonds.

Dame, molim vas, stavite ovo na ponavljanje i neprestano slušajte. Ovdje trebate ići ako zaista želite stvarati drugačiji svijet.

Sudionica Salona:

Hvala vam, Gary. Ovo je tako oslobađajuće. Shvatila sam da gledam što ljudi čine i postavljam pitanja poput: "Koji posao ova osoba radi? Kako ovi ljudi preživljavaju radeći ovo u svom životu?" Ali ja moram stvarati svoju stvarnost.

Gary:

Većina ljudi u svijetu izmišlja svoj život. Koliko je vašeg dosadašnjeg života bio izum - a ne stvaranje?

Sve što ste učinili da stvarate izum, hoćete li sve to uništiti i dekreirati? Right and Wrong, Good and Bad, Pod and Poc, All 9, Shorts, Boys and Beyonds.

Kako zapravo stvarate? Počnete s energijom onoga što biste htjeli da vam život bude. *Bude*. Ne ono što biste htjeli *činiti*. Što biste htjeli da bude. Tada ga počnite stvarati dovodeći do fizičke aktualizacije energiju koju ste bili sposobni percipirati, koju je zapravo moguće izabrati. To je ono gdje mogućnost i izbor dolaze u računicu.

Sudionica Salona:

Počinjem vidjeti ili biti ta energija. Sada želim postaviti pitanje o drugoj fazi, dovođenje toga do fizičke aktualizacije.

Gary:

Želim još malo govoriti o tome kako ste vi, kao žene, kreatorice budućnosti. Muškarci prave gnijezda i kreiraju sadašnjost. Muškarci pokušavaju riješiti sve probleme kako bi sve bilo lako. Žele stvoriti situaciju u kojoj postoji osjećaj gnijezda mogućnosti. To je osjećaj mira koji žele stvoriti.

Sudionica Salona:

Ranije ste pitali: "Što je potrebno kako biste imali radost utjelovljenja kao žena?" Rekla sam: "Ne znam čak ni što znači pomoći ženama da to shvate."

Gary:

To je ono što ja pokušavam učiniti. Ne možete imati radost utjelovljenja ako ne shvaćate da ste kreator budućnosti. To je ono što ste vi, kao žene, preuzele kao posao kada ste došle ovdje; biti kreator budućnosti, a zatim ste to smanjile na niži harmonik imanja djeteta.

Morate pitati:
- Što bih htjela stvoriti kao budućnost?
- Koje će mogućnosti i izbori doći u postojanje kao fizička aktualizacija na temelju budućnosti koju sam voljna stvarati i generirati?

Sudionica Salona:

Često kažete "stvarati budućnost", a ja kažem "stvarati tu budućnost."

Gary:

Kada kažete "tu budućnost", pokušavate definirati budućnost, što nije moguće. Budućnost je raznovrsnost mogućnosti i izbora koji mogu stvoriti i generirati nešto veće od onoga što znamo.

Sudionica Salona:

Dakle, čim kažem "ta budućnost", znam da je s nečim blokiram?

Gary:

Kada kažete "ta budućnost," to izgleda kao da postoji samo jedna.

Sudionica Salona:

Kao da je definirana.

Gary:

To je dio onoga što su nas navodili da vjerujemo - da postoji samo jedna budućnost za svakoga od nas, kao da imamo samo jednu sudbinu i da je već sve predodređeno. Je li to stvarnost ili izum?

Sudionica Salona:
To je izum.

Gary:
Koliko je vaše sudbine izumljeno - a ne stvoreno? Sve što to jest bezbroj puta, hoćete li sve to uništiti i dekreirati? Right and Wrong, Good and Bad, Pod and Poc, All 9, Shorts, Boys and Beyonds.

IZBOR JE DOMINANTNI IZVOR STVARANJA

Sudionica Salona:
Ako izaberemo stvarati iznad iluzije izuma i iznad ove stvarnosti, zbrinjava li to i zakletve i zavjete iz prošlosti?

Gary:
Da. Izbor je ovdje dominantan izvor stvaranja. Ali to još nismo priznali. Stalno pokušavamo uvidjeti što moramo ispravno učiniti kako bismo imali osjećaj da su izbori koje donosimo najbolji izbori i pravi izbori i izbori koji bi trebali biti, koji će biti, umjesto onoga što stvaramo današnjim izborom.

Kada birate, postavite pitanje: koju ću stvarnost kreirati s ovim izborom?

Ja uvijek iz toga funkcioniram. Puno puta kada nemam pojma što je nešto, pitam: biram li ovo? Da. Znam li zašto to biram? Ne. Znam li hoće li ovaj izbor nešto stvoriti? Da. Znam li što će stvoriti? Ne.

Voljan sam biti kreator budućnosti kao i kreator sadašnjosti koji stvara lakoću. Voljan sam biti muškarac i žena; nisam voljan biti samo jedno ili drugo. Nadam se da će neki od vas također biti voljni prihvatiti tu mogućnost.

Sudionica Salona:
Kada vam ljudi nešto uzimaju ili kradu, krećete li se i dalje u svojoj stvarnosti i stvarate svoju budućnost?

Gary:
Mogu li ljudi zaista krasti od vas ili samo zaustavljaju svoju buduću mogućnost? Kad ljudi od vas kradu, oni kradu svoju buduću mogućnost. Zaustavljaju sve što se zbog vas i s vama moglo stvarati i generirati.

Novac je vrijedan na temelju čega? Zašto ne pogledate ono što ljudi stvaraju? Ja gledam kako ljudi pokušavaju stvarati svoj život i postavljam pitanja:
+ Kako je ovo vrijedno?
+ Kako će ovo funkcionirati?
+ Što će se ovdje dogoditi?

Sudionica Salona:
Gary, to je način na koji kažete da vi funkcionirate, no vi postojite u drugoj stvarnosti.

Gary:
Moja je stvarnost stvaranje budućnosti, izbora, mogućnosti, lakoće i ugode u ovoj stvarnosti. Moja stvarnost sve to obuhvaća. Što ako biste bili voljni biti kreator budućnosti i pitati: koju ću budućnost kreirati ovim izborom?

Budućnost možda na kraju neće izgledati onako kako ste mislili da hoće. Iz računice morate izostaviti novac i ostale stvari. Morate pitati:
- Što će ovaj izbor stvoriti kao buduću mogućnost?
- Koji će izbori biti dostupni meni i svima drugima kao rezultat mog izbora?

Ono što biram nikada ne vidim kao završetak nečega. Biram i to raznim ljudima otvara vrata drugim mogućnostima.

Počinjete li shvaćati kako su brižnost i budućnost povezani?

Sudionica Salona:
Ja još ne.

Gary:
Recite mi koje dijelove razumijete.

Sudionica Salona:
Shvaćam da moji izbori stvaraju budućnost neovisno o tome znam li što je budućnost ili ne.

Gary:
Morate pitati: koju ću budućnost kreirati svojim današnjim izborom? Ne možete to ne učiniti.

"ŽELIM OVO SADA"

Sudionica Salona:
Bila sam vrlo frustrirana posljednjih nekoliko tjedana.

Gary:

Što je frustracija? Frustracija je kada odlučite da trebate određeni rezultat, a vaši izbori to ne stvaraju. Kada odlučite da trebate određeni rezultat, krajnji ishod koji ste izumili ujedno će na to staviti vremenski okvir. "Želim ovo sada. Želim ovo sljedeći tjedan." Stavljate vrijeme u računicu onoga što će vaš izbor stvoriti - i to ne možete učiniti.

Zaustavljate energiju koja će stvoriti izbor i mogućnost. Zaustavljate budućnost u zamjenu za ono što mislite da se sada treba ostvariti. *Sada* nije samo danas; *sada* je ujedno i sljedeći tjedan ili sljedeći mjesec. Budućnost koju morate biti voljni stvarati je nešto što ide iznad vašeg životnog vijeka. *To je* budućnost koju trebate biti voljni stvarati.

Sudionica Salona:

Ne pronalazim puno značaja u ovome, tako da ne znam što je to budućnost.

Gary:

Jesi li ikada čula zapovijed "Bez forme, bez strukture, bez značaja"?

Sudionica Salona:

Da, doslovno se osjećam kako hodam uokolo i nestajem u vjetru.

Gary:

A to bi bilo krivo na temelju čega?

Sudionica Salona:

Da nisam ovdje, živeći laganim, luksuznim životom ili da nekako stvaram život.

Gary:

To je zaključak, to nije pitanje. Već ste odlučili da budućnost izgleda kao x, y, z, što znači da je to izum. Pokušavate vidjeti kako to izgleda, a to je sve izum.

Sve što ste učinili kako biste sve to izumili, hoćete li sve to uništiti i dekreirati?

Right and Wrong, Good and Bad, Pod and Poc, All 9, Shorts, Boys and Beyonds.

Zašto biste se brinuli o ovoj stvarnosti? Želite li izumiti sebe kako radite u ovoj stvarnosti, kako se uklapate u ovu stvarnost i kako funkcionirate u ovoj stvarnosti?

Sudionica Salona:

Da.

Gary:

Sve što to jest bezbroj puta, hoćete li sve to uništiti i dekreirati? Right and Wrong, Good and Bad, Pod and Poc, All 9, Shorts, Boys and Beyonds.

Koliko je vaše disfukcionalnosti s vašom obitelji i vašim suprugom potpuni izum?

Sudionica Salona:

Sve. Ali kuda da krenem?

Gary:

Ne ulazite u obrazac *ali*! Svaki puta kada kažete *ali* zabijate svoju glavu u svoju guzicu.

Sve što to jest bezbroj puta, hoćete li sve to uništiti i dekreirati? Right and Wrong, Good and Bad, Pod and Poc, All 9, Shorts, Boys and Beyonds.

Mislite da je "Kuda da krenem?" pitanje. To nije pitanje; to je zaključak da ne znate kuda ići. Zaključili ste da nemate pojma kamo idete - ali ne stvarate budućnost na temelju znanja kud idete, percipiranja kud idete ili zaključivanja kud idete. Svoju budućnost stvarate na temelju primanja svega što se pojavljuje u vašem životu i prepoznavanja izbora koje činite, mogućnosti koje stvarate, pitanja koja manifestiraju i doprinosa koji će postojati ako ne uđete u zaključak.

PROBLEM SA ŽIVLJENJEM U SADAŠNJOSTI

Sudionica Salona:
Je li za mene zamka ako imam zamisao da je življenje u sadašnjosti sve što jest? Usredotočena sam na življenje u sadašnjosti i postavljam pitanja koja će mi pomoći u neposrednoj budućnosti, ali ne tražim iznad neposrednog.

Gary:
Da. Jesu li vas tome učili ili vam nametnuli kao gledište u ovoj stvarnosti?

Sudionica Salona:
Da.

Gary:
Je li to istinito i stvarno - ili je to izum?

Sudionica Salona:
Izum.

Gary:
　Sve izume koje ste s time stvorili, hoćete li sve to uništiti i dekreirati? Right and Wrong, Good and Bad, Pod and Poc, All 9, Shorts, Boys and Beyonds.

Sudionica Salona:
　Je li većina nas uhvaćena u tome? Ja sam tako naučena.

Gary:
　Je li to funkcioniralo?

Sudionica Salona:
　Pretpostavljam da je funkcioniralo do sada, no sada kada o tome pričate, to se razbija.

Gary:
　Živjeti u sadašnjosti i biti usredotočen na sadašnjost funkcionira do određenog stupnja - ali stupanj funkcioniranja ne stvara buduću stvarnost. Prihvatili ste gledište da je stvaranje sadašnjosti jedino što je vrijedno imati. Življenje u sadašnjosti je mjesto u kojem je sve dizajnirano kako bi vam dalo osjećaj da do svojih rezultata trebate doći sada. Življenje u sadašnjosti je: "Ovo će mi dati rezultat kojega želim sutra." To nije pitanje: "Što će ovo stvoriti na duge staze?" To je: "Što će ovo stvoriti i generirati u budućnosti?"
　Uvijek sam sve svoje izbore gledao na temelju stvaranja i generiranja budućnosti. Zanimljivo, prije dosta godina došao sam do kostarikanskih konja. Počeo sam ih kupovati i uzgajati, a onda sam ih imao previše. Pomislio sam: "Moram ih prodati, moram s njima nešto učiniti", a zatim sam uz malo sreće shvatio: "Oho, imam te kostarikanske konje u

Sjedinjenim Državama, a sljedećih će nekoliko godina razni ljudi odlaziti u Kostariku na avanture s kostarikanskim konjima. Nakon što ih jašu, htjet će imati kostarikanskoga konja u SAD-u, a ja ću ih imati. Nisam započeo s gledištem: "Ovo je način na koji ću stvoriti budućnost", ali vidim da sam dobio kostarikanske konje kao kreaciju budućnosti. Nisam imao pojma kako stvaram budućnost. Tek sada vidim kako će to funkcionirati.

POVJERENJE U SEBE KAO KREATORA BUDUĆNOSTI

Sudionica Salona:
To s vaše strane zahtijeva povjerenje, je li tako? Povjerenje u svemir ili povjerenje u energiju?

Gary:
Ne, povjerenje u sebe kao kreatora svoje budućnosti. Ako sebe ne vidite kao kreatora budućnosti, onda postajete plutajući otpad u rijeci stvarnosti drugih ljudi.

Sudionica Salona:
Pretpostavljam da mi je to prepreka.

Gary:
Koliko vas je izumilo da ne možete vjerovati sebi? Sve što to jest bezbroj puta, hoćete li sve to uništiti i dekreirati? Right and Wrong, Good and Bad, Pod and Poc, All 9, Shorts, Boys and Beyonds.

Postoje ljudi koji kažu: "Kreirat ću ovo i to će biti odlično." Je li to stvaranje, generiranje ili izmišljanje?

Sudionica Salona:
Više je izmišljanje. Da to bude stvaranje, morate zadržati i svoju svjesnost.

Gary:
Našao sam se s arhitektom koji dizajnira mjesto koje pokušavamo stvoriti na Kostariki. Rekao sam: "Stvoriti ovo iz modernoga gledišta je odlično, no deset godina od sada bit će staromodno. Želim stvoriti nešto što je klasično i dovoljno tradicionalno da će za 100 godina ljudi to i dalje vidjeti vrijednim."

Arhitekt je rekao: "Što?!"

Rekao sam: "Ne stvaram to kako bi se sutra raspalo. Stvaram ovo kako bi ovdje bilo i za 100 godina te da ljudi i dalje vide njegovu vrijednost."

Arhitekt je rekao: "Oh!" Bila je to potpuno drugačija stvarnost zato što ljudi danas ne grade za budućnost. Grade nešto što će im odmah donijeti novac. To je za sadašnjost. Radi se o življenju u sadašnjosti, a ne o onome što će stvoriti održivu mogućnost.

Zanimljivo je kako svi govore da imaju održive projekte i zgrade. Imaju sve takozvane zelene stvari, a devedeset posto njih nije zeleno. Nije održivo i neće biti ovdje za sto godina.

POVJERENJE U SVJESNOST KOJA VI UISTINU JESTE

Sudionica Salona:
Spomenuli ste povjerenje. Što je povjerenje? Za mene je povjerenje kao prosudba ili ograničenje.

Gary:
Povjerenje nije slijepo vjerovanje. Povjerenje je znanje da će ljudi učiniti točno ono što će učiniti. Oni će to učiniti ako to izaberu.

Sudionica Salona:
Dakle, povjerenje je znanje? To je bivanje?

Gary:
Povjerenje se odnosi na znanje i primanje.

Sudionica Salona:
To je laganije nego samo povjerenje u sebe.

Gary:
Zašto biste imali povjerenje u sebe? Sve što ste do sada činili jest da ste sami sebe zezali što ste češće mogli. Što ako biste umjesto toga bili voljni imati povjerenja u svjesnost koja doista jeste? Što ako biste bili voljni imati povjerenja u svoj kapacitet percipiranja, znanja, bivanja i primanja?

Sve što ne dopušta da se to pojavi bezbroj puta, hoćete li sve to uništiti i dekreirati? Right and Wrong, Good and Bad, Pod and Poc, All 9, Shorts, Boys and Beyonds.

Stavite ovo na ponavljanje:

Koju fizičku aktualizaciju potpune svjesnosti o percipiranju, znanju, bivanju i primanju u potpunosti kao povjerenje u svjesnost koja zaista jesam, sam sada sposoban generirati, stvarati i utemeljivati? Sve što ne dopušta da se to pojavi bezbroj puta, hoćete li sve to uništiti i dekreirati? Right and Wrong, Good and Bad, Pod and Poc, All 9, Shorts, Boys and Beyonds.

ISTINSKO BOGATSTVO

Sudionica Salona:
   Gary, od čega trebam odustati u vezi novca?

Gary:
   Morate se odreći ideje da ga možete kontrolirati. Ako prepoznate da ste sposobni stvarati budućnost, istina, biste li stvorili budućnost u kojoj nemate novca?

Sudionica Salona:
   (Smijeh)

Gary:
   To bi bilo ne! Ne biste stvorili svijet bez novca. To nije stvarnost za vas. Stvorit ćete svijet s dovoljno novca kako biste učinili što trebate učiniti, kada to trebate učiniti, gdje to želite učiniti.
   Evo primjera iz moga života. Zarađujem oko pet milijuna dolara godišnje sa svime čime se bavim. A hodao sam uokolo i govorio: "Ja nemam novca. Zašto me ovi ljudi iskorištavaju i uzimaju od mene?"
   Moja prijateljica Klaudija je rekla: "Ali Gary, ti si bogat."
   Rekao sam: "Ne, ja nisam bogat."
   Ona je rekla: "Da, jesi."
   Rekao sam: "Ne, nisam. Uopće nemam gotovine."
   Ona me pitala: "A koliko toga imaš što vrijedi novca?"
   Rekao sam: "To nije bitno. Nemam gotovine!"
   Ona je rekla: "Čovječe, ti si bogat."
   Rekao sam: "To ne može biti istinito. Ja sam samo običan čovjek."

Kada sam napokon u to pogledao, rekao sam: "Da, ja sam bogat." Shvatio sam da sam imao gledište ako nisam bogat, ljudi me neće iskorištavati, što znači da sam se doveo do toga da nemam gotovine kako ne bih mogao biti bogat. Nisam gledao na stvari kao na bogatstvo, a na kraju nisam gledao činjenicu da bih mogao biti bogat ili da jesam bogat. Pokušavao sam se učiniti siromašnim.

Kao biće, bogatiji sam od ikoga koga poznajem na temelju svjesnosti, brižnosti, dobrote i dara kojega svakodnevno primam od svih. I dara koji je svemir cijelo vrijeme za mene.

Pa koju glupost koristite da izumite manjak bogatstva što birate? Sve što to jest bezbroj puta, hoćete li sve to uništiti i dekreirati? Right and Wrong, Good and Bad, Pod and Poc, All 9, Shorts, Boys and Beyonds.

Pravo bogatstvo u svijetu je sposobnost da imate mogućnost i izbor. To je pravo bogatstvo. Ne ono što možete potrošiti. Zamisao da je bogatstvo nešto što možete potrošiti je kao spuštanje gaćica kako biste dokazali da ste strastveni. To je vizualni izum.

Koliko se novca kojega u svom životu nemate zasniva na vizualnom izumu bogatstva kojega ne možete ni zamisliti da jest? Sve što to jest bezbroj puta, hoćete li sve to uništiti i dekreirati? Right and Wrong, Good and Bad, Pod and Poc, All 9, Shorts, Boys and Beyonds.

SAMOPOUZDANJE

Sudionica Salona:
Voljela bih razgovarati o malo drugačijoj temi. Samopouzdanje ili manjak samopouzdanja. Je li to energija?

Je li to način razmišljanja? Optužili su me da nemam samopouzdanja, a ja se pitam slažem li se s time.

Gary:
  Ljudi vas optužuju samo za ono što sami rade. Jeste li čuli za to?

Sudionica Salona:
  Da, čula sam za to i mislim da se slažem s time.

Gary:
  Ne, vi stvarate izum da morate biti suglasni. Vi to izmišljate zato što ako to netko kaže, mora biti istina.
  Sve što to jest bezbroj puta, hoćete li sve to uništiti i dekreirati? Right and Wrong, Good and Bad, Pod and Poc, All 9, Shorts, Boys and Beyonds.

Sudionica Salona:
  Pa što je onda samopouzdanje? Je li to samo vjera u sebe? Ako je to samo vjera, onda je to besmisleno. Vjerovanja su besmislena.

Gary:
  Zašto vam je stalo do osobe koja vam je to rekla?

Sudionica Salona:
  To je netko za koga sam odlučila da mi je blizak.

Gary:
  Oh, u redu. Drugim riječima, zato što vam se ta osoba sviđa, dopuštate joj da vas zlostavlja.

Sudionica Salona:
    Ah, u redu. Dakle, da samo pustim i kažem: "To za mene nema značaja?"

Gary:
    Da. Prije svega, je li to stvarno - ili to pokušavate učiniti stvarnim zato što vam se ta osoba sviđa?

Sudionica Salona:
    Pokušavala sam vidjeti njeno gledište.

Gary:
    Moje gledište je: samo zato što mi se sviđaš, ne znači da nisi seronja. Kada si seronja, onda si seronja. To je sve što jest. Sve što to jest bezbroj puta, hoćete li sve to uništiti i dekreirati? Right and Wrong, Good and Bad, Pod and Poc, All 9, Shorts, Boys and Beyonds.

Sudionica Salona:
    Volim gledati emisije sa zvijezdama jer volim vidjeti kako izražavaju svoje talente. Jesam li krivo protumačila i krivo primijenila da zato što imaju samopouzdanja, izražavaju svoj talent? Ili što je to čega sam svjesna kada ih gledam, ako nije samopouzdanje?

Gary:
    Marilyn Monroe je izrazila svoj talent. Je li ona imala samopouzdanja?

Sudionica Salona:
    Ne je laganije.

Gary:

To je točno. Ona nije imala samopouzdanja. Mislila je ako nastavi s onim što je radila, netko će je napokon voljeti. To nije samopouzdanje. Izmišljate li da vam ti ljudi govore da ste u krivu kao ljubav?

Sudionica Salona:

Da je laganije.

Gary:

Sve što to jest bezbroj puta, hoćete li sve to uništiti i dekreirati? Right and Wrong, Good and Bad, Pod and Poc, All 9, Shorts, Boys and Beyonds.

Sudionica Salona:

Kada u ovoj stvarnosti imate ranjivost u svom glasu ili prisutnosti, ljudi bi mogli pretpostaviti da je to manjak samopouzdanja.

Gary:

Je li to zaista manjak samopouzdanja - ili ste tu izumili da ne možete vjerovati sebi?

Sudionica Salona:

Dakle, stvaramo si male zamke poput: "Neću vjerovati sebi zato što nemam samopouzdanja" i svih ostalih tijekova ideja koje imamo.

Gary:

Evo procesa kojega možete staviti na ponavljanje:

Koju glupost koristim da stvaram manjak povjerenja u sebe što biram? Sve što to jest bezbroj puta, hoćete li sve to uništiti i dekreirati? Right and Wrong, Good and Bad, Pod and Poc, All 9, Shorts, Boys and Beyonds.

Jedini koji zna što je ispravno za vas ste vi. Svi ostali vam mogu reći bilo što pod suncem, no ne možete im vjerovati. Ja nikomu ne vjerujem. Zašto? Oni mogu vidjeti samo iz svoga ograničenoga gledišta.

NITKO VAS NE MOŽE VIDJETI, OSIM VAS

Sudionica Salona:
U jednom trenutku, Gary, kada se ništa putem ne mijenja, hoće li biti velike promjene gdje se mogu odmaknuti od značaja onoga što drugi govore i što ja o tome mislim?

Gary:
Zašto vam se razmišljanje o njihovim riječima čini vrijednim?

Sudionica Salona:
Pitam se jesu li u pravu.

Gary:
Hoćete reći da biste radije sumnjali u sebe nego vjerovali u sebe?

Sudionica Salona:
Oho, da.

Gary:
To nije vaš najpametniji trenutak, draga.
Sve što to jest bezbroj puta, hoćete li sve to uništiti i

dekreirati? Right and Wrong, Good and Bad, Pod and Poc, All 9, Shorts, Boys and Beyonds.

Prvo što trebate prepoznati jest da vas nitko ne može vidjeti, osim vas. Nitko! Vi ste jedini koji imate sve dijelove svoje stvarnosti. Vi ste jedini koji ima sve dijelove svjesnosti. Vi ste jedini koji možete vidjeti svaki aspekt onoga što vi jeste. Ako stalno nastojite vjerovati da drugi mogu vidjeti neki dio vas, mogli biste si slobodno staviti pištolj u usta i upucati se. To je ono što činite svaki puta kada preuzimate nečije gledište o vama. Stavljate si pištolj uz glavu. Znam da ono što ljudi mogu vidjeti je dio mene koji se podudara s dijelom njih za koji žele vjerovati da je stvarnost.

Sudionica Salona:
U redu, to ima smisla.

Gary:
Njima je to sve. Dakle, možete li im vjerovati?

Sudionica Salona:
Ne.

Gary:
Zašto se onda stalno trudite vjerovati njima, a ne sebi? Radi se o vjerovanju sebi.

Sudionica Salona:
U redu, shvaćam.

Gary:
Sve što ste učinili kako biste izumili da možete vjerovati drugima, a ne sebi, koji možete vidjeti cijeloga sebe, bezbroj

puta, hoćete li sve to uništiti i dekreirati?

Right, Wrong, Good and Bad, Pod and Poc, All 9, Shorts, Boys and Beyonds

Sudionica Salona:

Hvala vam, Gary!

Gary:

Hvala vam svima što se toliko divni. Čuvajte se. Bok!

8
Stvaranje mira umjesto rata

*Stvari se u ovoj stvarnosti ne mijenjaju jer se borimo protiv onoga što jest, kao da će to stvoriti mir.
Želim da razumijete da ono što trenutno postoji na našem planetu stvara problem.
Sve dok muške i ženske uloge održavamo obrnutima, činimo sukob postojanim.*

Gary:
   Bok, dame.

ZAMJENA MUŠKIH I ŽENSKIH ULOGA

Govorit ću o činjenici da bi na ovom planetu žene trebale biti mirotvorci i muškarci bi trebali biti ratnici, a zapravo je suprotno. Uloge su obrnute. Zapravo su žene ratnice, a muškarci mirotvorci.

Muškarce su učili da trebaju biti napadači, da trebaju ići na posao te da trebaju umrijeti ispred topa. Na ovom su planetu stvari izvrnute zato što imamo muškarce koji se bore za mir. Tijekom cijele naše povijesti ratovali smo kako bismo stvorili mir.

Da smo željeli stvoriti mir umjesto rata i da su se žene borile za budućnost, bili bismo na puno boljem mjestu. Da izmišljate ženstvenu stvarnost, biste li uništavali da stvarate budućnost - ili biste stvarali nešto drugačije? Stvarali biste nešto drugačije! Ne biste se borili *protiv* nečega; borili biste se *za* budućnost.

Stvari se u ovoj stvarnosti ne mijenjaju zato što se borimo protiv onoga što jest, kao da će to stvoriti mir. Želim da razumijete da ono što trenutno postoji na našem planetu stvara problem. Sve dok muške i ženske uloge održavamo obrnutima, činimo sukob postojanim. Na to morate početi gledati iz drugačije pozicije.

Koju glupost koristite da stvarate izum ženstvene stvarnosti što birate? Sve što to jest bezbroj puta, hoćete li sve to uništiti i dekreirati? Right and Wrong, Good and Bad, Pod and Poc, All 9, Shorts, Boys and Beyonds.

Koju glupost koristite da stvarate izum muževne stvarnosti što birate? Sve što to jest bezbroj puta, hoćete li sve to uništiti i dekreirati? Right and Wrong, Good and Bad, Pod and Poc, All 9, Shorts, Boys and Beyonds.

Preokret muževnih i ženstvenih uloga stavlja vas u neprestano stanje sukoba s onime što je za vas zapravo istinito, što znači da morate tražiti odobrenje od nekoga drugoga. Morate *izumiti* tko ili što jeste, umjesto da *budete* tko ili što jeste.

Morate obratiti pozornost na to vide li vas drugi ljudi, jer ako vas *oni* vide, možda *vi* možete vidjeti sebe. Samo što to zapravo ne funkcionira. Vidjeti bilo što je izum.

Koju glupost koristite da stvarate izum ženstvene stvarnosti što birate? Sve što to jest bezbroj puta, hoćete li sve to uništiti i dekreirati? Right and Wrong, Good and Bad, Pod and Poc, All 9, Shorts, Boys and Beyonds.

Koju glupost koristite da stvarate izum muževne stvarnosti što birate? Sve što to jest bezbroj puta, hoćete li sve to uništiti i dekreirati? Right and Wrong, Good and Bad, Pod and Poc, All 9, Shorts, Boys and Beyonds.

Sudionica Salona:

Dok sam odrastala, imala sam osjećaj o tome tko su muškarci. Oni su bili profesori i imali su budućnost kao profesori dajući zadatke. Žene gotovo da nisu imale identiteta. One su bile samo supruge profesora i nisu imale budućnosti.

VAŠA JE BORBA ZA STVARANJE BUDUĆNOSTI

Gary:

Pa žene su imale budućnost, ali njihova se budućnost temeljila na njihovim suprugama. Vjerojatno to tada niste primijetili, no ja sam kasnije u svom životu primijetio da su žene imale posao i da su se borile protiv *drugih ljudi*, umjesto da su se borile za stvaranje *budućnosti*. Nažalost, ljudi tako funkcioniraju. To nije najbolji izbor, no trenutno to biraju.

Kada biste vi dame prepoznale da je vaša borba stvaranje budućnosti - a ne borba protiv nekoga - možda biste se prestale međusobno boriti. To je jedna od najtežih stvari, ljudi koji se bore jedni protiv drugih. Čekajte malo, ova žena nije vaš neprijatelj, ali ste je učinili svojim neprijateljem. Je li to zato što je ona kuja, a vi niste?

Sudionica Salona:
Upravo tako.

Gary:
Budimo realni. Svi smo mi kuje, svi smo mi gadovi, svi smo mi šupci. Zašto ne pogledate ono što jest, a ne ono što drugi kažu da treba biti. To se mora promijeniti. Ako se vi dame počnete boriti za stvaranje budućnosti, umjesto da se borite protiv toga što jest, ovaj se svijet može promijeniti. Imate sposobnost to učiniti.

Sudionica Salona:
Možete li mi pomoći s time? Kako će izgledati stvaranje budućnosti? U Australiji često doživljavam muževnost, muški svijet, u kojem postoji grubost i nesposobnost dopuštanja blagosti i dobrote. Mislim da se žene ponašaju kao braniteljice i zauzimaju odgovarajuću postojanost. Mislim da kada dopustimo mekoću i dobrotu i blagost, to ljude plaši i prijeti im.

Gary:
Plaši li ih to ili prijeti njihovoj stvarnosti?

POSTATI ŽENA RATNICA

Ako pokušavate biti blagi, prijetite njihovoj stvarnosti. Da se počnete boriti za stvaranje budućnosti, bili biste voljni boriti se za ono što bi zapravo bila budućnost, što će reći, umjesto da postanete štitonoša, postali biste žena ratnica. Rekli biste nešto poput: "Reci to još jednom, seronjo i odmah ću ti odrezati testise."

Sudionica Salona:
Je li to ono što ti činiš?

Gary:
Da, to je ono što činite ako ste se voljni boriti za stvaranje drugačije stvarnosti. Zašto ne biste bili *svoji*, umjesto da budete osjetljivo biće koje pokušavate biti? Umjesto da se borite protiv, recite ono što jest.

Razgovarao sam sa ženom koja je rekla: "Želim unaprijed reći ljudima *što jest*."

To nije ono što trebate učiniti. Ne želite ljudima unaprijed reći *što jest*. Ratnici čekaju pravi trenutak kako bi ubacili nož koji će stvoriti otvaranje drugačijoj mogućnosti kao budućnosti. Mislite da morate biti agresivniji ili činiti nešto što nije nužnost. Boriti se za nešto razlikuje se od borbe *protiv* nečega.

Trenutno se većina vas pokušava boriti protiv neprijateljstva koje postoji između muškaraca i žena - jer postoji nekoliko muškaraca koji cijene žene i nekoliko žena koje cijene muškarce. Je li zbog toga ono što se događa dobro ili loše - ili to stvara otvaranje drugačijoj mogućnosti?

Sudionica Salona:
Gary, objasnite što mislite kada kažete "to će stvoriti otvaranje drugačijoj mogućnosti". Kako bi to izgledalo? Kako to učiniti?

Gary:

Kada biste cijenili svog lijenog sina što je takva lijena guzica kakva je, samo biste sjedili i drijemali. Bi li to promijenilo vaš odnos s njime?

Sudionica Salona:

Apsolutno. To bi sve promijenilo.

Gary:

To je mjesto gdje čekate otvaranje koje vam dopušta da nešto umetnete za stvaranje drugačije budućnosti. Ne možete natjerati ljude da nešto rade onako kako biste vi htjeli. Vjerujte mi. Pokušao sam i jadno sam propao - u više navrata. Jako dobro znam kako doživjeti neuspjeh.

Sudionica Salona:

Sjajno! Koje pitanje možemo postaviti kako bismo u tom trenutku imali svjesnost kada to učiniti?

Gary:

Što kada biste pokretali: koja energija, prostor i svijest mogu biti da budem ratnica koja uistinu jesam?

Ratnica zna kako ovo raditi. Ratnica je voljna boriti se u pravo vrijeme. Ona čeka otvaranje kako bi zadala udarac koji će stvoriti drugačiju scenu, drugačiji element bitke. Ako se cijelo vrijeme pokušavate boriti, nasilno i beskorisno vrištite. Kako to funkcionira?

Sudionica Salona:

Nikako!

BORITI SE ZA I BORITI SE PROTIV

Gary:

Ako u muškarcu počnete pozivati mir, umjesto da od njega pokušavate stvoriti osobu s kojom se morate boriti, mogu se pojaviti drugačije mogućnosti.

Možete se boriti *protiv* ili se boriti za. Većina žena, kada imaju djecu, borit će se da ih zaštite. Je li to bitka za ili bitka protiv?

Sudionica Salona:

To je bitka protiv.

Gary:

Da. Da se borite za njih, pokušali biste odgonetnuti što biste mogli učiniti ili reći ili biti, što bi im pružilo sve što zahtijevaju.

Sudionica Salona:

Gdje u to dolazi lakoća?

Gary:

Lakoća je onda kada ste voljni imati takvu vrstu bitke.

MOGUĆNOSTI I IZBORI

Sudionica Salona:

Što je iznad bitke?

Gary:

Izbor. Ako se za nešto borite, borite se za stvaranje budućnosti. Voljni ste pogledati u svaki izbor koji vam je u bilo kojem trenutku dostupan. Teškoća je u tome što smo naučeni vjerovati da postoje samo dva izbora - a to stvarno nije istinito.

Rečeno vam je da ako učinite pravi izbor, dobit ćete rezultat koji želite. No, ne radi se o tome. Morate vidjeti mogućnosti izbora i kako one mogu stvoriti i generirati nešto drugačije. To je vrlo drugačije od stvaranja izbora s dvije ili tri opcije.

Promislite samo o ovome sad: želite stvoriti budućnost u kojoj će za tri godine vaš život biti bolji i ekspanzivniji nego što ste ikada znali da je moguće. Koliko ste izbora i mogućnosti upravo stvorili razmišljajući o tome? Stotine, tisuće, milijune?

Sudionica Salona:
Da, tisuće, puno.

Gary:
Puno, puno, puno. Upravo ste sada stvorili 100.000 izbora - i svakoga od njih možete izabrati da stvarate blage varijacije budućnosti koju ćete stvoriti. Kada se počnete boriti za stvaranje budućnosti, gledate kako svaki vaš izbor stvara budućnost. Kažete: "Oh, uzet ću ovaj umjesto onoga jer ovaj stvara manju budućnost od onoga" te počinjete vidjeti budućnost i ono što će se stvarati. Morate naučiti započeti ovaj proces. To je nešto što morate naučiti. Ne događa se automatski.

Ako funkcioniramo iz mogućnosti, a ne iz nečeg drugog, otvara nam se potpuno novo doba.

Sudionica Salona:
Kako da to učinimo?

Gary:
To nije *kako*. Počnite s ovim: moj je posao da budem ratnica i da se borim za stvaranje budućnosti. Kada iz toga počnete funkcionirati, prestat ćete razmišljati o tome je li vas netko uvrijedio. Reći ćete: "Oprostite, uvreda mi ništa ne znači; samo vas trebam ubiti. U redu, bok!"

Sudionica Salona:
Možete li govoriti o tome kako *bitka* i *izbor* zajedno djeluju i kako to pragmatično izgleda?

Gary:
Recimo da imate 500.000 $. Imate izbor boriti se za stvaranje budućnosti pa kakvu biste budućnost htjeli? Ako taj novac nastojite zaštiti i ne izgubiti ga, borite li se za budućnost ili se borite protiv budućnosti?

Sudionica Salona:
Protiv.

Gary:
Morate postaviti pitanje: koje izbore ovdje imam koji će generirati i stvoriti budućnost koju bih zaista htjela imati? Zatim počnite uviđati kako tu budućnost dovesti u postojanje.

Sudionica Salona:
U redu, ovdje dolazi lakoća.

OSVAJANJE

Sudionica Salona:
Možete li, molim vas, malo detaljnije pričati o osvajanju i dati neke pragmatične primjere kako to funkcionira?

Gary:
Sam početak osvajanja jest prepoznavanje mjesta gdje ste ratnica koja ide u bitku za stvaranje budućnosti. Ako idete u bitku za stvaranje budućnosti, bit ćete voljni osvojiti muškarca ako je on netko koga želite kao dio budućnosti ili netko tko će stvoriti budućnost za vas.

Nedavno sam razgovarao s mladom damom. Ona je vrlo mlada i jako dobro izgleda. Predstavili su je malo starijem muškarcu, malo debeljuškastom i ne baš savršenog izgleda. Ona je rekla: "Oh, ne znam želim li izaći s njim."

Rekao sam: "Znaš što? Jesi li tražila nekoga tko te obožava?"

Ona je rekla: "Da, ali on nije lijep."

Rekao sam: "Lijepi muškarac nikada te neće obožavati; on će samo htjeti biti obožavan."

Ona je rekla: "Što?!"

Rekao sam: "Svaki lijepi muškarac na svijetu želi biti obožavan zato jer misli da je to njegovo pravo. Ti želiš biti obožavana iako ne misliš da si lijepa. Želiš nekoga tko će te potpuno obožavati i voljeti. Ovaj muškarac je upravo dovoljno star, nije dovoljno lijep, nije ružan i on će te potpuno obožavati. Smatraj to mogućnošću."

Ona je rekla: "U redu."

Rekao sam: "Ne moraš za njega udati i s njime imati

djecu. Sve što trebaš učiniti jest prepoznati da je on korak u smjeru u kojem želiš imati nekoga tko te obožava. Možda će te upoznati s nekim tko će te još više obožavati. Tko zna? Moraš biti voljna gledati na to kao na stvaranje budućnosti."

Ili recimo da ste s muškarcem koji vas pokušava popraviti. Muškarci koji vas pokušavaju popraviti odlučili su da ćete vi biti prava osoba za njih jednom kada vas poprave. Ako je to ono što se u vašem životu događa, možda biste htjeli reći: "Hvala ti puno na tome što si voljan učiniti za mene. Idemo u kupovinu." Zadržite ga u kupovini šest sati i to će biti posljednji put da pokuša bilo što za vas učiniti. Šest sati boli i patnje za vas kako biste stvorili šest sati boli i patnje da ga se riješite. To je vladanje situacijom - znanje o tome što morate učiniti.

"HTJELA BIH DA ME MUŠKARAC JEDNOM U ŽIVOTU ZAVEDE!"

Sudionica Salona:
Nešto se za mene definitivno promijenilo otkako sam bila na Razinama 2 i 3 te na nekoliko teleseminara s vama. Od potpunog nedostatka libida došla sam do toga da sam cijelo vrijeme uzbuđena. Neprestano razmišljam o tome da imam seks, osobito s Garyjem i Dainom i drugim muškarcima koji znaju kako se igrati sa ženom na seksualno-senzualan način. Udana sam i ne želim imati seks sa svojim suprugom jer on je snažan i brz poput onoga što viđate u porno filmovima. Htjela bih da me muškarac jednom u životu zavede!

Gary:
Pokrenite ovo:
Koja energija, prostor i svijest moje tijelo i ja možemo biti, što će nam dopustiti da budemo zavedeni i zasićeni seksom u potpunosti za cijelu vječnost? Sve što ne dopušta da se to pojavi bezbroj puta, hoćete li sve to uništiti i dekreirati? Right and Wrong, Good and Bad, Pod and Poc, All 9, Shorts, Boys and Beyonds.

Sudionica Salona:
Kako da svoga supruga naučim da bude spor, senzualan, njegujuć i sve te dobre stvari? Meni je izazov reći mu što bih htjela.

Gary:
Mogli biste nabaviti knjigu *Seks nije riječ od četiri slova*, staviti je u kupaonicu i pretvarati se da je čitate. Tako će, kada ode u kupaonicu, uzeti knjigu i počet će je čitati. Ako počne sve više vremena provoditi u kupaonici, uskoro ćete dobiti ono što želite.

ŽIVJETI ZA DRUGE LJUDE

Sudionica Salona:
Od vremena kad sam odrastala pa sve donedavno, emocionalno sam bila roditelj svojim roditeljima. Trudila sam se zaštititi ih i brinuti o njima.

Gary:
Sve donedavno? I dalje ćeš to raditi. To je razlog zašto su te imali. Htjeli su nekoga tko će o njima voditi brigu kako

bi svoj život učinili stvarnim i dobrim. Puno vas ne shvaća da su vas vaši roditelji imali samo kako bi znali da imaju nekoga komu je do njih stalo. Izabrali su vas kako bi imali nekoga tko će o njima brinuti dok oni za to vrijeme ne brinu dovoljno o samima sebi. Trebali ste učiniti sve za njih. Nisu mogli brinuti za vas, obzirom da su se trudili da vi brinete o njima.

Gdje god niste bili voljni to percipirati, znati, biti i primati, hoćete li sve to uništiti i dekreirati? Right and Wrong, Good and Bad, Pod and Poc, All 9, Shorts, Boys and Beyonds.

Evo procesa kojega većina vas treba pokretati. Ovaj je proces rezultat čitanja pitanja koja ste mi poslali. Želim da pokrenete ovo:

Koju glupost koristim da stvaram izum potrebe i zahtjeva življenja iz i za i od drugih ljudi što biram? Sve što to jest bezbroj puta, hoćete li sve to uništiti i dekreirati? Right and Wrong, Good and Bad, Pod and Poc, All 9, Shorts, Boys and Beyonds.

Sudionica Salona:
Ima li to veze s traženjem odobrenja?

Gary:
Ne. Vi mislite da to ima veze s traženjem odobrenja. Ako tražite odobrenje, niste voljni prepoznati sebe. To je prepoznavanje da ste ratnica koja se bori za stvaranje budućnosti. Ako iz toga počnete funkcionirati, imat ćete veći osjećaj sebe nego što se ikada prije imali. Preokretanje muških i ženskih uloga stavlja vas u neprestano stanje sukoba s onime što je za vas zapravo istinito, što znači da tražite odobravanje od nekoga drugoga. Morate uvidjeti

vide li vas oni, jer ako vas vide, možda i vi možete vidjeti sebe. Samo što to zapravo ne funkcionira. Vidjeti bilo što je izum.

Sve što to jest bezbroj puta, hoćete li sve to uništiti i dekreirati? Right and Wrong, Good and Bad, Pod and Poc, All 9, Shorts, Boys and Beyonds.

VIZUALNI PRIKAZI I IZUMI

Sudionica Salona:
Možete li, molim vas, još objasniti kako je viđenje izum?

Gary:
Na našem posljednjem pozivu pričao sam da sam gledao televiziju. Vizualni prikaz strasti bile su nečije gaćice koje padaju na tlo. To je trebalo predstaviti strast. To nije bila strast; to su bile gaćice koje padaju na tlo. Imamo gledište da je vizualno predstavljanje svijeta istina o svijetu.

Koju glupost koristite da stvarate izum vizualne stvarnosti kao istinske stvarnosti ove stvarnosti što birate? Sve što to jest bezbroj puta, hoćete li sve to uništiti i dekreirati? Right and Wrong, Good and Bad, Pod and Poc, All 9, Shorts, Boys and Beyonds.

Nastojite vidjeti stvari onako kako ih drugi ljudi vizualno prikazuju. Uzmite nekog intelektualca iz New Yorka. On će opsežno pričati o tome što znači jedna rečenica u knjizi. Doći će do svakakvih pretpostavki o tome što je bilo autorovo gledište. Ako pogledate rečenicu u knjizi koja se predstavlja, u devedeset posto slučajeva bit će jasno da je ono što je intelektualac iznio bilo ono što je pokušavao vidjeti. To je bio izum, a ne stvarnost. To i mi činimo u svom svijetu. Nastojimo izumiti nešto što nije.

Sudionica Salona:
Kao dijete, bilo mi je jako teško to vidjeti.

Gary:
Zato što ste znali da je to izum, no ljudi nisu prestajali govoriti da je to stvarnost. Ljudi stvaraju izume kao stvarnosti. Jeste li ikada primijetili da kada ljudi pričaju, ponekad izgleda kao da recitiraju rečenice iz filma? Izgovaraju rečenice na način koji uopće nije ono što oni jesu. Znate da je to za njih izmišljena stvarnost. To je vizualni prikaz onoga što misle da bi trebali biti, a ne svjesnost o onome što jesu.

Koju glupost koristite da stvarate izum vizualne stvarnosti kao istinu ove stvarnosti kao jedine stvarnosti koju možete izabrati, što birate? Sve što to jest bezbroj puta, hoćete li sve to uništiti i dekreirati? Right and Wrong, Good and Bad, Pod and Poc, All 9, Shorts, Boys and Beyonds.

Preporučam vam da se opametite i prepoznate gdje zaključavate gledišta o tome što biste trebali činiti, što su izumi, a ne kreacije. Ako ćete biti ratnica bitke za stvaranje budućnosti, morate se riješiti izuma. Koliko je toga što sada u svom životu radite u svojim odnosima izum? Puno, malo ili megatone?

Sudionica Salona:
Megatone.

Gary:

Sve što to jest bezbroj puta, hoćete li sve to uništiti i dekreirati? Right and Wrong, Good and Bad, Pod and Poc, All 9, Shorts, Boys and Beyonds.

Koliko je toga što vidite kao problem u ovim pitanjima zapravo izum?

Sve što ste učinili kako biste to izumili bezbroj puta, hoćete li sve to uništiti i dekreirati? Right and Wrong, Good and Bad, Pod and Poc, All 9, Shorts, Boys and Beyonds.

Morate biti voljni vidjeti koliko ste svog odnosa izumili kao problem. Jeste li vi poput žene koja je rekla da joj je izazov pitati supruga za ono što želi u krevetu? Niste li voljni izgubiti svoga supruga? Da ste voljni izgubiti svoga supruga, bi li to stvorilo drugačiju mogućnost za vas kako biste ga zapravo mogli pitati ono što želite? Ovo se očito odnosi na sve prisutne.

Sve što to jest bezbroj puta, hoćete li sve to uništiti i dekreirati? Right and Wrong, Good and Bad, Pod and Poc, All 9, Shorts, Boys and Beyonds.

Sudionica Salona:

Što je izum?

Gary:

Izum je ovo: na televiziji gledate kako se dvoje ljudi ljubi. Pretpostavlja se da brinu jedno o drugome, da žele jedan drugoga. Je li to istinito ili izum? Sve misli, osjećaji, emocije, seks i ne-seks su izumi.

Sudionica Salona:

Ja sve vidim kao izum.

Gary:

Jako puno toga i jest, osim kada zapravo stvarate budućnost. Toliko toga što ste u svom životu učinili je izum. Pokušavate izumiti tko ste. Pokušavate izumiti svoju novčanu situaciju. Pokušavate izumiti svoje odnose i kako bi sve trebalo drugima izgledati. Radi se o tome kako sve izgleda da jest, a ne što jest. Sve je suprotno od onoga kako se čini i ništa nije suprotno od onoga kako se čini. Sve je to izum.

Sve što to jest bezbroj puta, hoćete li sve to uništiti i dekreirati? Right and Wrong, Good and Bad, Pod and Poc, All 9, Shorts, Boys and Beyonds.

Sudionica Salona:

Hvala na ovom pozivu, Gary. Ovaj dio moje stvarnosti je poput ustajale energije, no puno se toga ovdje događa i otvaraju se nove mogućnosti.

Gary:

To je i razlog zašto vas pokušavam navesti da prepoznate kako sve ovo izmišljate, umjesto da stvarate. Ako odlučite da ste u nekoga zaljubljeni, je li to istina, stvaranje ili izum?

Sudionica Salona:

Izum.

Gary:

Da, zato što je to misao, osjećaj, emocija.

STVARAJTE IZ IZBORA, MOGUĆNOSTI, PITANJA I DOPRINOSA

Sudionica Salona:
Kako bi onda trebalo izgledati stvaranje? Ne razumijem to.

Gary:
Vi ste stvarali putem izuma. Niste stvarali iz izbora, mogućnosti, pitanja i doprinosa.

Sudionica Salona:
Je li to poput generativne energije?

Gary:
Kada djelujete iz energije, to je generativno i kreativno. Počnite generirati i stvarati kao ratnica koji se bori za stvaranje budućnosti. Doslovno osjetite učvršćenost u energiji: "Ja sam ratnica koji se bori za stvaranje budućnosti." Kada to kažete, ne postoji sumnja u vašem svemiru. Odjednom sumnja nestaje i vi znate što činiti. Postaje vrlo pragmatično i utemeljeno. Sve dok se krećem u ovom smjeru, znam kud idem.

Sudionica Salona:
Kako biti ratnica, iscjeliteljica i osvajačica bez i iznad zlostavljanja?

Gary:
Stalno gledate u ono što se događa na planetu na način na koji su stvarali muškarci.
To je problem jer oni moraju ići protiv svoje želje za mirom da stvore rat, a kako bi to učinili, stvaraju ljutnju, bijes,

srdžbu i mržnju (sve su to implantati ometanja) stvarnima, kako bi izvršili misiju osvajača i razarača svijeta, što misle da trebaju biti.

Ako stvarate iz drugačijeg mjesta: "Kako da ovo proširim i stvaram budućnost?" nećete djelovati iz razaranja, ljutnje, bijesa, srdžbe i mržnje kako biste tamo došli. Djelovat ćete iz pitanja, izbora, mogućnosti i doprinosa.

Sudionica Salona:
Oho, ovo je super. Hvala.

NEMOJTE ISKLJUČITI LJUTNJU

Sudionica Salona:
Slušala sam CD na kojem govorite o neisključivanju - i o neisključivanju ljutnje. Kažete da je ljutnja implantat ometanja. Možete li govoriti više o tome, molim vas?

Gary:
Da, ljutnja je implantat ometanja. Jedini slučaj kada je ljutnja stvarna i kada nije implantat ometanja jest kada vam netko laže.

Morate uključiti ljutnju kao dio angažmana. To ne znači da morate uključiti implantat ometanja, ali trebate biti voljni uključiti ljutnju toliko da shvaćate da je netko koristi kao implantat ometanja. Ako implantate ometanja pokušate eliminirati ili isključiti, nastojite vidjeti kako oni nisu prisutni, umjesto da vidite kada su prisutni.

Sudionica Salona:

Imam gledište da se mrzim ljutiti. Razljutim se kada se osjećam ljutito i nisam sigurna što ću s time.

Gary:

Ako uključite ljutnju, tada ljutnja može biti nešto što zabljesne - i onda je možete prevladati. Ili kada zabljesne, možete postaviti pitanje: "Je li mi ova osoba lagala?" Ako dobijete da, ljutnja nestaje. Kada potisnete ljutnju, ona eksplodira i to vas boli. Boli vaše tijelo i uzrujava vas što je imate. Iz vašeg opisa izgleda kao da pokušavate potisnuti ljutnju i ne dopuštate da se dogodi. Pa kada se dogodi, to je golema eksplozija koja nije od pomoći. I boli.

Sudionica Salona:

Bojim se što će se dogoditi s ljutnjom prema mom sinu ako je ne potisnem.

Gary:

Morate uključiti i svoju ljutnju prema svom sinu pa reći: "Ako to ponovno učiniš, stavit ću ti glavu u školjku i pustiti vodu." Učinio sam to danas sa svojim djetetom. Stalno me zove i govori: "Idemo zajedno na piće, idemo na večeru." Uvijek želi da budemo zajedno. Neopisivo me voli jer sam iskren s njim. Danas nisam potisnuo svoju ljutnju; izrazio sam je, ali nisam eksplodirao prema njemu, što mnogi ljudi rade.

Sudionica Salona:

Pa kako da to učinim? Koje pitanje trebam postaviti prije nego što eksplodiram?

Gary:

Koja energija, prostor i svijest mogu biti što bi mi dopustilo da svoju ljutnju uključim u svoju stvarnost za cijelu vječnost?

"JA SAM SAMO MALA NAIVNA DJEVOJČICA"

Sudionica Salona:

Imala sam nešto što je trajalo neko vrijeme što sam izbjegavala otkriti ili o tome raspravljati. Mislim da sam obično birala biti prijateljski raspoložena, radosna, seksualno otvorena, ohrabrujuća, hrabra i puno više, zahvaljujući Access Consciousnessu i Vama, Gary. Izgleda da sve to muškarce, a ponekad i njihove partnerice, navodi da pogrešno protumače moje namjere te percipiram projekcije, očekivanja, razdvajanja, prosudbe i odbijanja. Nisam svjesna što se događa.

Gary:

Biti nesvjesna znači biti naivna. Neprimanje projekcija, očekivanja, razdvajanja, prosudbi i odbijanja je način na koji održavate: "Ja sam samo naivna mala djevojčica." To će vas navoditi da se smijete i hihoćete u pogrešno vrijeme, da radite nešto što ne želite raditi i da u svom životu imate ljude kojima ne znate kako reći ne.

Kada niste svjesni što se događa, pitajte: koju glupost koristim da stvaram naivnost što biram?

Bit ćete ratnica za stvaranje budućnosti. Imat ćete drugačije gledište i nećete se hihotati onome što vam se nađe na putu.

KOMU OVO PRIPADA? JE LI TO MOJE?

Sudionica Salona:

Kada sam svjesna da privlačim muškarca, postaje mi prilično neugodno. Ponekad se hihoćem ili podignem barijere ili čak uzvratim flertom kako bi se oni osjećali loše ili neugodno.

Gary:

Jeste li ikada postavili pitanje: komu ovo pripada?
Muškarci su najnesigurniji ljudi na planetu, dame. Ako se osjećate nesigurno, vjerojatnost je devedeset i devet posto da je to gledište muškarca. Vrlo je malo muškaraca potpuno sigurno u sebe. Oni koji jesu svima su veoma zastrašujući. Ako vas ljudi zastrašuju, to je vjerojatno stoga što im je ugodno u vlastitoj koži, a ako vam nije ugodno u vlastitoj koži, to je zato što ste svjesni - a ne zato što imate problem. Volim vas - i morate prijeći preko toga.

Sudionica Salona:

Negdje sam prihvatila svačije projekcije, očekivanja, razdvajanja, prosudbe i odbijanja kao stvarne. Okrivljavala sam se, paralizirala i podizala barijere. Voljela bih si to pojasniti.

Gary:

Oho, kakav lijepi izum.
Koliko vas izmišlja načine odnošenja s muškarcima, ženama i odnosima? Sve što to jest bezbroj puta, hoćete li sve to uništiti i dekreirati? Right and Wrong, Good and Bad, Pod and Poc, All 9, Shorts, Boys and Beyonds.

Mora vam biti jasno da 99.000% ovoga ne pripada vama. Morate početi postavljati pitanje: je li ovo moje? Kada to činite, shvatit ćete da ništa od toga nije vaše. Nesigurnost i sve ostalo ne pripada vama. Ne pripada vam ni želja da ne budete odbijeni. Molim vas, shvatite da to nije vaše, slatkice. Vi nemate ta gledišta.

EKSKLUZIVNI ODNOSI

Sudionica Salona:
Hvala na ovim pozivima. Shvaćam da je zaista u redu imati samo ljubavnika. On ne treba sve ispuniti - i sada imam zaista sjajan život.

Gary:
Da, morate dobiti svjesnost da ne trebate imati samo jednu osobu kako biste ispunili sve što želite. Bi li beskonačno biće imalo samo jednu osobu u svom životu? Cijela zamisao ekskluzivnih odnosa jest isključivanje svih osim jednoga i kada to učinite, "svi" vrlo često uključuje i vas. Krećete se prema isključivanju sebe, umjesto da prepoznate: "Dobro, u ovo uključujem sebe." Ne pitate:
+ Što bih stvarno voljela imati?
+ Što je potrebno da svoj život učinim zabavnim?

Ne kažete: samo za mene, samo za zabavu, o tome nikada nikome ne pričam!

BITI U ODNOSU NA ČINITI

Sudionica Salona:

Trebam pojašnjenje o *biti* u odnosu na *činiti*. Mislim da pokušavam biti uspješna radeći nešto, ali se osjećam nedovoljnom, neuspješnom i vezanom na ishod. Što se događa? Možete li mi pomoći s procesom kojeg mogu pokretati?

Gary:

Koju glupost koristim da stvaram izum radeći, što biram? Sve što to jest bezbroj puta, hoćete li sve to uništiti i dekreirati? Right and Wrong, Good and Bad, Pod and Poc, All 9, Shorts, Boys and Beyonds.

Jeste li shvatili? Vi izmišljate radeći, kao da ćete *radeći* zapravo stvarati, a nije tako.

VRAĆAMO LI SE KAKO BISMO NEŠTO ISPRAVILI?

Sudionica Salona:

Čula sam da se često opet i iznova reinkarniramo kako bismo bili s određenim ljudima. Koja je vaša svjesnost o toj ideji? Radimo li to jer nam se tako više sviđa, kao i da iskoristimo priliku i otpustimo ograničenja koja imamo s drugom osobom?

Gary:

Ne, obično odaberete nekoga u čijem prisustvu imate ograničenje, kako biste ga mogli ubiti u ovom životu. Ako vas netko iznimno privlači ili ako imate osjećaj strasti s nekime, obično se ta strast temelji na ideji da ćete u ovom životu vi ubiti njih ili će oni ubiti vas.

Dakle, vraćamo li se kako bismo nešto ispravili? Očito ne! Kada sam bio u svojoj metafizičkoj fazi, rekli su mi da biramo ljude kako bismo mogli otpustiti svoja ograničenja, no do sada još nisam primijetio da je to istinito. Kada s nekim imate nestalan odnos, to je zato što ste jedan drugoga stoljećima ubijali i tražite čiji je sada red.

LJUBAV NA PRVI POGLED

Sudionica Salona:
Postoji li zaista ljubav na prvi pogled?

Gary:
Da, zato što imate toliko zavjeta, zakletvi, odanosti, krvnih zavjeta i obveza iz drugih života pa kad naletite na nekoga kome ste se obvezali u nekom drugom životu, odjednom sve to prizovete. Taj odgovor ne stvara fizički oblik osobe; već njezin energetski oblik. Odjednom postajete zaljubljeni u tu osobu.

Sve zavjete, zakletve, odanosti, krvne zavjete, obveze i prisege koje prema nekome imate u bilo kojem životu, iz bilo kojeg života što još uvijek postoji, hoćete li sve to uništiti i dekreirati? Right and Wrong, Good and Bad, Pod and Poc, All 9, Shorts, Boys and Beyonds.

Dobra je vijest da ste svi to puno radili. Loša je vijest da ste svi to puno radili.

OZNAKE OGRANIČAVAJU MOGUĆNOSTI

Sudionica Salona:
Jednom sam napravila eksperiment odlučivši da na jedan dan svoga dečka neću gledati kao svoga dečka, već samo kao dobrog prijatelja. Toga sam dana primijetila da je moje ponašanje prema njemu bilo drugačije. Interakcija među nama bila je razigranija i s manje kontrole. Sumnjam da to ima veze sa značenjem riječi *dečko*. Možete li govoriti o tome? Jesu li značenja riječi i oznake doista tako moćne?

Gary:
Da. Svaki puta kada označite što vam je netko, ne možete otvoriti vrata većim mogućnostima od te oznake. Svakom oznakom koju na nekoga stavljate ograničavate mogućnosti. Zato od ljudi tražim da osobu koja im se sviđa nazivaju svojim *beznačajnim* drugom, a ne svojim značajnim drugom. Jer ako vam ta osoba nije značajna, postoji više mogućnosti. Ako je on ili ona vaš značajni drug, tada to morate učiniti važnim, značajnim, kontrolirajućim - i uopće ne zabavnim.

Sve što ste učinili da sve to izumite kao stvarno važno, hoćete li sve to uništiti i dekreirati? Right and Wrong, Good and Bad, Pod and Poc, All 9, Shorts, Boys and Beyonds.

MOŽETE LI ZAPRAVO IŠTA KONTROLIRATI?

Sudionica Salona:
Možete li govoriti o ideji kontrole? Je li to energija ili umna zamisao? Mislim da sam zapela u oba polariteta i

borim se između znanja kada kontrolirati, a kada pustiti. Ideju kontrole pravim moćnijom od sebe.

Gary:
Kontrola je uglavnom izum. Bi li svjesni odnos imao imalo kontrole u sebi? Ne. Možete li zapravo išta kontrolirati? Pokušajte kontrolirati energiju u prostoriji. Možete li? Ne. Zašto? Zato što energiju nije moguće kontrolirati. Je li vaš partner energija? Da. Ako ga pokušavate kontrolirati, koliko morate stezati njegovu stvarnost? Koliko morate stezati cijeli njegov život, življenje i tijelo kako biste ih kontrolirali? Puno, malo ili previše? Previše!

Sve što to jest bezbroj puta, hoćete li sve to uništiti i dekreirati? Right and Wrong, Good and Bad, Pod and Poc, All 9, Shorts, Boys and Beyonds.

SAMA LJUBAV JE IZUM

Sudionica Salona:
Što je iznad izuma zaljubljenosti?

Gary:
Sama ljubav je izum. To je ljudima vjerojatno jedna od najtežih stvari za shvatiti. Ljudi kažu: "Ona te osoba voli." Voli vi vas on ili ona? Ili on ili ona žele nešto od vas - ili što?

Vaši vas roditelji vole. Vole li vas otac i majka jednako? Potpuno drugačije. Je li jedno ili drugo ljubav - ili su to sve izumi o tome što je ljubav?

Sudionica Salona:
Izumi.

Gary:
Da, ljubav je izum. Imate li više zahvalnosti za svoju mamu ili tatu?

Sudionica Salona:
Za svoju mamu jer me rodila - i za svog tatu zato što se s njime bolje slažem.

Gary:
Zahvalni ste svom tati i tolerirate svoju majku.

Sudionica Salona:
Upravo tako, hvala.

Gary:
Morate to nazvati onakvim kakvim jest, ljudi. Ako tolerirate svoju majku, to je u redu. Ako ste nekome zahvalni, to je drugačije. Zahvalnost nema prosudbi; ljubav ima. To je razlog zašto kažem da je ljubav izum. Da je to istinsko voljenje, ne bi imalo prosudbe. Istinsko voljenje je neprestano izražavanje mogućnosti. Shvaćate li razliku?

Sudionica Salona:
Ima li svjesni odnos sa svim bićima prednost u stvaranju drugačije budućnosti?

Gary:
Ako ste voljni stvarati svoju stvarnost, imat ćete drugačiji odnos sa svakom osobom s kojom stupite u kontakt. Bit ćete otvoreniji većim mogućnostima od drugih ljudi. Znači li to

da će oni primiti što vi imate za reći? Ne. Hoće li vas primiti? Ne. Znači li to da ćemo promijeniti vrstu ljudi/humanoida na planetu? Uz malo sreće, da. Samo nastavite voljeti sebe jer vi ste oni koji će stvoriti mogućnosti.

SVAKI ODNOS JE IZUM

Sudionica Salona:
   Nisu li odnosi još jedan izum?

Gary:
   Da, svaki odnos je izum. Odnos kakav se ovdje stvara je izum.

Sudionica Salona:
   Gdje god funkcioniram iz usklađenosti s odnosom, to izgleda kao izum. Ne shvaćam kako da funkcioniram izvan toga pa to uopće ne biram jer imam svjesnost da je to glupo.

Gary:
   Je li to svjesnost ili zaključak?

Sudionica Salona:
   Ne znam. To mi nije jasno.

Gary:
   To je uglavnom zaključak. Što kada biste pitali:
   + Bi li ovo uspjelo?
   + Bi li mi ovo bilo zabavno ili zanimljivo?
   + Bi li ovo bilo nešto što bi stvorilo i generiralo više u mom životu?

Ako počnete djelovati kao ratnica koja će se boriti za stvaranje budućnosti, vidjet ćete: "Oh! Ne biram biti s ovom osobom zato što to ne bi bilo stvaranje budućnosti koja bi mi imalo doprinosila ili gdje bih ja mogla biti doprinos koji želim biti." Shvaćate li razliku?

Sudionica Salona:
Da. Trebam li neki proces kako bi razbistrila sranje koje imam o odnosima?

Gary:
Istina, želiš li stvarno odnos?

Sudionica Salona:
Ne.

Gary:
Eto, nema problema!

Sudionica Salona:
Ali tijekom ovih poziva svi govore o odnosima. Ni o čemu drugom. To je ono što svi čine.

Gary:
Ne sve. Nisam li vam rekao da je vaš pravi posao stvaranje budućnosti?

Sudionica Salona:
Da, to je super.

Gary:
Nastojim vas dovesti do svjesnosti o tome što ste zapravo ovdje došli raditi i što je za vas zaista moguće. Ako želite

odnos, učinit ću sve što mogu kako biste i to dobili. Isto tako želim da znate da svi vi koji ne želite ili ne trebate odnos, ne morate ga imati. To je samo izbor. To je zaista način na koji svi moramo funkcionirati.

RATNIK JE VOLJAN ČINITI SVE ŠTO JE POTREBNO DA DOBIJE BITKU

Sudionica Salona:
Imam pitanje o bivanju ratnicom. O ratnicima razmišljam kao o bićima koja sve samostalno rade. Kada gledam na stvaranje i generiranje budućnosti koja bi mi odgovarala, čini se da sve više i više surađujem s drugim ljudima. Kao da nam se budućnosti preklapaju. Što je to? Možete li govoriti o bivanju ratnicom i suradnji?

Gary:
Ratnica je voljna učiniti sve što je potrebno da dobije bitku. Ako to znači stajati leđa uz leđa s nekim unatoč nevjerojatnim izgledima, učinit ćete to. Ako to znači jurišati naprijed, učinit ćete to. Kada ste stvarno ratnica, orat ćete zemlju ako će to stvoriti budućnost koju trebate. Koristit ćete svoj mač kako biste sadili. Koristit ćete svoje oružje da stvarate prepreke protiv napadača. Učinit ćete sve što treba. Nije da ratnica samo siječe, savija, ubija i sakati. Ratnica je ona koja će učiniti sve što treba kako bi stigla tamo gdje ide.

Zato se trudim da vi dame prepoznate da ste ratnice - zato što ćete učiniti sve što je potrebno kako biste nastavile. Ne oklijevate to učiniti, osim ako ne uđete u projekcije, očekivanja, odbijanja, razdvajanja i prosudbe ili u mjesto gdje se osjećate krivi. Izađite iz toga i shvatite: "Ja sam ratnica koje će se boriti za stvaranje budućnosti."

ZANIMLJIVO GLEDIŠTE

Kada imate svjesnost o sebi, stojite kao stijena u potoku. Polaritet dolazi do vas i ide oko vas, a vi ste zanimljivo gledište. Kada ste voljni prepoznati gdje stojite u tijeku nečega, vi ste ratnica koja se bori za stvaranje budućnosti.

U tome postoji čvrstoća; nema stagnacije. Većina čvrstoće postane stagnacija. Ako kažete: "Ja sam borac", to postaje stagnirajuća pozicija te se cijelo vrijeme sa svima morate boriti kako biste dokazali da ste u pravu. Je li to mjesto gdje želite živjeti?

Kada ste zanimljivo gledište, svi polariteti, ludosti i izumi kovitlaju oko vas bez utjecaja na vas jer vi znate kamo idete. Iz ovog se prostora možete boriti za stvaranje budućnosti.

Sudionica Salona:
Puno vam hvala na ovom pozivu. I hvala svim sjajnim ženama na ovom pozivu. Po prvi puta osjećam mir između muškaraca i žena i općenito u svom odnosu s njima. Bilo je tu takve ljutnje, mržnje i nepovjerenja o odnosima među ljudima, ali sada s ovim pozivom to više nije bitno. Mogu se nositi s time.

Gary:
Da, zato sam i napravio ovaj poziv. Pokušavao sam to stvoriti, dovesti vas do toga da stvarate svoju stvarnost. Dat će vam osjećaj mira koji će stvoriti mogućnost i izbore.

Hvala vam, dame, bilo je zanimljivo.

9
Kreiranje održive budućnosti

Možda biste trebali prestati pokušavati preživjeti i početi gledati što je potrebno kako biste napredovali.

Gary:
Pozdrav, dame. Počnimo s nekim pitanjima.

IMATI DJECU

Sudionica Salona:
Rekli ste da većini žena stvaranje budućnosti znači imati djecu te da je imanje djece niži harmonik stvaranja budućnosti. Možete li biti ratnica stvaranja budućnosti - i ujedno izabrati imati sebe i djecu?

Gary:
Da, možete. Većina je ljudi odlučila da budućnost znači imati djecu, a ne stvarati dugoročni učinak u svijetu. Zato se na djecu gleda kao na dugoročni učinak u svijetu - no oni

nisu jedini dugoročni učinak. Morate imati sve izbore. Svi bi vam izbori trebali biti dostupni.

Sudionica Salona:
Izabrala sam pozvati ljude u svoj svemir, što je beskonačno proširilo moje življenje. Što je još moguće kad ovo biram?

Gary:
Morate pogledati u taj izbor i pitati: ako izaberem imati ove ljude u svom životu, hoće li to stvoriti veću budućnost ili manju budućnost za mene i za njih?

Budućnost ne znači samo vi, to ste vi *i* oni. Većina ljudi ima djecu iz gledišta: "Sada ću imati nekoga da brine o meni" ili "Imat ću nekoga tko će me zauvijek voljeti." Morate biti voljni prepoznati kada uđete u stvaranje budućnosti za vas i druge, mogu se pojaviti drugačije mogućnosti. Morate stvarati budućnost koja se ne temelji na čvrstom gledištu; morate stvarati budućnost s održivom stvarnošću koja je iznad ove stvarnosti.

Sudionica Salona:
Rekli ste da smo osvajači i borci za budućnost, a kada vidimo otvaranje, onda kroz to idemo.

Gary:
Vidjet ćete mjesto u kojem se pojavljuje otvaranje zbog vaše voljnosti za stvaranjem drugačije budućnosti iznad ove stvarnosti. Otvaranje će doći do vas i vi ćete reći: "Oh! Moram ići tamo!" Znate to jer ste voljniji djelovati iz svoga znanja nego iz bilo čega drugoga.

NE RADI SE O IZLASKU IZ OVE STVARNOSTI

Sudionica Salona:
   Frustrirana sam time što sam maćeha posinku koji se ponovno doselio kući. Ne znam kako bih to izrekla. Kako da ne budem djetetova maćeha?

Gary:
   Pitate se: "Kako da odem iz ove stvarnosti?" No ne radi se o tome da odete iz ove stvarnosti. Kada bi to stvorilo sve što želite, onda bi izlazak bio lagan. Želite postaviti pitanje: kako da stvorim stvarnost iznad ove stvarnosti koja će mi zapravo odgovarati?

Sudionica Salona:
   Kako da to učinim?

Gary:
   Reci mu: "Sada kada si se vratio, prestar si da ti budem majka ili maćeha. Dakle, kako da stvorimo prijateljstvo i odnos koji funkcionira kao da smo cimeri?"

Sudionica Salona:
   Učinila sam to. Doslovno mi je neverbalno rekao da se j---- i nastavio raditi što mu se svidjelo raditi.

Gary:
   Pa zašto to podnosite?

Sudionica Salona:
   Da, zašto to podnosim? Želim pobjeći od kuće.

Gary:

Zašto mu ne kažete: "Popravi se ili odlaziš odavde!"

Sudionica Salona:

Bih, ali ja sam mu maćeha. Da to kažem, pretvorila bih se u zanovijetalo koje nikada nisam htjela biti.

Gary:

Ako vas suprug ne podržava s djetetom, tada mu recite: "Imaš izbor. Ili ja ili dijete. Jedno od nas mora otići." Jeste li sjeli sa svojim suprugom i rekli mu da morate porazgovarati?

Sudionica Salona:

Razgovarat ćemo večeras. Kao humanoidna žena koja jesam, ovo više ne mogu podnijeti. Pojavljuje se ratnica.

Gary:

To nije istinito. Humanoidna žena koja jeste to može podnijeti. Jednostavno više niste voljni jesti sranja.

Sudionica Salona:

Ne, nisam.

Gary:

Sve što trebate reći je: "Shvaćaš li da me tvoj sin tretira kao sranje? Je li to način na koji želiš da me tretira?"

Sudionica Salona:

Shvaćam.

Gary:

Tada trebate reći: "Ili će se on promijeniti ili odlazim. Što želiš?"

Sudionica Salona:

To je točno ono gdje sam.

Gary:

Sve što trebaš je reći to. Ne s ljutnjom ili nabojem. Samo: "To je ono što jest. Ne želim se više nositi s time. Napunila sam svoje osjećaje, svoju svjesnost, sve. Ovo se treba promijeniti ili ja trebam otići. Što od toga želiš?" Ako on nije svjestan kako se njegov sin prema tebi ponaša, želiš li se zaista nositi s time?

Sudionica Salona:

On je svjestan. On se ne nosi s time. To je situacija s kojom se on ne želi nositi. On se čak pridružio lokalnom klubu kako bi igrao golf - a ja sam kod kuće.

Gary:

To mu odgovara. Odgovara li vama?

Sudionica Salona:

Meni ne odgovara. To me opterećuje. To me čini odgovornom za promjenu svega.

Gary:

Stanite. "To me čini" je laž koju pričate sami sebi, dušo. Ništa i nitko ne čini da budete ili da bilo što radite, osim vas.

Sudionica Salona:

Slažem se, sama sebe činim odgovornom. Ja to radim.

Gary:

Imate izbor. Ili možete učiniti ono što vam odgovara - ili ne.

Razgovarao sam sa ženom koja je rekla: "Tako sam ljuta na unuka što ne posprema za sobom. Stvara nered i to me izluđuje. Kažem mu da treba pospremiti, ali on to ne radi."

Pitao sam: "Za koga čistiš kuću? Za sebe ili za njega?"

Rekla je: "Za sebe. Što to znači?"

Rekao sam: "On ne čisti kuću za tebe zato što to ne želi raditi za tebe. Jede kolačiće i ne posprema mrvice i nered koji napravi. Dakle, stavi kolačiće u svoju sobu, zaključaj vrata i otiđi pa neće moći pronaći kolačiće." Morate biti pragmatični kako biste učinili da to funkcionira.

Sudionica Salona:
Puno vam hvala.

ZAŠTO NISTE *SVOJI?*

Sudionica Salona:
Na zadnjem ste pozivu pitali: "Zašto niste svoji?" To je pitanje koje ste puno puta prije postavili. Pretpostavljam da se radi o bivanju ratnicom koja se bori za budućnost, koja je voljna biti svaki dio dobrote, blagosti, nježnosti i iscjeljenja svakog trenutka s potpunom prisutnošću i dopuštanjem. Je li to točno?

Gary:
Svakako. Morate biti brutalno iskreni sa sobom o tome što biste htjeli stvoriti.

Sudionica Salona:
Ponekad je svjesnost o tome što doista jesam tako ogromna da se čini prevelika za prevođenje u fizičku stvarnost.

Gary:
I jest. Ali vi to ne pokušavate *prevesti* u fizičku stvarnost. Pokušavate to *prožeti* u ovu fizičku stvarnost. Ako to pokušavate prevesti, pokušavate to uklopiti u ovaj svemir, umjesto da to učinite dostupnim izborom.

ODRŽIVA STVARNOST IZNAD OVE STVARNOSTI

Sudionica Salona:
Kako izgleda stvaranje budućnosti s održivom stvarnošću koja je iznad ove stvarnosti?

Gary:
Ovo što svi vi trenutno birate je bolja verzija ove stvarnosti. Ali ova stvarnost nije održiva ovako kako funkcionira. To je razlog zašto trebamo stvarati održivu stvarnost iznad ove stvarnosti. Sve što sada radimo je kretanje ka kraju Zemljine sposobnosti za život. Nešto se mora promijeniti. Što je to? Nemam za vas dobar odgovor i ne znam što to pragmatično znači, osim da morate živjeti kao različitost.

Sudionica Salona:
Možete li malo više reći o održivoj stvarnosti iznad ove stvarnosti? Rekli ste da smo trenutno sposobni stvarati i generirati samo nešto što je bolje ili samo malo drugačije.

Gary:
Očajnički se trudim navesti vas da vidite kako imate drugačije izbore nego što ste ikada mislili da imate, ipak, vi pokušavate izabrati bolju verziju ove stvarnosti.

"Stvorit ću za sebe bolji život" nije isto kao: "Stvorit ću nešto toliko drugačije kao ništa što se ovdje prije dogodilo." Ne mogu vam dati dobar primjer za ovo, osim ovoga što sam ja napravio s Access Consciousnessom. Znao sam da moram učiniti nešto što ovdje nikada nije postojalo. Morao sam učiniti nešto što je stvorilo drugačiju vrstu mogućnosti i drugačiju stvarnost.

Sudionica Salona:

Govorili ste o tome da često koristite *budućnost* bez člana "a" ili "the" ispred zato što je ne želite definirati ili ograničiti kao da je to jedna stvar. Ja stalno ispred budućnosti stavljam član "the" ili "a" što je ograničava i čini čvrstom. Pokušavala sam stvoriti tu budućnost, a to je ono što vi nastojite rastaviti. Je ti to točno?

Gary:

Ne, pokušavam vam dati voljnost za stvaranje održive budućnosti iznad ove stvarnosti. Pokušavali ste stvoriti budućnost, ali je stisnuta zato što u budućnost gledate na temelju onoga što već imate i kako to možete poboljšati.

Sudionica Salona:

To je točno. Već sam odlučila kakva bi budućnost trebala biti, što može biti i tako dalje.

Gary:

Što ste sve odlučili da je u vašem životu ispravno? Sve što to jest bezbroj puta, hoćete li sve to uništiti i dekreirati? Right and Wrong, Good and Bad, Pod and Poc, All 9, Shorts, Boys and Beyonds.

Recimo da ste imali ideju da vam treba tri milijuna dolara kako biste u životu bili sigurni. Pa ste dobili tri milijuna dolara za stvaranje budućnosti iznad ove stvarnosti i nemate pojma što bi to bilo, osim više novca.

Sudionica Salona:
To je točno. Ja sam stvorila četiri milijuna dolara. To je to za mene. Ne znam što je iznad toga.

Gary:
Ne pokušavate stvoriti stvarnost iznad toga. Pokušavate stvoriti stvarnost koja zadržava ono što ste odlučili da je ispravno kako biste se nje mogli držati. Sve što pokušavate zadržati iz prošlosti, morate biti voljni otpustiti. Jesi li voljna pustiti četiri milijuna dolara?

Sudionica Salona:
Da.

Gary:
Istina?

Sudionica Salona:
Da.

Gary:
Voljna si to ostaviti? Upravo si lagala.

Sudionica Salona:
Ne mogu vidjeti gdje lažem.

Gary:
Bi li bila spremna sve izgubiti?

Sudionica Salona:
    Ako mi govoriš *ne*, vjerovat ću ti. Molim te, pomozi mi da to vidim.

Gary:
    Reći ćeš *da* jer pretpostavljaš da ćeš umjesto toga imati više. Što ako je novac jedina stvar koja je stvarala neodrživu budućnost? Bi li morala izabrati nešto drugačije? Kako bi "drugačije" izgledalo?

Sudionica Salona:
    Idem tamo, idem u budućnost bez novca. I "bez novca" ne mislim na energiju, mislim na papir.

OPSTANAK NASPRAM ODRŽIVOSTI

Gary:
    Čekaj. Ideš u budućnost iz mjesta gdje jesi. Ideš prema toj ideji; ideš prema "ja ne mogu opstati." Opstanak ne stvara održivu budućnost. Jedna stvar koju morate biti voljni izgubiti je opstanak.
    Morate biti voljni izgubiti opstanak zato što ste svoj život proveli opstajući i povremeno napredujući. Neovisno o stanju, uvijek znate da to možete ostvariti u ovoj stvarnosti.
    Sve što to jest bezbroj puta, hoćete li sve to uništiti i dekreirati? Right and Wrong, Good and Bad, Pod and Poc, All 9, Shorts, Boys and Beyonds.

Sudionica Salona:
    Što je opstanak?

Gary:
Opstanak znači da ćete nastaviti neovisno o tome što se pojavi.

Sudionica Salona:
Vjerujem to. Tražiš li od mene da od toga odustanem? Je li to to? Zašto bih od toga odustala?

Gary:
Što ako istinska održivost nije opstanak?

Sudionica Salona:
To nema smisla.

Gary:
Ne bi ni trebalo imati smisla. Sami možete preživjeti bilo što. Ali opstanak je jedna stvar od koje trebate odustati ako želite stvarati održivost. Opstanak i održivost nisu isti. Iako biljni svijet umire, vi se možete prilagoditi i nastaviti dalje.

Sudionica Salona:
Što bih ponijela sa sobom kako bih doprinijela da ja budem održiva?

Gary:
"Što bih ponijela sa sobom?" nije mjesto iz kojega možete stvarati održivu stvarnost iznad ove stvarnosti. To je ono što vas ubija.

Sudionica Salona:
Za mene *održivo* znači više doprinosa. Gdje si ne dopuštam više doprinosa?

Gary:
   Što misliš pod doprinosom? Što ti drugi mogu dati, što ti možeš dati drugima ili ono što možeš dobiti u oba smjera?

Sudionica Salona:
   Ono što bi drugi ljudi bili meni i što bih ja bila njima.

Gary:
   Zašto su ljudi ono što smatraš vrijednim?

Sudionica Salona:
   Zato što mislim da mi sve mom životu doprinosi - osim ljudi.

Gary:
   Što kada ne bi bilo ljudi? Bi li bila u redu?

Sudionica Salona:
   Da!

Gary:
   Dobro. Moraš prepoznati da postoji drugačija mogućnost.

Sudionica Salona:
   Možete li govoriti o tome što su opstanak i održivost, molim vas?

Gary:
   Opstanak je zamisao da se možete održavati neovisno o okolnostima. Ako opstajete, mogli biste nastaviti postojati neovisno o okolnostima. Ako je vaša meta da nastavite postojati neovisno o okolnostima, je li to stvaranje?

Sudionica Salona:
   Ne.

Gary:
   Dakle, morate biti voljni izgubiti opstanak čak i kao nejasan koncept u svom svijetu.
   Sve što ste učinili kako biste opstanak učinili svojom stvarnošću, hoćete li sve to uništiti i dekreirati? Right and Wrong, Good and Bad, Pod and Poc, All 9, Shorts, Boys and Beyonds.
   Održivost znači da što god jest nastavlja rasti i širiti se. Kada radite nešto održivo, to će nastaviti rasti, širiti se i brinuti se za sebe. Kada stvarate održivu stvarnost iznad ove stvarnosti, uzimate u obzir pitanje: kako bi izgledalo da sve što je ovdje ne umire? Ako pogledajte oko sebe, trenutno puno toga umire.

Sudionica Salona:
   Jesam li pogrešno primijenila održivost kao opstanak?

Gary:
   Da, pogrešno si protumačila i pogrešno primijenila opstanak i održivost.
   Sve što ste učinili što to stvara, hoćete li sve to uništiti i dekreirati? Right and Wrong, Good and Bad, Pod and Poc, All 9, Shorts, Boys and Beyonds.
   Kako bi bilo stvarati održivi svijet? Gledam što se događa u svijetu i vidim da ako nastavimo ići u smjeru u kojem idemo, ljudi će opstati narednih 100 godina i planet će biti iskorišten.

Sudionica Salona:
Ljudi će preživjeti, ali neće biti održivosti. Velika je razlika u energiji između toga.

Gary:
Da, to je ono što želim da shvatite. Ako počnete tražiti opstanak, ako se zadržavate na ideji preživljavanja, vi ste kao dama koja je pričala o svom posinku. Ona je preživljavala situaciju, ali to za nju nije bila održiva stvarnost. Ne želite preživjeti te situacije; želite raditi ono što će stvarati održivu realnost. Kako bi izgledalo da je vaša stvarnost održiva?

Sudionica Salona:
Imam pitanje. Kad odustanemo od preživljavanja, hoćemo li samo stvarati?

Gary:
Opstanak je granica onoga što možete primati. Kao da ste stvorili granicu onoga što možete primati na temelju opstanka. Temeljem toga vi ste zadovoljni. Kažete: "Trebam samo ovoliko da preživim" ili "Trebam ovakve ljude kako bih preživjela." Ne, ne trebate!

Ako ćete imati održivu stvarnost, postoje ljudi koji će se morati promijeniti i izabrati i biti drugačiji kako bi se stvorila održivost. Održivost je stvaranje, a opstanak je utemeljivanje koje održava ono što trenutno postoji.

Koju glupost koristite da stvarate izum opstanka kao primarni izbor što birate? Sve što to jest bezbroj puta, hoćete li sve to uništiti i dekreirati? Right and Wrong, Good and Bad, Pod and Poc, All 9, Shorts, Boys and Beyonds.

Sudionica Salona:
Moj suprug i ja počeli smo pričati o novcu i sljedeće što znam je da sam govorila: "Ovo nije dovoljno za mene. Ovo ne funkcionira." Opstanak koji sam izabrala i nisam izabrala ne odgovara mi, ali to je ono što se događa.

Gary:
Jeste li preživjeli svoje djetinjstvo?

Sudionica Salona:
Da, postojali su trenuci življenja.

Gary:
Jeste li zato što ste preživjeli, odlučili da ste ona koja preživljava?

Sudionica Salona:
Da.

Gary:
Sve što ste u vezi toga odlučili, sve odluke, prosudbe, zaključke i proračune koji to stvaraju, hoćete li sve to uništiti i dekreirati? Right and Wrong, Good and Bad, Pod and Poc, All 9, Shorts, Boys and Beyonds.

Kao ona koja preživljava, tolerirate situaciju i dajete najbolje što možete kako biste živjeli neovisno o tome što se pojavi. Ali to nije mjesto za stvaranje održive budućnosti.

Sudionica Salona:
Održiva ili ne, nije toga vrijedna.

Gary:

To je prosudba, dušo. Zašto idete u prosudbu? Prosudba i zaključak su sustavi koje imate za stvaranje opstanka. Morate doći do zaključka i prosudbe i računati i odlučiti da imate opstanak.

Sve odluke, prosudbe, zaključke i proračune koje koristite da stvarate svoj opstanak, hoćete li sve to uništiti i dekreirati? Right and Wrong, Good and Bad, Pod and Poc, All 9, Shorts, Boys and Beyonds.

Nije važno imate li četiri milijuna dolara, ulazite u odluke, prosudbe, zaključke i proračune kako biste preživjeli. To su simbolično, sustavno i pojednostavljeno elementi neophodni za preživljavanje. Skačete u zaključak. Dolazite do zaključaka poput: "ne mogu više ovo raditi", "ne mogu preživjeti", "ovo ne funkcionira", "ovo nije dovoljno". To su prosudbe.

Svjesnost je: "Ne želim više ovako živjeti. Nešto se mora promijeniti." Zatim idite u pitanje.

Koju fizičku aktualizaciju stvaranja održive budućnosti iznad ove stvarnosti ste sada sposobni stvarati, generirati i utemeljivati? Sve što to ne dopušta bezbroj puta, hoćete li sve to uništiti i dekreirati? Right and Wrong, Good and Bad, Pod and Poc, All 9, Shorts, Boys and Beyonds.

Sudionica Salona:

U svijetu ovisnosti čini se kao da je "Program od dvanaest koraka" preživljavanje, a program "Pravi oporavak za Vas" je održivost. Je li to točno?

Gary:
　Da, "Pravi oporavak za Vas" je set alata i tehnika koje ljudima dopuštaju stvaranje budućnosti koja je održiva.

Sudionica Salona:
　Kada primjenjujemo alate Access Consciousnessa na bilo što, stvaramo održivost?

Gary:
　Da, pitanje stvara budućnost koja ima neku održivost. Sve dok ne donosite odluke, prosudbe, zaključke i proračune, kreativni ste.

STVARANJE ODRŽIVE MONETARNE BUDUĆNOSTI

Sudionica Salona:
　Neophodan nam je novac kako bismo preživjeli, umjesto održiva moć življenja.

Gary:
　Ali niste stvorili novac kao održivu budućnost za sebe, zar ne? Došli ste do zaključka da niste trebali novac ili željeli novac ili da novac nije rješavao probleme ili da novac nije stvarao nešto za vas. Ljudi imaju puno ideja o tome što je novac i što nije.

Sudionica Salona:
　Postanem divlja i ljuta kada je novac glavni fokus ove stvarnosti.

Gary:

Da, ali ne mora biti glavni fokus vaše stvarnosti. Novac nikada nije fokus moje stvarnosti. Moj fokus je: kako da nešto promijenim?

Razgovarao sam danas sa svojom kćeri i pričala mi je o svojoj prijateljici čiji je suprug rekao, odmah nakon što je imala histerektomiju, da ima djevojku u Meksiku. Rekao je svojoj ženi da je želi ostaviti, ali ne može jer nema dovoljno novca. Ideja je bila da je žena trebala više raditi kako bi je on mogao ostaviti!

Rekao sam svojoj kćerki: "Pitam se koliko joj je novca potrebno kako bi to promijenila i izbacila tog kretena iz svog života. Ja ću joj dati. Taj čovjek je zao i zaslužuje umrijeti!" To nije nešto što ćete nekome reći usred operacije.

Sudionica Salona:

Kako bi izgledalo stvaranje novca kao održive budućnosti? Bi li vi stvarali novac?

Gary:

Ono što sam svima rekao da rade jest da odvajaju deset posto od svog novca koji dođe. Kada to radite, stvarate održivu monetarnu budućnost. Govorite svemiru: "Voljela bih da mi dolazi dovoljno novca kako bi mogla staviti deset posto sa strane."

Sudionica Salona:

Već to radim, tako da želim nešto više. Molim vas, pomozite mi s time.

Gary:
Da, ali vam se nije svidio taj odgovor.

Sudionica Salona:
Nije mi se svidio zato što to već radim.

Gary:
Jeste li voljni prepoznati gdje stvarate održivu budućnost zbog onoga što birate?
Kada to činite, počinjete stvarati održivu budućnost. Stvorio sam Access Consciousness kao poslovanje i ako sutra umrem, ono će se nastaviti. To je održiva budućnost. Postavio sam toliko stvari na mjesto kako bih bio zamjenjiv. Jeste li sebe učinili zamjenjivima u budućnosti ili ste pokušali biti neophodni?

Sudionica Salona:
Većinom sam pokušala biti neophodna.

Gary:
To ne stvara održivu budućnost.

Sudionica Salona:
Što je ostavljanje nasljedstva?

Gary:
To nije održiva budućnost. To je samo novac koji ostavljate ljudima kako bi ga bacili zato što ga nisu zaradili.

Sudionica Salona:
Što je potrebno da stvorim održivu budućnost sa sposobnošću koju imam i jesam s novcem?

Gary:

Niste to uopće pogledali. Počnite to razmatrati prije utemeljivanja budućnosti.

Koju fizičku aktualizaciju stvaranja održive budućnosti sam sada sposobna stvarati, generirati i utemeljivati? Sve što to ne dopušta bezbroj puta, hoćete li sve to uništiti i dekreirati? Right and Wrong, Good and Bad, Pod and Poc, All 9, Shorts, Boys and Beyonds.

Sudionica Salona:
Hvala, Gary.

NITKO NE MOŽE NEKOGA DRUGOGA UČINITI SRETNIM

Sudionica Salona:

Moj se odnos vrti u čudnim krugovima. Puno pričamo o braku i razvodu. On kaže nešto poput: "Kada ti ne bih morao davati novac, ja bih otišao" i "Da djeca nisu ovdje, ja bih otišao." Ja kažem: "Djeca će biti dobro i ne trebaš mi davati novac." Svejedno, on neće otići i svaki dan provedemo nesretni. Zaista želim to promijeniti.

Gary:

On zapravo ne želi otići.

Sudionica Salona:

Shvaćam to, ali tako je puno ljutnje, krivnje i srama da ja neprestano POC i POD-am implantate ometanja. Nema žudnje za seksom. Što je ta ludost?

Gary:
Jeste li voljni to promijeniti i napraviti da mu odnos odgovara?

Sudionica Salona:
On od mene traži da budem kućanica i da zarađujem novac. Radim oboje i ništa ga ne usrećuje.

Gary:
Nitko ne može nekoga drugoga učiniti sretnim.

Sudionica Salona:
Gdje da počnem birati svoj život?

Gary:
Već ste odabrali svoj život. Što ako počnete postavljati pitanje: što je potrebno da stvaram održivu budućnost za sebe, svoju djecu i svoga supruga?

Sudionica Salona:
Već sam postavila to pitanje.

Gary:
Ne, niste. Nisam vam ga nikada prije dao.

Sudionica Salona:
Rekla sam mu: "Promijenimo ovo. Što je neophodno? Što bi htio? Što bi ti odgovaralo?" i prošli smo kroz scenarije. To je ludilo. Radim to od prvoga dana - biram to ludilo.

OPSTANAK NASPRAM NAPRETKA

Gary:

To je zanimljivo. "Radim to od prvoga dana." Znači li to da ste u svoj brak ušli s tim odlukama, prosudbama, zaključcima i proračunima?

Sudionica Salona:

Da.

Gary:

Kada donosite odluke, prosudbe, zaključke i proračune, možete samo opstajati. Ne možete kreirati održivu budućnost.

Dolazite do zaključka o tome što *biste trebali* raditi, umjesto da dolazite do svjesnosti o tome što *biste mogli* raditi. Još uvijek pokušavate opstati. Mora vam biti jasno da je trenutno život za vas opstanak. Možda biste trebali prestati opstajati i pogledati što je potrebno da napredujete.

Koju glupost koristite da stvarate izum života kao opstanka što birate? Sve što to jest bezbroj puta, hoćete li uništiti i dekreirati sve to? Right and Wrong, Good and Bad, Pod and Poc, All 9, Shorts, Boys and Beyonds.

Što ako ne biste izmišljali odluke, prosudbe, zaključke i proračune?

Sudionica Salona:

Volim koncept održivosti. Posljednjih dvanaest mjeseci potrošila sam preko 350.000 $ stvarajući vrt. Prosuđivala sam se zbog toga, ali pretpostavljam da su to bile prosudbe koje drugi ljudi o meni govore. Primijetila sam da se svaka osoba koja dođe u moj vrt promijeni, čak i moji susjedi. Njihovi konji pobjeđuju na utrkama. Gledati u čaroliju koja se ovdje događa je prekrasno. Vidim gdje stvaram održivu budućnost, ali to mi nije dovoljno.

Gary:
   Niste financijski stvarali održivu budućnost. Kada ste radili sa svojim bivšim suprugom, stvarali ste zajedno. Jeste li smatrali da je to što ste stvarali održiva budućnost?

Sudionica Salona:
   Da.

Gary:
   Radi li on to i dalje ili donosi odluke, prosudbe, zaključke i proračune?

Sudionica Salona:
   On uništava svoju budućnost. Oh, dakle otuda dolaze moja ljutnja i zbunjenost! Ne stvaram više na način na koji sam to radila dok sam bila s njim.

ŠTO MOGU KREIRATI KAO ODRŽIVU BUDUĆNOST?

Gary:
   Tako je. Morate to raditi s nečim drugim. Pronađite nešto što bi stvorilo održivu budućnost što nikada niste uzeli u obzir.

Sudionica Salona:
Uvijek me dovedete do mjesta kroz koje se ne mogu provući.

Gary:
Možete.

Sudionica Salona:
Ali neću?

Gary:
Da. Pokrenite ovo:
Koju fizičku aktualizaciju stvaranja potpuno održive budućnosti sam sada sposobna stvarati, generirati i utemeljivati? Sve što to ne dopušta bezbroj puta, hoćete li sve to uništiti i dekreirati? Right and Wrong, Good and Bad, Pod and Poc, All 9, Shorts, Boys and Beyonds.

Pokušavam vas odvesti iznad toga, do razine gdje prije niste bili voljni ići. Volio bih vidjeti da svi počnete razmatrati: ja sam ratnica koja će se boriti kako bi stvorila budućnost koja još nikada nije postojala.

Jednom kada to učinite, nećete se protiv ničega boriti jer čim ste protiv situacije, prestajete se boriti za stvaranje nečega što nikada nije postojalo. Ako idete za stvaranjem održive budućnosti, to će proširiti agendu s kojom ste došli i imat ćete još veće izbore.

Probajte pitati:
✦ Što mi donosi radost?
✦ Što mi je radosno raditi i biti?

Morate pogledati u svoju budućnost iz: što mogu stvoriti kao održivu budućnost? Morate to učiniti bez ikakvih naznaka o tome kako bi ona trebala izgledati. Pokušavate odlučiti kako će ona izgledati prije nego ste krenuli na put. Krenite na put, ljudi, i otkrit ćete kako to izgleda kad tamo stignete.

To je sve za večeras. Hvala vam, dame. Bilo je sjajno.

10
Svjesni odnosi

Umjesto da ste aktivni ili svjesni pri stvaranju odnosa,
tražite nesvjesno mjesto gdje možete stvarati odnos zvan
"Ja volim njega i on voli mene."
Koliko je takvih odnosa dobro funkcioniralo za vas?

Gary:
Dobrodošle, dame. Iz tona vaših pitanja mislim da dobivate svjesnost o tome da imate nešto ogromno za doprinijeti životu - i to je stvarno super. Jako sam sretan zbog toga.

ŠEST ELEMENATA SVJESNOG ODNOSA

Sudionica Salona:
Možete li govoriti o stvaranju svjesnog odnosa i kako on izgleda kao mogućnost koja funkcionira? Koja je pragmatika toga?

Gary:

Postoji šest elemenata svjesnog odnosa.

Broj jedan: osoba koju izaberete (Tko bira? Vi birate!) trebala bi biti žestoko neovisna dok misli da je sjebana. Zašto? Zato što to znači da je baš poput vas!

Sudionica Salona:

(Smijeh).

Gary:

Broj dva: želite biti priznati, nikada potrebni.

Druga bi osoba trebala željeti da se netko o njoj brine, znajući da će otići kada dobije vašu brigu. Zašto? Ne odlazite li uvijek kada ne dobivate ono što zaista hoćete - i ne želite biti potrebni?

Druga osoba mora vjerovati da želi biti s vama. On u svom životu želi nekoga tko će se o njemu brinuti, ali istovremeno je i previše neovisan da to uopće pomisli, kao i vi. Ne prakticirate ovisnost, zar ne?

Sudionica Salona:

Ne, uopće.

Gary:

Loši ste u ovisnosti. Ne možete se čak ni pretvarati! "Trebam nekoga" nije ni približno dio vaše stvarnosti. Većina ljudi pokušava smisliti kako da dobiju nekoga tko ih treba, a u stvarnosti bi mrzili da ih netko treba – to bi ih vražje gušilo.

Sudionica Salona:

Nisam ovo razumjela. Govorili ste kineski. Nemam pojma što ste rekli. Kada biste to mogli ponoviti, bilo bi divno.

Gary:
    Uvijek želite da ljudi brinu o vama, zar ne?

Sudionica Salona:
    Da.

Gary:
    I svaki puta kada to rade, ostavite ih.

Sudionica Salona:
    Točno.

Gary:
    To je ono o čemu ja pričam. Da pronađete nekoga tko želi brinuti o vama, koliko brzo biste ga se riješili?

Sudionica Salona:
    Ne bih se ni našla u toj poziciji.

Gary:
    Da, znam. Ali to je tip osobe za koju ćete reći da je uistinu divno biti s njim. Mislite da druga osoba želi da o njoj brinete i prepoznate da ona to zapravo i ne želi. Ona samo želi da je osnažite.

Sudionica Salona:
    Oh! Shvaćam! Netko kao ja.

Gary:
    Da. Umjesto da ste zapravo aktivni i svjesni načina na koji stvarate odnose, tražite nesvjesnost iz koje možete stvarati odnos zvan "Ja volim njega i on voli mene." Koliko je tih odnosa dobro funkcioniralo za vas?

Sudionica Salona:
   Nijedan.

Gary:
   Zašto?

Sudionica Salona:
   Zato što sam svaki od njih napustila. Nisu bili njegujući, nisu bili ekspanzivni. Ništa nisu bili.

Gary:
   O tome govorim.
   Broj tri: sve što radite ili govorite mora ih osnaživati kako bi bili sve što jesu i nikada da oni biraju vas.
   Pobrinite se da o vama nikada ne ovise. Jer ako o vama postanu ovisni, moraju vas sjebati. Moraju. Stoga ih morate osnažiti bez obzira na situaciju.
   Neki dan sam pričao s mladim muškarcem koji je bio ljut na svoju djevojku. Bili su na odmoru s drugim ljudima i sve je glatko teklo do zadnje večeri kada su oboje postali previše gorljivi. Drugi se dečko počeo nabacivati djevojci ovoga dečka i među njima pokušavao stvoriti probleme. Tako da je ona, kao mirotvorka, pokušavala unijeti mir i smiriti svoga dečka, a on to nije primao. Bio je bijesan, naljutio se na nju i rekao joj: "Moraš učiniti ono što ja želim!"
   Koliko vas, kada vam netko kaže da morate učiniti ono što netko drugi želi, kaže: "J--- se, odlazim odavde"? Nitko od vas ne želi da mu se naređuje. Jeste li to ikada primijetili?
   To je zato što ste žestoko neovisni. Mogli biste misliti da želite nekoga tko je voljan brinuti o vama, ali zapravo ne želite nekoga da brine o vama jer znate da ste sposobni

brinuti o sebi. Ono što tražite jest netko tko će vas osnažiti kako biste znali da znate i tko je zahvalan za vas baš ovakve kakvi jeste.

Broj četiri: nikada se, nikada ne radi o vama.

Ovo vam je teško zato što ste naučeni da morate pitati za ono što zaista želite. Funkcionira li to?

Sudionica Salona:
Ne!

Gary:
Zašto ne probate nešto novo što djeluje? Dain i ja imamo svjestan odnos. Mi nemamo seks. Da ja želim seks, a on ne, to bi ograničilo naš odnos i uništilo ga, stoga neću tražiti seks zato što bi to iz njegovoga gledišta uništilo odnos.

Kako bi bilo da ste na odnos voljni gledati ne iz svoga gledišta ili iz gledišta druge osobe, već iz izbora? Što kad biste gledali što biste htjeli stvoriti kao izbor?

Sudionica Salona:
Možete li više govoriti o tome, molim vas?

Gary:
Nemojte pretpostavljati gledište; stvorite svoje gledište. Pozivam Daina da posvuda ide sa mnom. Nikada to od njega ne zahtijevam. Ne očekujem od njega da me bilo gdje pozove sa sobom. To je svjesni odnos.

Broj pet: uvijek budite dostupni, ali nikada nemojte imati odgovor. Samo pitanje. Kada ste ljudima dostupni u bilo koje vrijeme kada imaju problem, nevjerojatno je kako brzo postaju voljni slušati vas.

Broj šest: neka osoba vodi u seksu. Ako kaže: "Želim imati seks", onda budite dostupni. Neka vam kaže što želi jer ste inače u nevolji. Morao bi toliko seksualno kontrolirati kao i vi ili vam to nikada neće odgovarati.

SEKS JE STVORENA STVARNOST

Sudionica Salona:
Nešto mi dolazi. Kada legnemo u krevet i suprug mi se približi i kaže: "Hej, dušo", ja stvarno nisam zainteresirana. Znam da se mogu POD i POC-ati kako bih bila zainteresirana, ali...

Gary:
Stvarno vjerujete da seks nije stvorena stvarnost?

Sudionica Salona:
Vjerujem da je spontan. Trebam biti raspoložena.

Gary:
"Trebam biti raspoložena. Gdje je romantika? Gdje je vino?"
Morate shvatiti da je seks izbor, kao i sve ostalo. Ako ste voljni biti svjesni u odnosu, možete stvoriti fenomenalan odnos. Morate to učiniti iz gledišta: "Oh, želiš seks? Super! Idemo!"
To nije: "Nisam raspoložena", "Ne znam koji je tvoj problem" ili "Zašto to uvijek želiš kada ja ne želim?"

Sudionica Salona:
Govorite li da možemo promijeniti bilo što?

Gary:

Da. Možete promijeniti bilo što. Možete biti bilo što - ali morate biti voljni promijeniti i stvoriti bilo što.

Sudionica Salona:

Ako je seks stvorena stvarnost, tada možemo stvoriti bilo što u tom trenutku?

Gary:

Da.

Sudionica Salona:

Dolazi li moj otpor od toga što ne želim učiniti ono što mi se kaže?

Gary:

Da. Nikada vam ne paše da vam se nešto kaže, zar ne? Često tu osobu želite ubiti.

Sudionica Salona:

Da, to nije dobro polazište za stvaranje seksa.

Gary:

Tako je. To nije dobro polazište za stvaranje seksa! Ubojita energija zasigurno ubija raspoloženje.

SUDIONICA SALONA:

Kako da to promijenim?

Gary:

Pogledajte u:

- Što ovdje stvarno želim stvoriti?
- Želim li stvoriti mjesto u kojem je moj suprug, ljubavnik ili onaj pravi zapravo sretan?

Imate izbor: ispravnost vašega gledišta - ili sreća.

"Oprosti, nisam raspoložena. Nisam pripremljena."
Morate li doista biti pripremljeni?

Sudionica Salona:
Uvijek sam tako mislila.

Gary:
Mislili ste tako ili ste to prihvatili?
Koliko je vas prihvatilo da morate biti raspoloženi kako biste imali seks? Sve što to jest bezbroj puta, hoćete li sve to uništiti i dekreirati? Right and Wrong, Good and Bad, Pod and Poc, All 9, Shorts, Boys and Beyonds.
Vi ste ljudi prihvatili toliko sranja s ovim.

Sudionica Salona:
Nije li pripremljenost nošenje kondoma u svojoj torbici?

Gary:
To je puno bliže onome što znači biti pripremljen! Pokrenimo mali proces:
Koju glupost koristite da stvarate izum i umjetni intenzitet demona potrebe kao izvora odnosa što birate? Sve što to jest bezbroj puta, hoćete li sve to uništiti i dekreirati? Right and Wrong, Good and Bad, Pod and Poc, All 9, Shorts, Boys and Beyonds.

BI LI BILO ZABAVNO SADA IMATI SEKS?

Ideja da niste pripremljeni kako biste imali seks je: "Trebam biti raspoložena", "Trebaš ispravno mirisati, biti pravog okusa i sve ostalo." To nije pitanje: "Hoće li biti zabavno sada imati seks?"

Sudionik seksa:
Milim da nikada nisam postavila to pitanje, Gary.

Gary:
Jamčim da ga niste postavili. Nikada nam nije rečeno da možemo imati izbor, neovisno o tome imamo li seks ili ne. Sve se vrti oko: "Nisam raspoložena" ili "Imam glavobolju", bilo što osim volje da prepoznate kako je to izbor, a ne potreba.

Sudionica Salona:
Imamo izbor, ali ga i stvaramo i možemo stvoriti što god želimo.

Gary:
Upravo tako, zato što ste vi što?

Sudionica Salona:
Beskonačno biće.

Gary:
Vi ste žene koje stvaraju budućnost!
Koju glupost koristite da stvarate izum i umjetni intenzitet demona potrebe, umjesto izbora što birate? Sve što to jest bezbroj puta, hoćete li sve to uništiti i dekreirati? Right and Wrong, Good and Bad, Pod and Poc, All 9, Shorts, Boys and Beyonds.

Sudionica Salona:

"Bi li bilo zabavno sada imati seks?" Kažem vam, ovo je odlično pitanje!

Gary:

Da, "Bi li bilo zabavno sada imati seks?" umjesto "Nisam raspoložena i nisi učinio svu prikladnu predigru." Gdje je tu pitanje? Muškarci su slatki. Sve dok je krevet udoban, oni su spremni za seks. Ako je krevet tvrd kao stijena i dalje su spremni. Uglavnom, žene su stvorile odnos kao dodatak seksu kao izvor stvaranja svojih izbora i potreba. One bi radije *trebale* svoj odnos i *imale* seks.

Sudionica Salona:

Pojavila mi se *zabava*. Radije bih imala *potrebu* nego *zabavu*.

Gary:

Sve što je stvoreno o ženskoj mistici - ideja da žena ne treba seks, a muškarac treba. Pa, muškarac ne treba seks; njemu se on sviđa.

Koliko vas je pokušalo stvoriti *potrebu* za odnosom, umjesto *zabavu* odnosa? Sve što to jest bezbroj puta, hoćete li sve to uništiti i dekreirati? Right and Wrong, Good and Bad, Pod and Poc, All 9, Shorts, Boys and Beyonds.

Mi imamo ova gledišta. Zbog čega mislite da u odnosima postoji ljubav? Imali ste odnos sa svojim roditeljima; je li to bila ljubav? Ne. Imali ste prijatelje; jesu li oni voljeli?

Sudionica Salona:

Ne.

Gary:

Svrha odnosa je imati nekoga tko će omogućiti novac, tko će vam dopustiti da radite što želite, kada to želite i netko s kim imate dobar seks.

Sudionica Salona:

Ovo zadnje što si spomenuo je u redu, ali prvo, u vezi novca, rekla sam: "Aaaaah..."

Gary:

Toliko ste neovisni da ne želite da itko brine o vama imajući više novca od vas.

Sudionica Salona:

Voljela bih to promijeniti, molim.

Gary:

U redu je ako ste voljni kupiti dečka igračku za novac. Sve što ste učinili da budete osoba koja uvijek opskrbljuje novcem, hoćete li to uništiti i dekreirati?

Sudionica Salona:

Sad sam prešla preko toga. Voljna sam imati puno, puno novca.

Gary:

Da vam postavim pitanje. Što znači "prešla sam preko toga"?

Sudionica Salona:

Znači "bila sam tamo, učinila sam to."

Gary:

Ima li u tome pitanja?

Sudionica Salona:
Ne.

Gary:
Je li to zaključak?

Sudionica Salona:
Apsolutno. Kao da to skidam s liste ili nešto poput toga.

Gary:
Da, odlučili ste da je to vrijedno imati. Čim ste ih popisali, ne trebate stvarati ili generirati iznad zaključaka koje ste donijeli. Tako isključujete svoju kreativnost.

Sudionica Salona:
Da, to sve zaustavlja i nikoga ne uključuje. Zaustavlja sve mogućnosti da imam dvadeset dečki za igru.

Gary:
Ili imati nekoga za seks i zabavu i druženje. Netko tko ima toliko novca kao i vi i ne treba vas više nego što vi trebate njega. Netko tko bi dopustio da imate sve što želite, kada god to želite. To bi bilo grozno jer tada ne biste imala opravdanja ili isprike što ste jadna hrpa sranja koja ste odlučili biti.

Sve što to jest bezbroj puta, hoćete li sve to uništiti i dekreirati? Right and Wrong, Good and Bad, Pod and Poc, All 9, Shorts, Boys and Beyonds.

ŠTO AKO NIKADA NE ŽELITE DA DRUGA OSOBA BILO ŠTO RADI?

Evo što je kreativno u ovome: dopustite mu da bude ono što je i da radi sve što želi. Pozovite ga u svoj život i pozovite sebe u njegov život. Nemojte ga kontrolirati ili ga činiti odgovornim za vaš život i on ništa ne treba učiniti. Vi pružate sve što funkcionira.

Većina vas se razljuti kada vam druga osoba ne pruža ono što želite. Što ako nikada ne želite da druga osoba bilo što radi? Sve što ste postavili da uđete u potrebu onoga što od ljudi možete trebati, kako biste mogli znali da ste dovoljno oskudni da dobijete što želite, tako jako oskudni, hoćete li sve to uništiti i dekreirati?

Sve što to jest bezbroj puta, hoćete li sve to uništiti i dekreirati? Right and Wrong, Good and Bad, Pod and Poc, All 9, Shorts, Boys and Beyonds.

Nokautirate me ovdje, ljudi!

Što ako nikada ne želite da druga osoba bilo što radi? Ono iz čega sada živite su projekcije, očekivanja, razdvajanja, prosudbe i odbijanja - a ne iz izbora, želje, pitanja ili zabave. Pokušavate stvoriti odnos na temelju čijega gledišta? Na temelju gledišta vaše majke, vašeg oca, vašega prijatelja, vašega brata, vašega značajnog drugog.

Sve što to jest bezbroj puta, hoćete li sve to uništiti i dekreirati? Right and Wrong, Good and Bad, Pod and Poc, All 9, Shorts, Boys and Beyonds.

Vi dame nastavljate voditi brigu o svojim muškarcima jer povremeno želite biti majke svom djetetu. Stavljate muškarca u poziciju djeteta i pitate se zašto nije dobar u krevetu. "Učinit ćeš ono što želim jer želim da to učiniš" je definicija brižnosti većine ljudi. Vi humanoidne žene ne želite da se o vama brinu - ali se pretvarate da želite kako biste mogle prebiti muškarca koji se o vama brine.

Iz gledišta ove stvarnosti, *brinuti* znači nekoga kontrolirati. Za mene *brinuti* znači osnaživati nekoga. Ako zaista želite brinuti, ponekad trebate nekoga zdrmati. Ispitujte ih. Nemojte pokušavati riješiti njihov problem. Žene su istrenirane da vjeruju kako moraju rješavati probleme. Stoga pokušavate riješiti problem pričajući o tome do kraja.

POGODBA I ISPORUKA

Odnos je poslovna pogodba, stoga morate napraviti "pogodbu i isporuku," kao i u bilo kojoj poslovnoj pogodbi. Postavite ova pitanja kada ulazite u odnose:
- Koja je pogodba?
- Što ćeš isporučiti?
- Što od mene očekuješ da isporučim?
- Kako će to točno izgledati i kako će funkcionirati?
- Što ću za tebe morati biti?

Evo ostatka "pogodbe i isporuke":
- Nikada se ne suprotstavljajte. Umjesto toga recite: "Zbunjena sam. Hoćeš li mi pomoći, molim te?" Ovo je način da promijenite energiju bilo čega jer nećete biti u kontroli.
- Nikada ne vrednujte. Nemojte reći: "Oh, znam da si tako zaposlen. Žao mi je što ovo tražim." Nije vam žao što pitate. Nadate da će osoba doći i shvatiti da treba i može isporučiti.
- Nikada ne objašnjavajte ili ne opravdavajte. Radite ono

što radite; to je sve. Ako pokušavate opravdati ili objasniti, nastojite sve učiniti ispravnim. To nije dobro mjesto za življenje. Ako pokušavate opravdati svoj izbor, jeste li prisutni? Ne. Birate li? Ne. Trudite se da vaš izbor bude u redu. Koja je razlika između biranja i opravdavanja svog izbora? Ako pokušavate opravdati i učiniti ispravnim zato što to možete opravdati, mislite da to druga osoba mora prihvatiti. Ali to tako ne funkcionira.

Ako pokušavate vrednovati, objašnjavati ili opravdavati, morate živjeti prema nekoj slici koju o sebi imate, umjesto stvarnosti onoga što želite stvoriti kao pogodbu. Ako govorite "ja sam samo žena", je li to objašnjenje? Da. To je opravdanje. To vrednuje izbor koji ste donijeli. Ništa od toga nije voljnost da budete svjesni onoga što vaš izbor može stvoriti.

Sudionica Salona:
Svjesna sam da je ultimativna "pogodba i isporuka" sa samim sobom i zapravo nije moguće imati pogodbu i isporuku s drugom osobom ako vam nije jasno što je to za vas.

Gary:
Upravo tako. Nadam se da ćete svi to dobiti od ovog tečaja.

JE LI POTREBNO DA I DRUGA OSOBA TAKOĐER BUDE SVJESNA?

Sudionica Salona:
Podrazumijeva li svjesni odnos da i druga osoba također bude svjesna? Ili se radi o tome da ostanete svjesni kako biste od njih dobili ono što hoćete?

Gary:

Ako ostanete svjesni, nećete imati nikakve projekcije, očekivanja, razdvajanja, odbijanja ili prosudbe. Svjesni odnos nema nijedno od toga.

Sudionica Salona:

Što ako druga osoba iz toga djeluje?

Gary:

To je u redu, sve dok vi tako ne djelujete.

Sudionica Salona:

Dakle, ostajete svjesni i dopuštate drugoj osobi da djeluje iz čega djeluje?

Gary:

Da. U svjesnom odnosu svjesni ste što se događa s vašim partnerom. Voljni ste prepoznati da morate izabrati što će za vas funkcionirati, ne u odnosu na njega, već zbog vas - ne zbog njega.

Nastavimo s nekim pitanjima.

NAPREDOVATI KAO ŽENA

Sudionica Salona:

Možete li malo više govoriti o napredovanju kao žena?

Gary:

Napredovati kao žena znači prepoznati kako koristiti svoje ženske čari. Na primjer, žene imaju sposobnost promijeniti svoje mišljenje. Imaju li muškarci isti izbor?

Ne baš. Muškarac koji promijeni svoje mišljenje smatra se slabićem i nebitnim. Žena koja promijeni svoje gledište smatra se kreativnom i zagonetnom. Ona je netko koga se ne može uokviriti, staviti u sliku ili zaključati u kavez.

Morate naučiti kako koristiti ono što kao žena imate. Pitajte: "Ljubavniče, hoćeš li molim te učiniti ovo za mene?" S je cijelo vrijeme bila u bolovima. Rekao sam joj: "Moraš zamoliti ljude da ti pomognu." S nije slabašna, zar ne? Ona će reći: "Ljubavniče, hoćeš li molim te učiniti ovo za mene?" A dečki će odgovoriti: "Svakako, dušo, nosit ću torbu za tebe. Koja je tvoja?" Muškarci su se voljni za nju izložiti.

Kao žena, imate pravo tražiti od muškarca da za vas nešto radi. Ima li muškarac to pravo? Ne, ne osim ako vam se nije obvezao. Morao je odlučiti da će vas oženiti i da ćete zauvijek živjeti sretno kako bi od vas mogao tražiti da učinite nešto za njega.

Kako biste kao žena napredovali, morate koristiti sve svoje svjetovne čari i ujedno prepoznati da ste ratnica koja će ići u bitku za stvaranje budućnosti koju nitko ne može vidjeti. Imate sposobnosti koje drugi ljudi ne mogu vidjeti, što je poprilično zapanjujuće.

Napredovati kao žena znači prepoznati sve ono što možete pitati, a da ništa od toga ne morate isporučiti. Ako koristite svoje svjetovne čari i ono što vam je Bog dao kao oružje, možete dobiti muškarca da za vas nešto radi. Morate biti voljni to činiti. Ali zato što ste tako neovisne, stalno pokušavate dokazati da nikoga ne trebate. U pravu ste; ne trebate nikoga - ali zašto ne iskoristiti svoje ženske čari?

VIDJETI NEGATIVNE STVARNOSTI

Sudionica Salona:
Mogu li postaviti pitanje o viđenju onoga što drugi ljudi ne vide i kako se tu uklapa ono što nismo voljni vidjeti kao negativnu stvarnost?

Gary:
Većina ljudi pokušava vidjeti kako sve ispada dobro, osobito kad su u pitanju odluke, prosudbe, zaključci i proračuni. Recimo da ste odlučili da ste zaljubljeni u ovog muškarca. Je li to prosudba?

Sudionica Salona:
Da.

Gary:
Trebate pitati: koju negativnu stvarnost ovdje nisam voljna pogledati?
Prije nego što sam prohodao sa svojom bivšom ženom napravio sam popis svega što sam htio da osoba s kojom sam u odnosu ima. Ona je sve to imala. Ono što nisam napravio je popis svega što *nisam* želio u toj osobi. Stoga sam dobio sve što sam želio, ali sam dobio i sve što nisam želio. Je li to bila svjesnost ili izbor? Ili nisam bio voljan vidjeti negativne stvarnosti?

Sudionica Salona:
Niste bili voljni vidjeti negativne stvarnosti.

Gary:

Uvijek morate biti voljni vidjeti nečiju negativnu stvarnost ako želite potpunu svjesnost. Jednom kada ste to učinili, možete stvoriti odnos s bilo kime. No ako niste voljni vidjeti negativnu stvarnost iz koje oni žive, bit ćete razočarani, nesretni i očajni. Odlučit ćete da je nešto strašno krivo.

Sudionica Salona:

Možete li malo više pričati o tome što je to negativna stvarnost?

Gary:

Postoje ljudi koji žive u zaključku. Znam ženu čija je cijela stvarnost: "Ja sam u pravu i ljudi trebaju vidjeti ispravnost moga gledišta." Ona je jedna od onih ljudi koja piše pisma uredniku. Nedavno je izbačena iz svoga stana jer je odlučila da njezin susjed ne pokazuje poštovanje prema njoj te se o njemu požalila vlasniku stana. Ispostavilo se da je susjed bio unuk vlasnice stana. Dakle, ispravnost gledišta moje prijateljice o tome da je njezin susjed u krivu, a ona u pravu te da bi njega trebalo izbaciti, a nju ne, nije joj dobro poslužilo. Nije bila voljna pogledati negativni aspekt onoga što će njezin izbor stvoriti.

Morate biti voljni vidjeti negativnu stvarnost. Morate postaviti pitanje: ako ovo izaberem, koja će se stvarnost stvoriti? Morate shvatiti da će vaš izbor stvoriti pozitivnu ili negativnu stvarnost u vašem svijetu ili u svijetu drugih ljudi.

STVARANJE IZNAD OVE STVARNOSTI

Sudionica Salona:
Mogu li promijeniti smjer? Nedavno sam čitala knjigu o vremenima Vikinga. Pisalo je da kada se birao muški poglavar, kandidati su se trebali pojaviti ispred skupine od sedam do devet žena te im predstaviti viziju budućnosti koju su htjeli planirati za nadolazeće generacije. Ako je kandidat mogao dati viziju koja se ženama svidjela, bio je izabran kao poglavar. Što mislite o ovoj vrsti suradnje između muških i ženskih energija?

Gary:
To je suradnja koja bi trebala biti, a trenutno nije.

Sudionica Salona:
Da, svidjelo mi se kada sam to čula.

Gary:
Svidjelo vam se? Ili ste prepoznali da bi to funkcioniralo?

Sudionica Salona:
Svidjela mi se dinamika između muškaraca i žena i to što su zajedno surađivali ka dugoročnom ishodu. Današnja vlada je kratkoročna; ona je za sljedećih četiri godine do sljedećih izbora.

Gary:
Pa čak ni tako dugo. Oni misle o tome hoće li biti izabrani u sljedećih deset sekundi.

Sudionica Salona:
Da, naravno. Samo sam pomislila da bih to spomenula jer toliko puno ovdje pričamo o dinamici između muških i ženskih energija. Sigurna sam da bismo mogli dospjeti tamo.

Gary:
Možemo li se vratiti na trenutak? Ono što ste vi opisali nije dinamika. To je stvaranje. Dinamika je nametnuto gledište: "Ovo je tako kako je što ne možemo promijeniti."

Ono što ste vi opisali je stvaranje. To bi se stvorilo kada bi ljudi bili voljni funkcionirati iz veće stvarnosti, iz veće globalne perspektive. Ljudi ne gledaju dovoljno naprijed u budućnost kako bi odredili što će njihovo stvaranje zaista stvoriti. Ja da. Gledam u ono što će ljudi stvoriti svojim izborima. Ne postoji nitko od vas tko nema nevjerojatan kapacitet da vidi veću i bolju mogućnost od devedeset posto ljudi koji su oko vas, ali umjesto da to birate, stalno se pokušavate vratiti u ovu stvarnost birajući muškarca koji će vaš život učiniti savršenim ili obnavljanje svoje obitelji što će vam život učiniti savršenim ili nešto drugo što će vaš život učiniti savršenim.

Što kada biste generirali i stvarali iznad ove stvarnosti? Sve što ne dopušta da se to pojavi bezbroj puta, hoćete li sve to uništiti i dekreirati? Right and Wrong, Good and Bad, Pod and Poc, All 9, Shorts, Boys and Beyonds.

Koju fizičku aktualizaciju stvaranja budućnosti iznad budućnosti ove stvarnosti ste sada sposobni stvarati, generirati i utemeljivati? Sve što to ne dopušta bezbroj puta, hoćete li sve to uništiti i dekreirati? Right and Wrong, Good and Bad, Pod and Poc, All 9, Shorts, Boys and Beyonds.

Sudionica Salona:
Čini se toliko laganije otkako si pokrenuo ovaj proces. Uzbudljivije.

Gary:
Nije uzbudljivije zato što je uzbuđenje ono što koristite kako biste se izvukli iz svoje stagnacije. To je ushićenje življenja.

Sudionica Salona:
Da, shvaćam. Vi ste bolji u opisivanju energije riječima.

VOLJNOST DA SE VIDI BUDUĆNOST

Sudionica Salona:
Ranije ste rekli da ste voljni vidjeti budućnost koja je daleko iznad onoga što su drugi ljudi voljni vidjeti. Možete li pričati o tome kako to izgleda u vašem svemiru i u našem?

Gary:
U mom svemiru je to shvaćanje što će ljudi učiniti - bez zauzimanja gledišta o tome. Kao primjer, žena koja je bilo vrlo aktivna u Access Consciousnessu napustila je Access. Znao sam da se to događa godinu dana prije nego što je otišla. Mogao sam vidjeti što će to njoj stvoriti i što će ona s time učiniti i nadao sam se da to neće izabrati. Ali jest. Pogledao sam u to i pitao: "Hoće li to stvoriti štetan utjecaj na moju stvarnost?" Ne.

Morate pogledati izbore koje drugi ljudi čine i kako će ti izbori utjecati na vašu stvarnost. Pitajte: hoće li ovo promijeniti moju stvarnost? Promijeniti je? Da. Hoće li utjecati na negativan način? Ne. Hoće li to proširiti moj plan rada? Da. Znam li kako? Ne. Ali sam voljan imati pitanje o tome što se može pojaviti, umjesto da dolazim do zaključka ili odluke ili odredbe o tome što trebam učiniti kako bi se s time nosio. Pomaže li to?

UGODA NIJE SVJESNOST

Sudionica Salona:
Da. Hvala. Kako se nelagoda potpune svjesnosti odnosi prema tome?

Gary:
Ugoda nije svjesnost. Ugoda su odluke, prosudbe, zaključci i proračuni koje vas čine ispravnim u onome što birate. Nelagoda je življenje u izboru; ugoda je življenje u zaključku.

Sudionica Salona:
Možete li reći kako se to odnosi na nemanje gledišta i potpunu svjesnost?

Gary:
Ako nemate gledište, možete svega biti svjesni. Ako imate gledište, iz svoje svjesnosti eliminirate sve što se ne slaže s vašim gledištem. A kada to činite, svoju moć dajete zaključku. Zaključak postaje vaš guru, umjesto izbora ili mogućnosti.

Mogu pogledati u nešto poput izbora one žene da napusti Access Consciousness. Je li to ono što bih ja htio? Ne, ali to je njezin izbor i pustio sam da to bude njezin izbor. Hoće li to stvoriti sve što ona misli? Ne. Ali moram vjerovati da ako želi samu sebe uništiti ili si stvoriti probleme, to je njezin izbor i ona to mora učiniti. Voljan sam pustiti ljude da umru ako je to ono što biraju. Ako netko radi nešto što ga ubija, pustit ću ga da to radi. Neću ga zaustaviti. Zašto ne? Zato što je to njihov izbor, a ne moj.

Sudionica Salona:
Osim ako vam ne postave pitanje, Gary?

Gary:
Da, osim ako mi ne postave pitanje. Ali većina ljudi koji uništavaju sami sebe ne postavljaju pitanja. Izbjegavaju postaviti pitanja jer pitanja mogu osporiti odluke, prosudbe, zaključke i proračune koji su obično stvarali, zaključke do kojih su došli i odluke koje su donijeli.

Sudionica Salona:
Kada ste znali da će ta žena otići, pitao si: "Hoće li to utjecati na mene?" Niste išli u zaključak. Niste rekli: "Sada to trebam popraviti ili promijeniti njezino mišljenje." Vi radite nešto drugačije nego ja. Kada percipiram nešto u budućnosti, ja krećem u akciju.

Gary:
Umjesto da budete svjesni, idete u akciju. Voljni ste imati radi-radi svijet, a ne budi-budi svijet.

Sudionica Salona:
Ponekad to nije negativna energija ili negativna stvarnost, ali znate da nekome završetak neće biti sretan. Jeste li i dalje voljni pustiti osobu da to radi sve dok to ne utječe na svijest?

Gary:
　Svijest ne može biti pobijeđena, bez obzira na sve. Hoće li njezin odlazak negativno utjecati na svijest na kojoj radim? Ne. Zato što će ona uvijek raditi ono što radi.

　Neki dan sam razgovarao s nekim o odluci za stvaranje sustava za podršku različitim voditeljima kako bismo više mogli proširiti Access Consciousness. Moram postaviti sustav, a nemam sve dijelove slagalice. Odlučio sam uzeti pet ili šest osoba i početi s njima sve dok ne dobijem sustav koji funkcionira.

　Netko me nazvao i pitao: "Zašto mene isključuješ?"

　Rekao sam: "Ne isključujem te. Trebam nekoga tko će slijediti upute i kretati se u smjeru u kojem stvari trebaju ići kako bismo dobili sustav. Jedna stvar koju o tebi znam jest da ti nikoga nećeš slijediti. Uvijek radiš što god želiš."

　Osoba se nasmijala i rekla: "Da, ja ću uvijek to raditi."

MOŽETE BITI U PRAVU ILI MOŽETE BITI LAGANI

Sudionica Salona:
　Puno vam puta želim postaviti pitanje poput: "Koju svjesnost imate o meni što će stvarno raznijeti moj svemir i proširiti moju svjesnost?"

Gary:
　Do neke ste granice donijeli puno odluka i zaključaka o svom životu koji funkcioniraju. Da ili ne?

Sudionica Salona:
   Da.

Gary:
   Što ako biste se svega toga trebali odreći? Svega toga?

Sudionica Salona:
   Čini se lagano.

Gary:
   Da, ali vi to nećete izabrati.

Sudionica Salona:
   Neću izabrati lakoću?

Gary:
   Ne, zato što imate izbor. Možete biti u pravu ili možete biti lagani.

Sudionica Salona:
   Želim reći: "Da, odrekla bih se svega."

Gary:
   Nemojte se zavaravati. Budite realni oko toga. Što je istinito? Postavite pitanje: bih li radije imala lakoću ili bila u pravu? Budite potpuno iskreni prema sebi. Jedini način na koji ćete stvoriti svoju budućnost jest da budete iskreni prema sebi.

   Postojao je trenutak kada Access Consciousness nije uspijevao onako kako sam htio. Bio sam potpuno iskren prema sebi gledajući to. Promijenio sam način rada Bars voditelja. Ostavio sam im sav honorar koji su trebali platiti, što je protiv onoga kako stvari funkcioniraju u ovoj stvarnosti. Uklonio sam sve nužnosti plaćanja. Ono što sam učinio nužnim jest da bude više svijesti. Svaki puta kada netko pokrene barse, 300.000 drugih ljudi se oslobađa onoga što je ta osoba u tom trenutku otpustila. To je bila moja originalna meta s Access Consciousnessom, stvoriti slobodu za sve na planetu. Još uvijek radim na tome.

Sudionica Salona:
Dakle, ja nemam metu?

Gary:
Da, vi nemate metu. Došli ste do zaključka da ste postigli ono što ste namjeravali postići.

Sudionica Salona:
Ipak, ja postavljam pitanja.

Gary:
Jedno pitanje koje si niste voljni postaviti je: što bih zaista htjela stvoriti kao svoj život? To znači imati održivu budućnost. Trebate se pitati: kakav će mi život biti za pet godina ako to izaberem?

Ne možete imati definirano gledište i zaključak, što je ono čemu stalno težite. To je svjesnost o energiji. Možete to reći birajući to, otuda možete više generirati i stvarati.

Sudionica Salona:
Što to zadržavamo u mjestu što nam onemogućava da vidimo budućnost s više lakoće?

Gary:
 Prihvaćate gledište ove stvarnosti. Ako prihvaćate gledište ove stvarnosti, trebali biste biti mala žena koja je trudna i kuha za svog muškarca. Koliko dobro će to za vas funkcionirati?

Sudionica Salona:
 Nikako. Pokušala sam to već.

Gary:
 Da. Morate imati veću voljnost biti osvajačica svijeta i kreatorica budućnosti.

Sudionica Salona:
 Dakle, radi se o tome da samo prihvaćamo priče ove stvarnosti?

Gary:
 Da, ova stvarnost nimalo ne funkcionira. Volite to? Ne. Tolerirate li to? Da. Je li to ono što ja želim? Ne. Je li to ono što vi želite? Vjerojatno ne. Ali koji ste izbor imali?

Sudionica Salona:
 Koje izbore imam? Nešto drugačije?

Gary:
 To je ono što morate biti voljni imati. Nešto drugačije.
 Koju fizičku aktualizaciju stvaranja budućnosti iznad stvarnosti ove budućnosti ste sada sposobni stvarati, generirati i utemeljivati? Sve što ne dopušta da se to pojavi bezbroj puta, hoćete li sve to uništiti i dekreirati? Right and Wrong, Good and Bad, Pod and Poc, All 9, Shorts, Boys and Beyonds.

OSVAJANJE NASPRAM ISKLJUČIVANJA

Sudionica Salona:

Zbunjuje me razlika između osvajanja i isključivanja. Možete li mi pomoći s time?

Gary:

Nekoć kada je netko osvojio zemlju, imao je izbor. Mogli su ubiti sve ljude i imati zemlju ili su mogli uključiti sve ljude u svoju stvarnost i iskoristiti ih da stvore više.

Sudionica Salona:

Ja sam učinila ovo prvo.

Gary:

Ubiti sve?

Sudionica Salona:

Da, mislim da jesam.

Gary:

Dobra je vijest da imate zemlju. Imate sve za sebe i nema nikoga za igru.

Sudionica Salona:

Da, to je ono gdje sam ja.

Gary:

Je li to zaista u vašem najboljem interesu?

Sudionica Salona:

Uopće nije. Možete li mi pomoći to promijeniti, molim?

Gary:

Koju glupost koristite da stvarate osvajanje kao način isključivanja što birate? Sve što to jest bezbroj puta, hoćete li sve to uništiti i dekreirati? Right and Wrong, Good and Bad, Pod and Poc, All 9, Shorts, Boys and Beyonds.

Očito niste jedini koji su to učinili.

Sudionica Salona:

Hvala!

Sudionica Salona:

Je li točno da kada su ljudi superiorni, zapravo vjeruju da su svi bolji od njih? Ili pokušavaju dokazati suprotno? Je li to prihvaćanje laži da je netko veći ili manji od nas?

Gary:

Nitko nije veći ili manji od bilo koga drugoga; on je drugačiji! Ne vidim nikoga kao većeg ili manjeg od sebe. Imate različita iskustva i svjesnost. Moje je gledište:

- Što ti znaš što ja mogu iskoristiti za sebe?
- Što ti znaš što ja mogu iskoristiti za druge?
- Što ti znaš, a nisi mi još otkrio?

Sudionica Salona:

Nešto me muči. Moram napisati vrlo dugačak esej za svoje odvjetnike o posljednjih trinaest godina s mojim bivšim kako bih dokazala svoj doprinos našem odnosu i poslovanju, tako da mogu dobiti više od trideset i jedan posto od onoga što mi nude. Već sam prešla pola i pitam se što mogu biti ili činiti drugačije u dokazivanju svog doprinosa. Svoj doprinos ne mogu staviti u riječi kako bi ga ljudi vidjeli.

Gary:
"Bajke se mogu ostvariti, mogu se tebi dogoditi." Bajka, dušo. Ako želite da drugi u to vjeruju.

Sudionica Salona:
Samo trebam napraviti što se traži?

Gary:
Vi pokušavate reći istinu. Ispričajte bajku koju svi žele prihvatiti.

Sudionica Salona:
Što to znači?

Gary:
Zato sam vam i dao tu pjesmu. Razmišljajte o toj pjesmi i pišite ponovno.

Sudionica Salona:
Želite li reći da moram napisati bajku koja nije bila?

Gary:
Morate napisati bajku o tome koliko ste voljeli i koliko ste izgubili. Kako ste učinili sve što ste mogli da ga podržite i sve te duge razgovore koje ste vodili kako biste ga naveli da vidi koliko je nevjerojatan.

Sudionica Salona:
Već sam tamo bila. Gdje sam zapela?

Gary:
Odlučili ste da je to bajka, a ne stvarnost. Trebali biste biti sposobni isporučiti bajku koju ljudi mogu čuti.

Sudionica Salona:
U redu.

Gary:
Sve što je ovo podiglo ili srušilo za sve vas, bezbroj puta, hoćete li sve to uništiti i dekreirati? Right and Wrong, Good and Bad, Pod and Poc, All 9, Shorts, Boys and Beyonds.

BITI ONO ŠTO JE ZA VAS ISTINITO

Sudionica Salona:
Ponekad drugim ljudima priđem snažnije nego što bih htjela. Nisam sigurna želim li to ostaviti ili promijeniti. Dosta često osjećam stezanje oko svoga grla. Što je to?

Gary:
To je vaša svjesnost o tome gdje ostatak svijeta nije voljan ići. Svaki put kad otvorite prostor mogućnosti, osjetit ćete i opaziti aktualizaciju ograničenja drugih ljudi.

Morate biti voljni biti ono što je za vas istinito. Neću lagati ako me netko nešto pita. Reći ću mu istinu. Neću se ograditi jer sam otkrio da svaki puta kada sam se ogradio i kada nisam govorio ljudima ono što jest, bilo je isto kao da im lažem. Ne zanima me laganje ljudima.

Sudionica Salona:
Postoji li još nešto što bi mi pomoglo da znam što reći, kako, kome, kada i kako to moćno i jasno reći?

Gary:

Pitajte: koju glupost koristim da stvaram manjak tišine što biram?

Možda nećete ništa reći, ali imate glasnu glavu, dušo. Morate imati jasnoću i lakoću tišine, kao i bilo što drugo. U devedeset i devet posto slučajeva tišina će vam dati veću kontrolu nad ljudima nego pričanje.

BITI U PRORAČUNU VLASTITOGA ŽIVOTA

Sudionica Salona:

Možete li mi reći što radim da uništavam svoj život, življenje i stvarnost, a kada bih to promijenila, stvorila bih sebi održivu stvarnost?

Gary:

Ne radi se o tome što radite; već o tome što ne radite. Trebate postaviti pitanje:

Što danas mogu biti ili činiti da promijenim svoj život i budućnost u održivu stvarnost za cijelu vječnost? Sve što to jest bezbroj puta, hoćete li sve to uništiti i dekreirati? Right and Wrong, Good and Bad, Pod and Poc, All 9, Shorts, Boys and Beyonds.

To je nešto što morate biti ili činiti. To je nešto što morate izabrati. Većina nas nema pojma što je to. Istina, koliko ste svoga života stvorili na temelju sebe?

Sudionica Salona:

Nula posto.

Gary:
To je otprilike ono iz čega svi funkcioniraju. Žena koja nam je pomagala u Access Consciousnessu pobrkala je nekoliko stvari. Rekao sam joj: "Ljudi obično naprave zbrku kada nešto ne žele učiniti. Dakle, istina, ne želiš li više raditi za Access?"

Ona je rekla: "Ne, ne želim."

Pitao sam: "Što želiš raditi? Kako bi htjela da tvoj život izgleda?"

One je rekla: "Nemam ideje."

Rekao sam: "To je zato što si cijeli svoj život provela radeći za svoje roditelje, svoju baku, svoga supruga i za svoje poslovanje - ali ništa za sebe. Kako to da nisi u proračunu vlastitoga života?" Nije da se ovo odnosi na bilo koga na ovom pozivu!

Koju glupost koristite da stvarate izum i umjetni intenzitet nebivanja u proračunu vlastitoga života, što birate? Sve što to jest bezbroj puta, hoćete li sve to uništiti i dekreirati? Right and Wrong, Good and Bad, Pod and Poc, All 9, Shorts, Boys and Beyonds.

IZAZIVAJTE IH, UČITE IH I POŠALJITE IH NJIHOVIM PUTEM

Sudionica Salona:
Jednom ste mi rekli, vezano za muškarce: "Izazivajte ih, učite ih i pošaljite ih njihovim putem." Možda sam to pogrešno protumačila kao "naučite ih lekciji" i možda je to bilo ponekad potrebno, ali nisam sigurna da ste na to mislili. Možete li, molim vas, objasniti i proširiti ovo?

Gary:
"Izazivajte ih, učite ih i pošaljite ih njihovim putem" je ideja da zapravo ne želite imati odnos, draga. Voljeli biste se zabavljati s nekime. Učiti ih znači učiti ih svemu što će ih učiniti boljim muškarcima; a ne da ih naučite lekciji.

Sudionica Salona:
Što je krivo u rezanju muškarčevih muda i njihovo čuvanje na zidu kao trofej?

Gary:
Pa to je super, ali ako to radite, neće vam puno muškaraca dolaziti u posjet. Ako vide muda na zidu, s vama neće htjeti ništa. Je li to ono što s muškarcima želite stvoriti? Je li to budućnost koju želite imati?

Pogledajte u to: ako ovom muškarcu izaberem odrezati muda, kako će moj život biti za pet godina? Širi ili stisnutiji? Ako izaberem ostaviti njegova muda na njegovom tijelu, milovati ih i uživati u njima te njega koristiti koliko god to biram, kakav će mi život biti za pet godina? Više ili manje ekspanzivan? Osjetite energiju i sami otkrijte.

PRAVA PRAGMATIKA: POČNITE S IZBOROM

Sudionica Salona:
Biste li govorili o pragmatici imanja jasnoće o tome što stvarno želimo stvoriti i gdje sebe osljepljujemo?

Gary:
Pravi pragmatika je: počnite s izborom. Ako ovo izaberem, kakav će mi život biti za pet godina? Pitajte:

- Ako ovo izaberem, kakav bi mi život bio za pet godina?
- Ako to ne izaberem, kakav bi mi život bio za pet godina?

Energetski ćete početi percipirati razliku između izbora i ne-izbora te polako, ali sigurno, počet ćete birati ono što vam odgovara. Shvatit ćete što će vam život učiniti takvim za pet godina.

Možete imati energiju toga - ali je ne možete definirati. Morate izaći iz definiranja onoga kakav biste život htjeli. Ljudi kažu: "Htio bih imati milijun dolara, htio bih raditi ovo, htio bih raditi ono."

"Htio bih raditi" nije isto kao stvaranje i generiranje.

GENERIRANJE, KREIRANJE I UTEMELJIVANJE

Sudionica Salona:
Kako funkcionalnost i utemeljivanje djeluju na to? Kada pitate: "Ako to izaberem, što će to stvoriti?" što se događa kako bi se to aktualiziralo?

Gary:
Morate ići u pitanje. Ono će vam dati naznaku energija iz kojih želite stvarati. *Generiranje* je energija koja nešto započinje donositi u postojanje, *stvaranje* je kada to stavljate u aktualizaciju, a *utemeljivanje* je ono što činite stvarajući platformu da gradite više.

Dajem vam sustav koji vam može pojasniti što možete stvarati. To neće biti spoznajni svemir. Kada biste mogli stvoriti svemir koji se zasniva na spoznajnom gledištu, napravili biste to stoljećima prije.

Morate prepoznati da jasnoća dolazi iz svjesnosti koju stvarate oko onoga što stvara vaš izbor. Izbor je izvor stvaranja. Ne odluke, prosudbe, zaključci i proračuni. Ako pokušavate funkcionirati iz odluka, prosudbi, zaključaka i proračuna, funkcionirate iz prosudbi umjesto iz mogućnosti.

Imate dva izbora: možete kupiti ovaj stolac ili možete prodati ovaj stolac. Kakav će vam život biti za pet godina ako kupite ovaj stolac? Kakav će vam život biti za pet godina ako prodate ovaj stolac? Možete percipirati razliku u energiji onoga što će se kreirati.

Nemojte odustati od svoje svjesnosti u zamjenu za zaključak. Koristite ovaj proces:

- Ako ovo izaberem, kakav će mi život biti za pet godina?
- Ako ovo ne izaberem, kakav će mi život biti za pet godina?

Možete shvatiti razliku između izbora kojeg osjećate ekspanzivnijim i izbora koji stvara osjećaj sažimanja. Kako biste stvarali održivu budućnost, naučite kako percipirati razliku u energiji onoga što će se stvoriti vašim izborima.

Učite stvarati izborima koje donosite, zato što svaki izbor nešto stvara.

Ako ste žena ratnica koja ide u bitku za stvaranje održive budućnosti, to je drugačiji svijet. Morate biti voljni pogledati u to, izabrati to i biti to, a tada će se sve ove druge stvari okrenuti. Shvatite da vaš izbor stvara.

U redu, dame. Molim vas, izađite i budite žena koja može stvoriti budućnost koja će biti održiva i veličanstvena. To je dar koji vi jeste čovječanstvu.

11
Ostanite u moći izbora i svjesnosti

Pozivate demona da dođe u vaš život svaki puta kada svoju moć dajete nečem drugom osim svjesnosti.

Gary:
Bok, dame. Pričajmo o tome što su to demoni i kako se oni odnose prema vama kao ženi ratnici koja je otišla u bitku za stvaranje održive budućnosti.

DEMONI

Demon je bilo koje biće ili bilo što drugo što želi imati neku kontrolu u vašem životu. Pozivate demona da dođe u vaš život svaki puta kada svoju moć dajete nečem drugom osim svjesnosti. Ako tražite odnos u kojem će se netko o vama brinuti i vi možete biti sljedbenik, pozivate da vam u život uđu demonske energije – jer ako ćete biti sljedbenik, morate se odreći sebe i svoje svjesnosti. Demoni i entiteti žele da postanete sljedbenik. Dakle, to je jedan način na koji ih možete pozvati. Srećom, vi ste jako loši sljedbenici! Ne možete slijediti svoga muškarca tri koraka iza njega.

Drugi način na koji ih možete pozvati je da svoju moć predate zaključku - zato što je zaključak suprotan od svjesnosti. Kad imate gledište, iz svoje svjesnosti eliminirate sve što se ne podudara s tim gledištem. Dajete svoju moć zaključku, umjesto svojoj svjesnosti.

Kada nemate gledište, možete biti svjesni svega.

Svoju moć predajete i kada napuštate svoju svjesnost u zamjenu za tuđu.

Sudionica Salona:

Ne razumijem dobro što su demoni. Možete li još objasniti?

Gary:

Komu ili čemu dajete svoju moć?

Sudionica Salona:

Drugima.

Gary:

Stvarno? Ja ne mislim tako.

Sudionica Salona:

Zaključku.

Gary:

Zaključak je jedno. Novac je drugo. Imate demone zaključka u svom životu koji vam govore što da radite ili da postoji problem s novcem. Govore vam da uđete u zaključak.

Radi se o prepoznavanju toga gdje ste u svoj život pozvali demone da nešto za vas kontroliraju. Demoni vam govore sve prave stvari koje trebate raditi i govoriti. Pokušavaju vas navesti da se odreknete svog života u korist onoga što oni biraju. Kad god dođete do zaključka, pozivate demone zaključka kako biste bili sigurni da ste došli do pravog zaključka i zaključili što je ispravno.

Sudionica Salona:
Što je potrebno da mi bude jasno gdje demonima dopuštam da preuzmu kontrolu nad mojim odnosima ili nad seksom? Što je potrebno da me oslobodi demona koji upropaštavaju moja prijateljstva i seks s muškarcima?

Gary:
Evo procesa:
Koju glupost koristite da stvarate izum, umjetni intenzitet i demone kojih se morate osloboditi, što birate? Sve što to jest bezbroj puta, hoćete li sve to uništiti i dekreirati? Right and Wrong, Good and Bad, Pod and Poc, All 9, Shorts, Boys and Beyonds.
To funkcionira!
Koliko misli, osjećaja, emocija, seksa i ne-seksa je zapravo demonski svemir kojega se morate osloboditi? Poprilično. Sve što to jest bezbroj puta, hoćete li sve to uništiti i dekreirati? Right and Wrong, Good and Bad, Pod and Poc, All 9, Shorts, Boys and Beyonds.
Svi demoni vezani uz to što ste žena, što ste feministkinja, što ste žensko, što ste la femme koji zahtijevaju da umanjite sebe, hoćete li ih sada zatražiti da se vrate odakle su došli i da se nikada ne vrate vama ili ovoj stvarnosti za cijelu

vječnost? Sve što to ne dopušta bezbroj puta, hoćete li sve to uništiti i dekreirati? Right and Wrong, Good and Bad, Pod and Poc, All 9, Shorts, Boys and Beyonds.

STVARATE DEMONE UMJESTO IZBORA

To je mjesto u kojem imate *demone* vezane uz to što znači biti žensko, umjesto da *birate* biti ono što žena jest. Morate prepoznati mjesto gdje ste vi, kao žena, osoba koja ide u bitku za stvaranje budućnosti. Ako to shvatite, vaša je meta u životu da budete futuristica, a ne netko tko je voljan biti posljedica prošlosti, kao da je to stvaranje budućnosti. Gdje god to postoji u svijetu, stvarate demone ženstvenosti, ženskarenja i utjelovljenja žene.

Koliko demona utjelovljenja žene sada možete uništiti i dekreirati i vratiti odakle su došli, da se nikada ne vrate ovoj stvarnosti ili vama nikada više za cijelu vječnost? Sve što to jest bezbroj puta, hoćete li sve to uništiti i dekreirati? Right and Wrong, Good and Bad, Pod and Poc, All 9, Shorts, Boys and Beyonds.

Sudionica Salona:
U procesu ste rekli: "Vratite se odakle ste došli, da se nikada ne vratite meni ili ovoj stvarnosti za cijelu vječnost." Što znači *odakle?*

Gary:
To je stari engleski za *otkuda si došao. Mjesto iz kojega si došao.*

ŠTO AKO NE POSTOJI VEĆI IZVOR MOĆI OD VAS?

Sudionica Salona:
　　Možete li objasniti Zemlju pod dominacijom demona?

Gary:
　　Sve što stvara moć demona je prosudba. Demoni nemaju moć, osim ako se vi ne priklanjate i slažete ili se opirete i reagirate na njihove prosudbe. Njihov je posao da pogoršaju prosudbu sve dok ne predate svoju moć i snagu u zamjenu za njihovo gledište. Gdje god funkcionirate iz prosudbe kao osjećaja ispravnosti ili pogrešnosti, u svoj život pozivate demone kako biste dokazali ispravnost svoga gledišta. Kada nemate gledišta, ne može biti pravog ili krivog, ne može biti demona prosudbe da pogoršaju ili eksponencijalno povećaju vašu krivnju u bilo kojem obliku ili formi.
　　Koliko energije koristite da stvarate krivnju sebe, što je dominacija demona prosudbi planetom Zemljom? Sve što to jest bezbroj puta, hoćete li sve to uništiti i dekreirati? Right and Wrong, Good and Bad, Pod and Poc, All 9, Shorts, Boys and Beyonds.
　　Koju glupost koristite da stvarate apsolutni izum i potpuni umjetni intenzitet demonskog izvora i Zemlju pod dominacijom demona, što birate? Sve što to jest bezbroj puta, hoćete li sve to uništiti i dekreirati? Right and Wrong, Good and Bad, Pod and Poc, All 9, Shorts, Boys and Beyonds.

Gary Douglas

LJUDI VJERUJU DA SU DEMONI IZVOR MOĆI

Sudionica Salona:
Puno radim s ljudskim ženama. Izgleda da su zlobne; lažu i varaju kako bi dobile ono što žele. Jesu li to demoni?

Gary:
Humanoidi mogu prepoznati demone onakvima kakvi jesu. Ljudi pak vjeruju da su demoni izvor moći. Ljudske žene zanima kontrola nad muškarcima na jedan ili drugi način. Njihov je život posvećen pozivanju demona kako bi stvorile kontrolu nad muškarcima. Koliko je vas pozvalo demone koji će stvarati kontrolu nad muškarcima?

Hoćete li sada zahtijevati da se vrate odakle su došli, da se nikada više ne vrate vama ili ovoj stvarnosti? Sve što to ne dopušta bezbroj puta, hoćete li sve to uništiti i dekreirati? Right and Wrong, Good and Bad, Pod and Poc, All 9, Shorts, Boys and Beyonds.

Dame, moja je meta dovesti vas do točke u kojoj nemate prosudbi o sebi ili o bilo čemu što birate.

Radi se o tome da vas dovedem do potpune svjesnosti o tome da vaš izbor stvara budućnost jer vi ste izvor koji stvara budućnost koja nikada nije postojala na ovom planetu - ako ćete to izabrati! Stalno se trudite ne birati kao da čekate da dođe netko tko će izabrati za vas i reći vam što da radite. Volim vas sve i nijedna od vas nije sposobna slijediti nekoga drugoga. Zašto, dovraga, ne slijedite sebe umjesto nekoga drugoga? Zašto pokušavate pronaći muškarca kojega možete slijediti – ili bilo koga drugoga koga možete slijediti? Dobra je vijest da nikada neću dopustiti da slijedite mene jer ću pobjeći od vas. Ne možete me uhvatiti bez obzira koliko brzo trčali.

Sve što to jest bezbroj puta, hoćete li sve to uništiti i dekreirati? Right and Wrong, Good and Bad, Pod and Poc, All 9, Shorts, Boys and Beyonds.

Sudionica Salona:

Ono što mi u zadnje vrijeme dolazi jest da sam demonima dala poslove koje su radili tijekom zadnjih četiri trilijuna godina. Njihov je posao bio održavati prosudbu, kontrolu i gledišta. Govorila sam: "Svaki posao koji sam vam dala, uzmite ga sa sobom i nikada se ne vraćajte."

Gary:

Morate reći: vratite se odakle ste došli, nikada se nemojte vratiti meni ili ovoj stvarnosti za cijelu vječnost.

Sudionica Salona:

Za mene je demon uvijek bio mali crni lik ili nešto poput toga. Sada je demon zapravo više kao prosudba koja se pojavljuje.

Gary:

Da, radi se o prosudbama koje stvarate. Ako ih vidite kao male crne likove ili crvene likove s rogovima i repovima ili bilo što slično, usklađujete se s ovom stvarnošću. Inzistirate da ova stvarnost ima istinu o demonima.

Sudionica Salona:

Gledajući demone na taj način prestala sam shvaćati gdje sam ih pozvala u svoj život i gdje sam ih koristila. Sada je na tim demonima potpuno drugačija energija i ja sam vam u potpunosti zahvalna.

Gary:

Pozvali ste ih u svoj život misleći da je to način na koji možete nad nečim imati moć. Ali ultimativna moć nad bilo čime je potpuna svjesnost. Što ako ne postoji veći izvor moći od vas?

Sve što ne dopušta da se to pojavi bezbroj puta, hoćete li sve to uništiti i dekreirati? Right and Wrong, Good and Bad, Pod and Poc, All 9, Shorts, Boys and Beyonds.

PROSUDBA JE NAČIN NA KOJI POZIVATE DEMONE

Sudionica Salona:

Kada ste ranije sa mnom pričali, kod mene se podigla hrpa energije. Bio je to osjećaj: "Nemojte me ušutkivati". Bilo je: "Nećete me slušati. Niste me dobro razumjeli." Bilo je čudno.

Gary:

Osjećate li se neshvaćenom?

Sudionica Salona:

Da.

Gary:

Gdje god ste odlučili što znači *neshvaćenost*, hoćete li sve to uništiti i dekreirati? Right and Wrong, Good and Bad, Pod and Poc, All 9, Shorts, Boys and Beyonds.

Cijela zamisao razumijevanja jest da netko treba stajati ispod vas kako bi vas podržao. Sviđa li vam se stajati nad ljudima?

Sudionica Salona:
Ne baš.

Gary:
S ili bez visokih potpetica!

Sudionica Salona:
Oho! Vidim da su vas sva moja pitanja pokušavala navesti da se slažete s ispravnošću mojih prosudbi o meni.

Gary:
Uglavnom. Nažalost, nemam prosudbi o vama pa mi je teško složiti se s vašim prosudbama.

Sudionica Salona:
Kada sam u interakciji s ljudima, tražim koje će se njihove prosudbe slagati s nečim o meni, kako bih se na njih mogla naljutiti.

Gary:
Ne, kako biste se mogli naljutiti na sebe. Jeste li se posvetili viđenju svoje pogrešnosti?

Sudionica Salona:
Shvatila sam da imam te prosudbe.

Gary:
Sve što ste učinili da to stvorite bezbroj puta, hoćete li sve to uništiti i dekreirati? Right and Wrong, Good and Bad, Pod and Poc, All 9, Shorts, Boys and Beyonds.

Koju glupost koristite da stvarate apsolutni izum i potpuni umjetni intenzitet demonskog izvora i Zemlju pod dominacijom demona, što birate? Sve što to jest bezbroj puta, hoćete li sve to uništiti i dekreirati? Right and Wrong, Good and Bad, Pod and Poc, All 9, Shorts, Boys and Beyonds.

Sudionica Salona:
Nedavno sam izabrala jedan projekt i napravila jako puno posla oko toga. Zatim to nisam završila i počela sam okrivljavati sebe. Upravo sada, slušajući vas, dobila sam svjesnost o tome da sam se prosuđivala zbog krivnje.

Gary:
Postavit ću vam pitanje. Koja je vrijednost prosuđivanja sebe?

Sudionica Salona:
Nema vrijednosti.

Gary:
Mora postojati vrijednost, inače to ne biste radili. Prosudba je način na koji pozivate demone. Zato ljudi prosuđuju druge. Ljudi koriste prosudbe o drugima kako bi preuzeli moć nad njima. Preuzimaju kontrolu nad drugima koristeći svoje prosudbe kako bi pozvali demone koji će stvoriti kontrolu. Prosuđivanje sebe je način na koji stvarate poziv.

Dakle, sve ono gdje ste prosuđivali sebe kako biste pozvali demone, hoćete li sve to uništiti i dekreirati i vratiti pošiljatelju? Right and Wrong, Good and Bad, Pod and Poc, All 9, Shorts, Boys and Beyonds.

Kakav biste život htjeli da ne marite imati prosudbe?

Sudionica Salona:
   Uživanje.

Gary:
   Koliko energije koristite da stvarate vrijednost u zamaranju prosudbama? Sve što to jest bezbroj puta, hoćete li sve to uništiti i dekreirati? Right and Wrong, Good and Bad, Pod and Poc, All 9, Shorts, Boys and Beyonds.
   Zamarate se prosudbama.

Sudionica Salona:
   Što je potrebno da se to promijeni kako to više ne bih birala?

Gary:
   Koju glupost koristite da stvarate izum, umjetni intenzitet i demone zamaranja prosudbama što birate? Sve što to jest bezbroj puta, hoćete li sve to uništiti i dekreirati? Right and Wrong, Good and Bad, Pod and Poc, All 9, Shorts, Boys and Beyonds.

Sudionica Salona:
   U procesu ste rekli "umjetni intenzitet." Možete li reći što je to?

Gary:
   Pomislite na nekoga tko vas prosuđuje. Koji dio toga je intenzivan? Nešto? Sve? Ili više?

Sudionica Salona:
   Sve to.

Gary:
> Vi mislite da je intenzitet vredniji od svjesnosti.
>
> Sve što to jest bezbroj puta, hoćete li sve to uništiti i dekreirati? Right and Wrong, Good and Bad, Pod and Poc, All 9, Shorts, Boys and Beyonds.

Sudionica Salona:
> Gary, gledajući vas i Daina kako radite sve više shvaćam da imate sposobnost i strpljenje dati ljudima samo ono što oni mogu čuti, iako znate što su zapravo sposobni otvoriti za primanje u tom trenutku i samo kada postave pitanje, imate znanje o tome gdje su voljni ići.

Gary:
> Da, voljan sam pogledati u budućnost koju ste vi voljni imati.

Sudionica Salona:
> Pitanjima koja postavimo?

Gary:
> Da.

Sudionica Salona:
> Kada ljudi postave pitanje, često im dajem cijeli svijet.

Gary:
> Stalno pokušavate zaključiti što im možete dati, što će im dopustiti da vas prosuđuju na način na koji osjećate da zaslužujete biti prosuđivani.

Sudionica Salona:
　　Da sam netko tko vrijedi?

Gary:
　　To znači da je vrijedna vaša prosudba o sebi.

Sudionica Salona:
　　U kojem god smjeru prosudba išla, gdje se ja ovdje blokiram? Osjećam težinu.

Gary:
　　Koju laž činiš stvarnijom od sebe? Sve što to jest bezbroj puta, hoćeš li uništiti i dekreirati sve to? Right and Wrong, Good and Bad, Pod and Poc, All 9, Shorts, Boys and Beyonds.

"BEZ GLEDIŠTA" JEDNOSTAVNO JE IZBOR

Sudionica Salona:
　　Je li moguće izabrati biti bez gledišta i da to bude veće od odluke, prosudbe, proračuna i zaključka?

Gary:
　　Da.

Sudionica Salona:
　　To je jednostavno izbor?

Gary:
　　Da, to je jednostavno izbor.
　　Što stvarate kao izbor, a nije izbor i kada to ne biste stvarali kao izbor, aktualiziralo bi se kao potpuna svjesnost?

Sve što to jest bezbroj puta, hoćete li uništiti i dekreirati? Right and Wrong, Good and Bad, Pod and Poc, All 9, Shorts, Boys and Beyonds.

Sudionica Salona:
Koju su nam izbori dostupni za stvaranje potpuno drugačije budućnosti?

Gary:
Dostupna je ogromna količina izbora. Problem je u tome što cijeli život provodimo pokušavajući se uskladiti s univerzumom bez izbora, s demonski opustošenim univerzumom, što je isto kao biti stvaran u ovoj stvarnosti. Što ako više ne morate biti stvarni u ovoj stvarnosti? Koje biste izbore imali?

Sudionica Salona:
Proces koji ste upravo pokrenuli stvorio je toliko prostora kroz moje tijelo. Svjesna sam kroz svoje tijelo kako se netko steže u svom svemiru, iako to nije moje.

Gary:
Umjesto da bude kroz vaše tijelo, što ako je s vašim tijelom?

Sudionica Salona:
Koja je razlika?

Gary:
Kroz vaše tijelo je ideja da vaše tijelo ima svjesnost koju vi nemate. S vašim tijelom jest kada širite ono čega ste vi i vaše tijelo svjesni.

Sudionica Salona:
Ovaj je proces više proširio ono čega smo moje tijelo i ja svjesni. To je tako fora. Hvala vam.

Sudionica Salona:
Je li to veći prostor za budućnost?

NIKADA NEMOJTE NEKOGA ILI NEŠTO ČEKATI

Gary:
Da, to je ono što morate imati kao prostor za budućnost.
Evo primjera. Imamo nekoga tko je za nas stvorio prekrasan logotip i svi pokušavaju odlučiti trebaju li svi naši logotipovi biti isti ili bismo svi trebali imati drugačiji logotip. Ljudi ne idu naprijed. Oni čekaju dok se to ne sredi. Uvijek govorim: "Nikada nemojte nekoga ili nešto čekati."
Trebate ovo shvatiti. Ako ćete stvarati budućnost, ne možete nikoga čekati - jer tada stvarate na temelju buduće vremenske crte druge osobe, a ne onoga čega ste svjesni.

Sudionica Salona:
Kada ste rekli "nemojte nikoga čekati" shvatila sam koliko nestajem dok čekam ljude.

Gary:
Trenutak kada ulazite u čekanje, prestajete postojati. Stavljate se na čekanje. To je kao da zadržavate dah i čekate sljedeći trenutak kako biste mogli udahnuti. Funkcionira li to? Ne.

Kada ljudi nešto čekaju, pokušavaju to učiniti ispravnim. Radi se o prosudbi. Sve što čine je biranje ispravnoga. To je presporo.

Nedavno smo surađivali s dvoje umjetnika, a kada surađujete s umjetnikom, ništa nikada neće biti ispravno ili savršeno, bez obzira što činili. Uvijek se može unaprijediti. Umjetnici nikada nisu u pitanju o onome što rade. Uvijek su u zaključku o tome što je to trebalo biti ili prosuđuju da ono što jest nije onakvo kakvo su mislili da će ispasti.

Ja nikada nikoga ne čekam, ja samo nastavljam stvarati. Kažem: "Znaš što? To je sjajno. Krenimo."

Ako idete polako, živite život u svemiru ove stvarnosti ispravnog ponašanja. Ispravno ponašanje ove stvarnosti je da idete što je moguće sporije kako ne biste stvarali valove. Ali vi ste tvorci valova. Kada ste se kao djeca kupali u kadi, bućkali biste i stvarali sudaranje valova o rub kade. Biti miran u kadi nije bilo jedno od vaših gledišta. Bilo je: "Koliko je ovo zabavno? Neka se sve kreće." Stajati mirno za većinu vas nije bila stvarnost pa ipak stalno pokušavate stajati mirno kao da to možete. Stvar je ta - ne možete. Nikada nikoga nemojte čekati. Počnite, idite i stvarajte. Ako čekate, stavljate sebe izvan postojanja, sve dok netko ne završi ono što radi i otvori vam vrata kako biste bili.

Koju glupost koristim da stvaram čekanje što biram? Sve što to jest bezbroj puta, hoćete li sve to uništiti i dekreirati? Right and Wrong, Good and Bad, Pod and Poc, All 9, Shorts, Boys and Beyonds.

Kada čekate, odričete se svoje svjesnosti u zamjenu za nečiji završetak. Što ako ljudi koje čekate nikada ne završe? Kada ćete vi bivati? Kada oni umru?

Poznavao sam ljude koji su čekali da im roditelji umru kako bi mogli dobiti njihov novac, a njihovi su roditelji još godinama živjeli. Kada su djeca napokon dobila njihov novac, nisu dobili iznos koji su očekivali. To zapravo nije stvorilo ništa u njihovim životima i bili su ljuti što njihovi roditelji nisu imali više novca. Zašto biste čekali da stvarate život na temelju naslijeđenog novca ili onoga što ćete imati kada ga dobijete? Zašto ne biste stvarali svoj život *sada* i uživali?

Što je to što čekate? Sve što to jest bezbroj puta, hoćete li sve to uništiti i dekreirati? Right and Wrong, Good and Bad, Pod and Poc, All 9, Shorts, Boys and Beyonds.

Poznavao sam ljude koji su čekali svoje umirovljenje, misleći da jednom kada budu u mirovini, sve će biti dobro. Prijatelj mi je poslao šalu. Netko pita umirovljenika: "Što radiš sada kada si u mirovini?" Umirovljenik je rekao: "Pa, imam pozadinu kemijskog inženjerstva i jedna od stvari u kojim najviše uživam je pretvaranje piva, vina i viskija u urin. To me nagrađuje, podiže i zadovoljava. Radim to svaki dan i zaista uživam u tome!"

BITI FUTURIST

Sudionica Salona:
Kako je to biti futurist?

Gary:
Kako biste bili futurist morate biti voljni vidjeti za što ste sposobni, a još niste izabrali.

Za koje ste stvaranje budućnosti sposobni, a još niste izabrali, ispitali i stvorili kao mogućnost? Sve što to jest bezbroj puta, hoćete li sve to uništiti i dekreirati? Right and Wrong, Good and Bad, Pod and Poc, All 9, Shorts, Boys and Beyonds.

Sudionica Salona:
Možete li govoriti o sudbini i duhu, molim vas?

Gary:
Ako ćete biti budućnost, morate biti voljni prepoznati gdje možete biti sudbina i duh. Radi se o tome da budete glasnik budućih mogućnosti.

Koju glupost koristite da izbjegnete biti glasnik budućih mogućnosti što biste mogli izabrati? Sve što to jest, bezbroj puta, hoćete li sve to uništiti i dekreirati? Right and Wrong, Good and Bad, Pod and Poc, All 9, Shorts, Boys and Beyonds.

Sudionica Salona:
Što je to glasnik?

Gary:
Glasnik je onaj tko je sposoban dovesti u aktualizaciju ono što može postojati. Vi ste kao prognostičar onoga što će biti.

Sudionica Salona:
Pitanje "ako ovo izaberem, kakav će mi život biti za pet godina" promijenilo je cijeli moj fokus i izbore koje donosim. Postavljam to pitanje za sve i puno sam svjesnija onoga kakav život i življenje želim.

Gary:

Upravo tako. Zato trebate postaviti to pitanje. Ako ne, stvarate isto što ste radili u prošlosti. Ne tražite svoj plan, ne tražite ono što bi vam dopustilo da stvarate svoju budućnost. Nećete to samo izabrati. Stoga je to trik pitanje da vas na to navede. Moram vas trikom dovesti u svijest. Oprostite, dame.

Sudionica Salona:

Ja se fokusiram na sadašnjost, a ne na budućnost. Prihvatila sam ideju da moram biti prisutna u trenutku. Moram biti sada. Dakle, kako to dolazi u budućnost?

Gary:

Morate biti voljni pogledati u sada i u budućnost i prepoznati da izbori koje donosite stvaraju budućnost. Morate biti voljni stvarati budućnost. Fokusiranje isključivo na sada je izbjegavanje stvaranja i generiranja.

Sudionica Salona:

Pa gdje sam prihvatila ideju življenja u trenutku?

Gary:

Od nekog šupka!

Sudionica Salona:

Moja je svrha bila živjeti u trenutku. Volim vas! Ovo je ogromno za mene. Življenje u trenutku zapravo zaustavlja moju budućnost.

Gary:

Želite biti prisutni i živjeti da stvarate sada i u budućnosti. U suprotnom, kada dođete do budućnosti, nećete imati ništa.

Ako živite u trenutku bez stvaranja budućnosti, kada dođete u budućnost, morat ćete živjeti u trenutku kako ne biste stvarali budućnost, tako da možete imati sada, što ste odlučili da je dobro sada, radije nego loše sada, što znači da ste u prosudbi. Budućnost koju stvarate je prosudba. Kako vam to odgovara?

Sudionica Salona:
Ne odgovara. Hvala.

Gary:
Sve što to jest bezbroj puta, hoćete li sve to uništiti i dekreirati? Right and Wrong, Good and Bad, Pod and Poc, All 9, Shorts, Boys and Beyonds.

Sudionica Salona:
Možete li objasniti što je *osvajanje* u kontekstu stvaranja i jedinstva?

Gary:
Ako funkcionirate iz jedinstva i svijesti, *osvajanje* znači da ćete pobijediti svoja ograničenja i da neće pokušati osvojiti druga.

U ovoj stvarnosti *osvajanje* je uvijek preuzimanje kontrole nad drugima. To se najčešće čini s ljutnjom ili prosudbom. Dakle, prosudba i ljutnja su dva primarna izvora stvaranja kontrole nad drugima.

Koliko vas je posvetilo svoj život prosudbama i ljutnji kao načinu dobivanja kontrole nad kime i čime ne možete dominirati? Sve što to jest bezbroj puta, hoćete li sve to uništiti i dekreirati? Right and Wrong, Good and Bad, Pod and Poc, All 9, Shorts, Boys and Beyonds.

BIRANJE STVARNOSTI

Sudionica Salona:
Sada mi se sve otvara. Percipiram da stvaram sve svoje stvarnosti, jednu koja mi pretežno odgovara i jednu koja je poput moje stare stvarnosti.

Gary:
To nije *pretežno*. Imate dvije stvarnosti. Sad, što ako biste izabrali ići preko toga?

Sudionica Salona:
To zvuči uzbudljivo.

Gary:
Volio bih ovdje stvoriti drugačije gledište. Uzbuđenje (op.prev. odnosi se na englesku riječ "excitement") je ideja da izađete izvan nečega da stvarate intenzitet koji ste definirali kao uzbuđenje. Iz potištenosti u nešto veće.

Umjesto toga, pokušajte koristiti *ushićenje (entuzijazam)*. Postavite pitanje: "Što me ushićuje?" a ne: "Što me uzbuđuje?" Ako počnete funkcionirati iz ushićenja, vi ćete nastavljati, izmjenjivati i mijenjati mogućnosti. Ako funkcionirate iz uzbuđenja, tada to uvijek mora doći do kraja. Ono što je uzbudljivo, nužno mora doći do kraja. Zato što je uzbuđenje izvan nečega, a ne u nečemu. Ushićenje je svemir unutra.

Sudionica Salona:
Hvala, učinit ću to. Osjećam da u uzbuđenju postoji ovisnička kvaliteta. Možete li to razjasniti, molim?

Gary:

To nije ovisnost. To je usklađenost. Naučili ste biti uzbuđeni. Uzbuđenje je ono što svi pretpostavljaju da je poboljšanje onoga što imaju. Misle da je to izlazak iz ograničenja. To je većini ljudi dovoljno. Ali uzbuđenje nije beskonačna mogućnost.

Sve što ste učinili da stvarate uzbuđenje kao poboljšanje svojih ograničenja, umjesto ushićenja za većim mogućnostima, hoćete li sve to uništiti i dekreirati? Right and Wrong, Good and Bad, Pod and Poc, All 9, Shorts, Boys and Beyonds.

Sudionica Salona:

Zadržava li uzbuđenje prosudbu, Gary? Vidim prosudbe svuda oko sebe.

Gary:

Uzbuđenje održava prosudbu dijelom onoga što stalno birate.

Sudionica Salona:

Dakle, stara stvarnost više nije neophodna?

Gary:

Nažalost, draga, trebate izabrati. Postavite pitanje:
+ Ako izaberem ovu stvarnost, kakav će mi život biti za pet godina?
+ A ako izaberem drugu stvarnost, kakav će mi život biti za pet godina?

Dobit ćete jasnoću koji je vaš stvarni plan i što biste zaista htjeli stvoriti kao svoj život. U cijeloj ovoj grupi ne postoji nijedna osoba koju su ikada ohrabrivali da izabere nešto što bi stvaralo budućnost. Je li to itko primijetio?

Sudionica Salona:
Da, sviđa mi se to. Je li u redu potpuno otpustiti jednu stvarnost?

Gary:
Da ili možete potpuno otpustiti obje stvarnosti i možda pronaći treću.

Sudionica Salona:
Fora, dakle ništa od ovoga nije stvarno.

Gary:
Stvarnost znači da se dvoje ili više ljudi priklanjaju i slažu s vašim gledištem.

Sudionica Salona:
Ja se čak ne priklanjam i ne slažem sa sobom.

Gary:
Upravo to! Ne priklanjam se i ne slažem se sa svojim gledištem; prema tome, nemam gledište; prema tome, uvijek imam izbor. Svaki izbor stvara mogućnost, svaki izbor stvara svjesnost i svaki izbor stvara drugačiju budućnost mogućnosti. Zanima me koje izbore imam i koje mogućnosti ovdje mogu stvarati i generirati.

Gledam u sve u svom životu i pitam se:
- Želiš li i dalje biti u mom životu?
- Funkcionira li ovo?
- Aktualizira li ovo nešto što bi ti htio biti i činiti u svijetu?

Čak i kada je u pitanju moje pokućstvo, pogledam uokolo i postavljam ova pitanja. Danas je u moju kuću došla žena kako bi vidjela mogućnost fotografiranja kuće za časopis i bila je obasuta. Rekla je: "Imate previše stvari da to fotografiramo."

Shvatio sam da su htjeli sve učiniti što je oskudnije moguće; to bi smatrali odličnom mogućnošću. Ako nemaš ništa u svojoj ladici, ništa u svojoj kući i ništa što se događa osim jedne stvari, to znači da si elegantan.

Izludilo ju je kada sam rekao: "Volim antikvitete jer dolaze iz vremena veće elegancije nego što imamo sada. Ljudi ne vole živjeti elegantno. Ljudi volje živjeti oskudno." Nije joj se to svidjelo i otišla je.

Prije odlaska rekla je: "Vratit ćemo se u jesen jer tada fotografiramo unutrašnjosti. Vanjski prostor fotografiramo ljeti."

Pomislio sam: "Oho, imam vanjski prostor ljeti, u proljeće, zimi i ujesen. Zašto ne i vi?" Nisam to rekao. Bio sam toga svjestan jer ja nemam gledište ni o čemu, što stvara mogućnost za sve.

Dakle, gdje god ste zauzeli gledišta za stvaranje i eliminiranje onoga što biste mogli imati kao mogućnost, hoćete li sve to uništiti i dekreirati? Right and Wrong, Good and Bad, Pod and Poc, All 9, Shorts, Boys and Beyonds.

Ona je zauzimala vizualno ograničenu stvarnost kako bi stvorila ono što je odlučila da je prihvatljivo ljudima koji će se prikloniti i složiti s njezinim gledištem. Većina svijeta tako funkcionira. Eliminiraju budućnost kao mogućnost.

Gdje ste se priklonili i složili s nečijim gledištem da eliminirate buduće mogućnosti koje biste mogli izabrati? Sve što to jest bezbroj puta, hoćete li sve to uništiti i

dekreirati? Right and Wrong, Good and Bad, Pod and Poc, All 9, Shorts, Boys and Beyonds.

POSTATI IZVOR VEĆE MOGUĆNOSTI

Sudionica Salona:
Jučer se nešto pomaknulo u mom svemiru i postala sam voljna biti svjesna budućnosti dok sam prisutna u sadašnjosti, kao što smo razgovarali. Postavljala sam pitanje: "Koja je informacija ovdje koja može sada promijeniti što će stvoriti tu budućnost?" Možete li malo doprinijeti tome?

Gary:
Ako nemate gledište, stvarate mogućnost. Svaki izbor stvara i svako stvaranje donosi nešto u aktualizaciju. Koje izbore donosite, koju aktualizaciju birate? Kako bi bilo da ste voljni biti izvor veće mogućnosti?

Koju fizičku aktualizaciju percipiranja, znanja, bivanja i primanja sebe kao izvora veće mogućnosti ste sada sposobni generirati, stvarati i utemeljivati? Sve što to ne dopušta bezbroj puta, hoćete li sve to uništiti i dekreirati? Right and Wrong, Good and Bad, Pod and Poc, All 9, Shorts, Boys and Beyonds.

IZBOR JE IZVOR STVARANJE SVEGA

Gary:
Mogućnost stvara veće pitanje, izbor, mogućnost i doprinos. Te su stvari međusobno povezane. I one su izvor stvaranja drugačije mogućnosti.

Sudionica Salona:

Rekli ste: "Svaki izbor stvara" i pitali ste: "Koju aktualizaciju birate?"

Gary:

Izbor je izvor stvaranja svega. Zato vam predlažem da pitate: ako ovo izaberem, kakav će mi život biti za pet godina? Vi *djelujete* u svom životu, ali ne *bivate* ono što stvara vaš život. Ako birate na temelju bivanja budućnosti, otvarate vrata svakoj mogućnosti koja vam je dostupna, svakom izboru kojega nikada niste vidjeli, svakom izboru kojega nitko od vas nije tražio da izaberete.

Vaša vas obitelj pokušava navesti da izaberete između *ovoga* i *onoga*. Kažu: "Možeš dobiti sladoled od čokolade ili vanilije."

Vi kažete: "Ali ja želim jagodu."

Oni kažu: "Ne, možeš dobiti čokoladu ili vaniliju."

Vi kažete: "Ne, ja želim jagodu."

Oni kažu: "Ali tvoji izbori su čokolada ili vanilija."

Vi napokon kažete: "U redu, uzet ću vaniliju" ili "Uzet ću od svakoga malo." Stvarate "ne-izbor" kao jedini izbor kojeg u ovoj stvarnosti imate.

Sudionica Salona:

Imam problem s riječi *izbor*. Čula sam sve o čemu ste pričali, ali to se uopće ne registrira u mojoj glavi. Kao da pričate drugim jezikom.

Gary:

Što je za vas izbor?

Sudionica Salona:
Za mene je izbor odluka. Ili ovo ili ono. Ne vidim iznad izbora.

Gary:
To znači da niste voljni uistinu birati. Samo ste voljni vidjeti što je moguće prije nego što birate. Zapeli ste u pravom ili krivom izboru. Što ako ne postoji pravi ili krivi izbor, već samo izbor?

Sudionica Salona:
Kako je to izbor? Čujem da govorite o tome kao jednini. U mom umu izbor je višestruk.

Gary:
Ako imate višestruke izbore, morate biti voljni vidjeti koji izbor stvara budućnost koja vam odgovara i zato ja pitam: ako ovo izaberem, kakav će mi život biti za pet godina?

Sudionica Salona:
Što ako ne dobijem odgovor?

Gary:
To neće biti odgovor. Svrha pitanja nije dobiti odgovor; svrha pitanja je svjesnost. Možda ste pogrešno protumačili i pogrešno primijenili da je izbor dobivanje odgovora.

Ako imamo gledište da bismo trebali postaviti pitanje kako bismo dobili odgovor ili došli do zaključka, odluke ili prosudbe, svoj život pokušavamo stvoriti kao zaključnu stvarnost. To nije stvarnost u kojoj želite živjeti.

Sudionica Salona:
Mislim da je to to.

Gary:
Gdje god ste pitanja i izbor stvorili kao odgovor, hoćete li sve to uništiti i dekreirati? Right and Wrong, Good and Bad, Pod and Poc, All 9, Shorts, Boys and Beyonds.

Sudionica Salona:
Upravo sam shvatila da pitamo: "Koji izbor možemo donijeti?" kao da se radi o obavljanju toga; a to je više biti izbor.

Gary:
Da, zato sam i rekao da trebate to pogledati iz drugačijeg mjesta. Morate postaviti pitanja:
+ Kakvu stvar želim stvoriti?
+ Ako to izaberem, kakav će mi život biti za pet godina?

Pet godina u budućnost za vas je predugo da to učinite konkretnim. Možete samo imati svjesnost o tome kakvo će to biti. Ne možete imati svjesnost o zaključcima do kojih možete doći, ograničenjima koja možete stvoriti i tako dalje. Sve što možete imati je svjesnost o tome što je zapravo moguće.

To je mjesto gdje morate biti voljni vidjeti da postoji drugačija mogućnost.

Pokušavam vas navesti da izaberete drugačije mogućnosti jer kada to počnete raditi iz gledišta izbora, pitanja i mogućnosti, sve je stvaranje svjesnosti, a ne dolaženje do zaključaka. Nažalost, toliko je ove stvarnosti stvoreno oko ideje zaključaka.

Koliko zaključaka imate o tome što znači biti žena? Sve što to jest bezbroj puta, hoćete li sve to uništiti i dekreirati? Right and Wrong, Good and Bad, Pod and Poc, All 9, Shorts, Boys and Beyonds.

Koliko zaključaka imate o tome koje izbore imate, koja je svrha izbora, koja je vrijednost izbora i što biste trebali činiti s izborom? Sve što to jest bezbroj puta, hoćete li sve to uništiti i dekreirati? Right and Wrong, Good and Bad, Pod and Poc, All 9, Shorts, Boys and Beyonds.

VIDJETI ŠTO JE KRIVO NASPRAM ONOGA ŠTO JE MOGUĆE

Sudionica Salona:
Postala sam svjesnija toga koliko moja majka bira biti manipulativna, okrutna, lažljiva, nasilna i kontrolirajuća, sve pod velom ljubaznosti, pretvaranja i ljupkosti. Otkad sam bila mlada govorila mi je kako sam divna i lijepa i optuživala me da sam zla, pokvarena, okrutna i ovisna. Prije sam vjerovala u te stvari o sebi, ali sada znam da me optužuje za ono što ona radi.

Gary:
Da, ljudi vas optužuju samo za ono što i sami rade.

Sudionica Salona:
Teško se s njom nosim. Želim da netko o njoj brine i da joj bude roditelj i to sam pokušala. Pokušala sam joj i pomoći da to popravi.

Gary:

Prestanite biti muškarac. Jedino muškarci popravljaju stvari.

Gdje god ste pokušali biti muškarac da popravite roditelje koji vam ne odgovaraju, svi vi, hoćete li sve to uništiti i dekreirati? Right and Wrong, Good and Bad, Pod and Poc, All 9, Shorts, Boys and Beyonds.

Sudionica Salona:

Gary, može li se to primijeniti na bilo koji odnos? Da ništa ne pokušavamo popraviti u bilo kojem odnosu, uključujući i brak?

Gary:

Da, ako pokušavate biti muškarac, uvijek pokušavate popraviti ono što je krivo, što znači da imate fokus na što? Što je moguće? Ili što je krivo?

Sudionica Salona:

Što je krivo.

Gary:

Da, svaki puta kada se fokusirate na ono što je krivo, što vidite? Više krivog. Ne možete vidjeti što je moguće. Biti u budućnosti znači da ste uvijek sposobni vidjeti, percipirati, znati, biti i primati što je moguće.

Kada se fokusirate na ono što je krivo, koliko energije koristite kako biste uništili svoj kapacitet percipiranja, znanja, bivanja i primanja onoga što je zapravo moguće?

Sve što to jest bezbroj puta, hoćete li sve to uništiti i dekreirati? Right and Wrong, Good and Bad, Pod and Poc, All 9, Shorts, Boys and Beyonds.

Sudionica Salona:

Voljela bih razjasniti i promijeniti ovo s mojom majkom.

Gary:

Postavite pitanje: koju glupost koristim da stvaram majku što biram? Morate prestati pokušavati podržavati tu glupu ženu.

MOŽETE MRZITI SVOJU MAJKU ILI MOŽETE IMATI POTPUNU SLOBODU

Sudionica Salona:

Mrzim je. Jednostavno je mrzim.

Gary:

Mrzite li je toliko da biste stvorili tako puno energije kako biste je mrzili? To vam daje potpunu slobodu, zar ne?

Sudionica Salona:

Očito sam stvorila nešto što prihvaćam, ali ne mogu biti ništa drugo.

Gary:

Ovdje imate dva izbora. Možete mrziti svoju majku ili možete imati potpunu slobodu. Što biste vi odabrali?

Sudionica Salona:

Potpunu slobodu.

Gary:

Jeste li sigurni da je to potpuna sloboda? Puno vam je poznatije mrziti je, nije li?

Sudionica Salona:
   Da, dugo sam to radila.

Gary:
   Mrzili ste je. Je li vam to stvorilo slobodu?

Sudionica Salona:
   Mrzila sam je kako bih sebe zabarikadirala protiv nje.

Gary:
   Barikadirate li sebe kako ne biste imali sebe, ne biste bili svoji i ne biste birali sebe? Ili je to pretpostavka da je ona razlog što ne možete biti sve što želite biti?

Sudionica Salona:
   To.

Gary:
   Sve što to jest bezbroj puta, hoćete li sve to uništiti i dekreirati? Right and Wrong, Good and Bad, Pod and Poc, All 9, Shorts, Boys and Beyonds.
   Istina, jeste li vi bili njezina konkurencija?

Sudionica Salona:
   Da.

Gary:
   Je li ona voljela imati konkurenciju?

Sudionica Salona:
   Ona to obožava. Voli se sa svima svađati.

Gary:
   Što također uključuje i svađu sa sobom?

Sudionica Salona:
   Da.

Gary:
   Gdje god ste je pokušali duplicirati kako ne biste bili poput nje, što vas čini istom kao što je ona, što znači da se cijelo vrijeme svađate sa sobom, hoćete li sve to uništiti i dekreirati? Right and Wrong, Good and Bad, Pod and Poc, All 9, Shorts, Boys and Beyonds.
   Naljutili ste se na K kada se smijao nečemu što ste rekli o svojoj majci. Shvaćate li da ste u tom trenutku branili svoju majku od K-ovog smijeha?

Sudionica Salona:
   Branila sam svoju majku od K-ovog smijeha? Da, to je bilo to.

Gary:
   Da, prihvaćate gledište svoje majke. Zašto? To je usklađivanje da budete žena.
   Sve što ste učinili da se uskladite da budete žena, da budete poput svoje mame koju mrzite, što znači da morate voljeti ili mrziti sebe? Ili vidjeti sebe kao dobru, lošu ili krivu? Nije li to super? Mrzite svoju mamu pa je kopirate i postajete poput nje kako biste se uvjerili da nećete biti ona, ali time jeste ona. Sve što to jest bezbroj puta, hoćeš li uništiti i dekreirati sve to? Right and Wrong, Good and Bad, Pod and Poc, All 9, Shorts, Boys and Beyonds.

Sudionica Salona:

Imam intenzitet na lijevoj strani. U mojim je prsima i penje se po vratu.

Gary:

Na temelju čega? Koliko ste sebe učinili krivom?

Sve što ste učinili da se okrivljavate i sve što ste zaključali u lijevoj strani svog tijela i sve demone koje ste iskoristili da zaključate svoju pogrešnost, hoćete li sve to uništiti i dekreirati? I zahtijevajte da se vrate odakle su došli, da se nikada više ne vrate u ovu stvarnost? Right and Wrong, Good and Bad, Pod and Poc, All 9, Shorts, Boys and Beyonds.

Osjećate li se bolje?

Sudionica Salona:

Da.

Gary:

Svaki puta kada imate nešto na lijevoj strani tijela, želim da pitate: jesam li to ja ili moja mama?

Sudionica Salona:

A ako dobijem da je to moja mama?

Gary:

Recite: sve što sam učinila kako bih to duplicirala, POC i POD.

Većina nas, kad imamo roditelja koji nas ne voli, pokušavamo duplicirati ono što on jest kako bismo ga pridobili da nas voli. Funkcionira li to?

Sudionica Salona:
   Ne. Ohrabruju li nas da budemo poput njih, kako bi imali što prosuđivati?

Gary:
   Ne. Vi ste već prosudili njih. Vaša prosudba o njima možda zapravo nije vaša prosudba o njima, već vaša svjesnost o njihovoj prosudbi o sebi. A vi mislite da nemate svjesnosti!

Sudionica Salona:
   Hvala, Gary.

Gary:
   Sve što ste učinili da prihvatite njihove prosudbe o njima kao svoje prosudbe o njima, kako biste imali prosudbe o njima da ih toliko prosuđujete koliko oni prosuđuju sebe i oni mogu biti sigurni kako su u pravu da su u krivu i time što ih duplicirate kako biste to radili, vi ste u pravu da ste u krivu i time sve ispravno funkcionira? Ne baš. Sve što to jest bezbroj puta, hoćete li sve to uništiti i dekreirati? Right and Wrong, Good and Bad, Pod and Poc, All 9, Shorts, Boys and Beyonds.

NAJVEĆA OSVETA

   Budite oprezni, T, stvari se počinju razbijati. Ako niste oprezni, bit ćete ponovno sretni. Mogu li vam reći ovo? Najveća osveta vašim roditeljima jest da budete sretni.

Sudionica Salona:
   Imat ću to.

Gary:

Koju fizičku aktualizaciju kapaciteta da budete, činite, imate, stvarate i generirate *sretno* ste sada sposobni stvarati, generirati i utemeljivati? Sve što to ne dopušta bezbroj puta, hoćete li sve to uništiti i dekreirati? Right and Wrong, Good and Bad, Pod and Poc, All 9, Shorts, Boys and Beyonds.

Svi trebate shvatiti, svaki puta kada se netko smije nečemu što ste učinili ozbiljnim, to je zato što u tome vidi humor. Ako se zbog toga ljutite, pokušavate obraniti osobu na koju ste ljuti. Imat ćete toliku slobodu kada to shvatite.

To je dio komedije ove stvarnosti da se naša mržnja može prosuđivati ili stvarati samo na temelju naših prosudbi o sebi s kojima smo suglasni. Ako oko toga pokušavate biti uzrujani, branite osobu na koju ste uzrujani. To pokazuje da vam je stalo do nje, ali ne želite znati da vam je stalo do nje.

Sudionica Salona:

Ako vas netko mrzi, kako se nosite s time?

Gary:

Ako vas netko mrzi, zastrašite ga svjesnošću o tome što on može biti, a to ne želi biti.

Sudionica Salona:

Koliko se s time možemo zabavljati?

Gary:

Ne, nije vam dopušteno zabavljati se! Morate biti očajni.

U redu, dame, nadam se da vam je ovo bilo zabavno. Meni je bilo stvarno zanimljivo. Uvijek me odvedete na mjesta na koja nisam planirao ići, bez obzira sviđalo mi se to ili ne! Hvala vam.

12
Postati slobodni radikal svijesti

Svijest je tekuća stvarnost.
Nikada nije učvršćena ograničenjem.

Gary:
Bok, dame. Ima li tko pitanje?

LAK PROSTOR MOGUĆNOSTI

Sudionica Salona:
Pokušavam se s nečim nositi i pravim se manjom od zadatka. Molim vas, možete li predložiti proces koji će mi pomoći da ostanem u ekspanzivnom, obilnom, lakom prostoru mogućnosti?

Gary:
Koju glupost koristim da stvaram izbjegavanje lakog prostora mogućnosti kojega bih mogla birati? Sve što to jest

bezbroj puta, jeste li voljni sve to uništiti i dekreirati? Right and Wrong, Good and Bad, Pod and Poc, All 9, Shorts, Boys and Beyonds.

Očito će ovo djelovati i na nekoliko drugih ljudi!

Koju glupost koristim da stvaram izbjegavanje lakog prostora mogućnosti kojega bih mogla birati? Sve što to jest bezbroj puta, jeste li voljni sve to uništiti i dekreirati? Right and Wrong, Good and Bad, Pod and Poc, All 9, Shorts, Boys and Beyonds.

Sudionica Salona:

Stvaram poslovanje iznad ove stvarnosti i trebam neku pomoć. Trebam biti sposobna svakoga dana raditi deset sati i privući ljude s fenomenalnim kapacitetima da mi pomognu i ja to biram. Koji proces mogu pokretati?

Gary:

Koju glupost koristim da izbjegnem lakoću stvaranja i generiranja koju bih mogla birati? Sve što to jest bezbroj puta, jeste li voljni sve to uništiti i dekreirati? Right and Wrong, Good and Bad, Pod and Poc, All 9, Shorts, Boys and Beyonds.

Koju glupost koristite da stvarate izum, umjetni intenzitet i demone matematičkog proračuna medijana za utemeljivanje prosječnosti kao formule za stvaranje maksimizacije ljudske stvarnosti u odnosu na seks, kopulaciju, novac i drugi spol što birate u odnosima? Sve što to jest bezbroj puta, hoćete li sve to uništiti i dekreirati? Right and Wrong, Good and Bad, Pod and Poc, All 9, Shorts, Boys and Beyonds.

IĆI IZNAD STANDARDNIH ODSTUPANJA LJUDSKE STVARNOSTI

Sudionica Salona:
Možete li objasniti što je to maksimizacija ljudske stvarnosti, molim?

Gary:
Maksimizacija ljudske stvarnosti je kada si dopustite imati samo određene količine onoga što se ne uklapa u ljudsku stvarnost. Zarađujete određenu količinu novca, ali je to unutar standardnog odstupanja od norme, što znači da nikada ne smije biti previše. Zbog toga zaustavljate količinu novca koju možete dobiti. Maksimizirate ljudsku stvarnost.

Pitajte: "Kako se mogu maksimizirati u nešto veće od ovoga?" Maksimizacija u ovoj točki nije veća od dva standardna odstupanja od norme. Stoga se okrivljavate ili uništavate ono što imate ili se umarate u krivo vrijeme ili vam se ne sviđa stvarati više od toga ili se družite s ljenčinama i onda kažete: "Ionako to ne mogu." To je način na koji se zadovoljavate s manjim, umjesto s većim. To je potpuno izopačeno gledište.

Odbijamo ići preko standardnih odstupanja ljudske stvarnosti.

Koliko seksa, kopulacije, odnosa i novca birate na temelju toga da nikada ne odstupate više od dva standardna stupnja devijacije od norme? Sve što to jest bezbroj puta, hoćete li sve to uništiti i dekreirati? Right and Wrong, Good and Bad, Pod and Poc, All 9, Shorts, Boys and Beyonds.

Koju glupost koristite da stvarate izum, umjetni intenzitet i demone matematičkog proračuna medijana za utemeljivanje prosječnosti kao formule za stvaranje maksimizacije ljudske stvarnosti u odnosu na seks, kopulaciju, novac i drugi spol što birate u odnosima? Sve što to jest bezbroj puta, hoćete li sve to uništiti i dekreirati? Right and Wrong, Good and Bad, Pod and Poc, All 9, Shorts, Boys and Beyonds.

Svijest je tekuća stvarnost. Nikada nije učvršćena ograničenjem. Zapeli smo s proračunom za medijan ljudske stvarnosti. Imamo trenutke gdje pucamo i stvaramo divne stvari i onda se vraćamo tamo gdje smo bili prije.

Sudionica Salona:

U ovoj stvarnosti govorimo o maksimiziranju svojih prednosti. Dakle, kada to radite, maksimizirate ono što već znate.

Gary:

Da, to je sve što možete učiniti. Ne možete nikada ići iznad dva standardna odstupanja od medijana. To je jedini način na koji se možete uklopiti u ovu stvarnost.

Koju glupost koristite da stvarate izum, umjetni intenzitet i demone matematičkog proračuna medijana za utemeljivanje prosječnosti kao formule za stvaranje maksimizacije ljudske stvarnosti u odnosu na seks, kopulaciju, novac i drugi spol što birate? Sve što to jest bezbroj puta, hoćete li sve to uništiti i dekreirati? Right and Wrong, Good and Bad, Pod and Poc, All 9, Shorts, Boys and Beyonds.

LJUDSKA STVARNOST POSVEĆENA JE PROSJEČNOSTI

Posvećeni ste prosječnosti. Sve treba ostati isto. To je otprilike ljudska stvarnost ukratko. Nemojte previše odstupati s jedne ili druge strane. Postoje neki ljudi koji toliko odstupaju da imaju gomilu novca.

Postoje i ljudi koji su poput S koji toliko odstupaju u odnosima jer su voljni imati više nego što je to većina ljudi voljna imati. Otišli ste preko standardnog odstupanja, ali i dalje pokušavate uvidjeti kako ste u krivu ili kako bi svi ostali trebali izabrati ono što vi birate, što je istina, ali ne mogu sve dok su blokirani u ovom medijanu.

Koju glupost koristite da stvarate izum, umjetni intenzitet i demone matematičkog proračuna medijana za utemeljivanje prosječnosti kao formule za stvaranje maksimizacije ljudske stvarnosti u odnosu na seks, kopulaciju, novac i drugi spol što birate? Sve što to jest bezbroj puta, hoćete li sve to uništiti i dekreirati? Right and Wrong, Good and Bad, Pod and Poc, All 9, Shorts, Boys and Beyonds.

Medijan je mjesto u kojem je sve u ravnoteži. Nikada nikoga ne katapultirate, uključujući i sebe, u nešto drugačije što ne poznajete. Zato si ne želite dopustiti da imate odličan odnos. Imate taj medijan koji tražite u svakom muškarcu. Ne dopuštate sebi da imate muškarca koji će doći u vaš život i koji će vas katapultirati izvan ove stvarnosti u nešto veće.

Sve što to jest bezbroj puta, hoćete li sve to uništiti i dekreirati? Right and Wrong, Good and Bad, Pod and Poc, All 9, Shorts, Boys and Beyonds.

Sudionica Salona:
   Gdje je svjesnost u ovome?

Gary:
   U medijanu nema svjesnosti. To je i njegova svrha - da vas drži izvan svjesnosti.

Sudionica Salona:
   Iznad medijana i drugog spola, kako to izgleda?

Gary:
   Poznajem žene koje su se identificirale kao da su muškoga roda. Pokušavaju sebe stvarati na rubu muškog roda pa stoga stvaraju ne sasvim ženstvena tijela. Zato koristimo riječi *tijelo* i *drugi spol*, radije *nego suprotni spol*.
   Ako ste voljni funkcionirati izvan uobičajenoga, sve vam može biti dostupno, a ne samo dio toga. Možete imati sve muške osobine i biti žena koja izgleda najženstvenije na cijelom svijetu.
   Najveća pogreška koju žene rade jest da preuzimaju stvar u svoje ruke, same sebi odrede zaduženja i onda mrze muškarca. Za muškarca ne postoji prostor da budu ništa drugo nego rob, žrtveni jarac. Čim muškarac postane žrtveni jarac, ženama se više ne sviđa. Odlaze kako bi pronašle drugu osobu koju mogu oblikovati bičem. Nažalost, mnoge žene imaju gledište: "Mogu ga oblikovati bičem u trenu." Zašto biste to željeli? Zašto ne biste širile svoju i njegovu stvarnost?
   Gdje god ste odlučili da ćete bičem oblikovati nekog tipa, hoćete li sve to uništiti i dekreirati? Right and Wrong, Good and Bad, Pod and Poc, All 9, Shorts, Boys and Beyonds.

Koju glupost koristite da stvarate izum, umjetni intenzitet i demone matematičkog proračuna medijana za utemeljivanje prosječnosti kao formule za stvaranje maksimizacije ljudske stvarnosti u odnosu na seks, odnose, kopulaciju, novac, tijelo i drugi spol što birate? Sve što to jest bezbroj puta, hoćete li sve to uništiti i dekreirati? Right and Wrong, Good and Bad, Pod and Poc, All 9, Shorts, Boys and Beyonds.

Sudionica Salona:
Roditelji su me naučili primati od muškaraca kako bih mogla odrasti i postati dobra žena i majka. Vidim kako to zaustavlja energiju koju bih mogla generirati. To me udaljava od zajedničkog stvaranja bilo kakvog odnosa ili zajedničkog vođenja tečajeva. Povlačim se. Je li to ovo?

Gary:
To je prosječnost. To je maksimizacija ljudske stvarnosti. Što biste trebali raditi u ljudskoj stvarnosti?

Sudionica Salona:
Biti dobra žena i majka i imati malu karijeru.

Gary:
Radili ste to?

Sudionica Salona:
Ne. Nisam bila dobra u tome. Osjećam da sam odbijala i na to reagirala cijeli svoj život. Što ovdje propuštam i ne razjašnjavam?

Gary:
Morate shvatiti da ste bili odlična majka, a i odličan otac. Naučili ste kako iskorištavati muškarce, ali niste naučile kako u njima uživati. Ako vam se sviđaju muškarci, koristite ih kao oslonac da širite njihov život, kao i svoj.

Razlog zbog kojega mnogi od vas biraju ostati sami je taj što ne trebate imati muškarca, ali u ovoj stvarnosti je to maksimiziranje ljudske stvarnosti. Želite li živjeti taj život?

Sudionica Salona:
Ne, želim generirati i stvarati ekspanziju planeta s humanoidnim muškarcima.

POSTANITE TOLIKO IZOPAČENI KOLIKO BISTE HTJELI BITI

Gary:
Nadam se da ću doći do procesa koji će svima pomoći da postanete toliko devijantni koliko biste zaista htjeli biti. Biti devijantan znači da ne radite nešto prema standardima ove stvarnosti.

Ne tražite polje medijana. Niste savršeno uravnoteženi na klackalici ove realnosti.

Niste na klackalici gdje je jedna osoba lagana, a druga stvarno teška i morate mijenjati točku oslonca, što je točka medijana, na jednu stranu, kako biste to doveli u ravnotežu i kako bi to postalo nešto što dvoje ljudi može koristiti, bez da jedna osoba katapultira drugu.

Kada siđete s klackalice, katapultirate se iz ne-izbora u mogućnost. Ne morate se vratiti u stanje u kojemu ste prije bili. U Access Consciousnessu biramo vas skinuti s klackalice kako biste mogli stvarati i generirati što god hoćete. Ali sve dok se pokušavate vraćati u polje medijana, pokušavate se uskladiti s drugima. Želim da se od-skladite. Želim vam maknuti pomoćne kotače vaše stvarnosti da možete šibati kroz svoj život vozeći se na motoru.

Koju glupost koristite da stvarate izum, umjetni intenzitet i demone matematičkog proračuna medijana za utemeljivanje prosječnosti kao formule za stvaranje maksimizacije ljudske stvarnosti u odnosu na seks, odnose, kopulaciju, novac, tijelo i drugi spol što birate? Sve što to jest bezbroj puta, hoćete li sve to uništiti i dekreirati? Right and Wrong, Good and Bad, Pod and Poc, All 9, Shorts, Boys and Beyonds.

DRUGE SU STVARI MOGUĆE, ALI MORATE POSTAVITI PITANJE

Sudionica Salona:
Razvela sam se prije deset godina i otada nisam bila u odnosu. Vidim da nisam bila voljna činiti nešto prosječno. Pa što je još moguće?

Gary:
To je ono što bih htio da svi shvatite. Druge su stvari moguće - ali morate postaviti pitanje. Ako ste shvatili da imate odnos koji je prosječan i kažete: "Ne želim to više nikada raditi", morate prosuđivati, umjesto da budete u pitanju: "Što je s ovom osobom moguće generirati i stvarati?"

Ako odlučite da ne želite imati ništa prosječno, koliko ljudi možete pustiti u svoj život? Samo one prosječne.

Neprestano utemeljujemo svako ograničeno gledište koje imamo u svom životu. Činimo to nečime što uvijek moramo raditi.

Kada kažete: "Neću imati nešto prosječno", uvijek morate gledati iz prosudbe: "Je li ova osoba prosječna?" umjesto: "Što mogu stvoriti s ovom osobom?" Ako počnete gledati otuda, možete otvoriti vrata novim mogućnostima koje nikada nisu postojale. To od vas zahtijeva da postanete totalno ludo devijantni.

Koju glupost koristite da stvarate izum, umjetni intenzitet i demone matematičkog proračuna medijana za utemeljivanje prosječnosti kao formule za stvaranje maksimizacije ljudske stvarnosti u odnosu na seks, odnose, kopulaciju, novac, tijelo i drugi spol što birate? Sve što to jest bezbroj puta, hoćete li sve to uništiti i dekreirati? Right and Wrong, Good and Bad, Pod and Poc, All 9, Shorts, Boys and Beyonds.

Nedavno mi je jedna žena pisala da pita o uzimanju detoksikacijskih dodataka za tijelo. Je li o tome pitala svoje tijelo? Ne, odlučila je da treba detoksikaciju. Otišla je u zaključak. To ne stvara mogućnost.

To je primjenjivo na sve u vašem životu. Ako želite stvoriti obilje, a nalazite se u okruženju ljudi koji su u velikoj oskudici, morate postaviti pitanje: "Ako izaberem biti s ovim ljudima, kakav će mi život biti za pet godina?" Mogli biste ostaviti te prijatelje zato što oni ne idu tamo kamo vi idete. Pridobiti ih da idu tamo kamo vi idete je kao da stavite sidro u ocean. Stalno pokušavate ići naprijed, ali se ne možete pomaknuti s tog mjesta.

Sudionica Salona:
Kada vidite da netko radi nešto što izgleda kao ono što biste vi htjeli i kažete: "Imat ću malo toga." ili "Imat ću energiju toga." Je li to i dalje prosječnost?

Gary:
Pokušavate učiniti ono što oni rade. Ali stvar je: želite li stvoriti prosječan život?

Sudionica Salona:
Ne.

Gary:
Tada počnite gledati ovako:
✦ Kako ovo mogu iskoristiti?
✦ Koju prednost mogu iz ovoga dobiti?
✦ Što je to što zaista hoću stvoriti?

Uglavnom, kada se radi o matematičkom proračunu, ne možete stvarati preko dva standardna odstupanja od onoga što su svi ostali odlučili da je prikladna norma.

Sudionica Salona:
Je li ono što smo odlučili prikladna norma?

Gary:
Ne, to je ono što ste *prihvatili* kao prikladnu normu. To je ono čemu ste naučeni od prvoga dana. Na primjer, G je rekla da je trebala naučiti kako biti dobra žena i brinuti o muškarcu. Pogledao bih u G i rekao: "Da, baš! Nema šanse da će to funkcionirati!"

BUDITE VOLJNI VIDJETI ŠTO ĆE NETKO UČINITI

Imam dvije kćeri. Jednoj je u redu da bude mama sve dok ima tipa koji je dovoljno bogat. Druga bi bila sretna ostati kod kuće i imati djecu. To je njezina osnovna priroda. Morate biti voljni vidjeti što će netko učiniti. Neki parovi imaju djecu, ali jedan od roditelja nije zainteresiran za njihov odgoj. To samo pokazuje da drugi roditelj nije odabrao najbolju osobu na svijetu s kojom će imati dijete. O tome se radi kada govorimo o standardnom odstupanju.

Tip može biti voljan biti dovoljno devijantan da ima odnos i dijete, ali nije voljan biti dovoljno devijantan da stvara ono što zaista želi i da zadrži ono što želi. Vraća se u standardno gledište misleći da će jednoga dana pronaći nekoga tko će mu odgovarati. Čim shvati da žena koja mu odgovara nije ona koju stvarno želi, traži novu i to nikada ne funkcionira. Zašto? Zato što on radi standardno odstupanje.

Sudionica Salona:
Je li to svjesnost o tome da čim nešto prihvatite kao istinito i stvarno, ulazite u tuđu stvarnost?

Gary:
Većina ljudi ne shvaća da ulaze u tuđu stvarnost i ne propituju:
+ Ulazim li u tuđu stvarnost?
+ Je li to moje gledište ili nešto što nisam voljan znati, biti ili primati?

Morate pogledati u to i postaviti pitanje: kako će mi ovo odgovarati?

Sudionica Salona:
Radije nego: "Kako da ja radim za to?"

KAO HUMANOID, VI STE DEVIJANTNI

Gary:
Da. Morate pitati: kako da se dovedem preko ograničenja ove stvarnosti?
Koju glupost koristite da stvarate izum, umjetni intenzitet i demone matematičkog proračuna medijana za utemeljivanje prosječnosti kao formule za stvaranje maksimizacije ljudske stvarnosti u odnosu na seks, odnose, kopulaciju, novac, tijelo i drugi spol što birate? Sve što to jest bezbroj puta, hoćete li sve to uništiti i dekreirati? Right and Wrong, Good and Bad, Pod and Poc, All 9, Shorts, Boys and Beyonds.
Je li itko od vas razmotrio činjenicu da ste zapravo većinu svoga života bili poprilično devijantni?

Sudionica Salona:
Upravo tako! To sam i ja mislila. Sjećam se da me u internatu upraviteljica pozvala ispred svih i rekla da sam ja crno sjeme u rajčici koje je uništilo salatu. Rekla je da sam devijantna i stavila me u samicu do kraja semestra. Zapravo sam u tome uživala. Mogla sam imati svoju sobu. Da, totalno, nismo li uvijek bili devijantni?

Gary:
Da. Kao humanoid, vi ste devijantni. Pokušavate biti poput drugih ljudi, poput ograničenih ljudi, ali to vam ne odgovara, zato ste i došli u Access Consciousness.

Koju glupost koristite da stvarate izum, umjetni intenzitet i demone matematičkog proračuna medijana za utemeljivanje prosječnosti kao formule za stvaranje maksimizacije ljudske stvarnosti u odnosu na seks, odnose, kopulaciju, novac, tijelo i drugi spol što birate? Sve što to jest bezbroj puta, hoćete li sve to uništiti i dekreirati? Right and Wrong, Good and Bad, Pod and Poc, All 9, Shorts, Boys and Beyonds.

POTPUNA LAKOĆA I PREVIŠE NOVCA

Sudionica Salona:
Imala sam svjesnost o devijantnosti vezanoj uz seks, tijelo i kopulaciju. Imala sam svjesnost o tome što bi to za mene moglo biti.

Gary:
Mogu vam reći što bi to za vas moglo biti: potpuna lakoća i previše novca. Ako si ne dopustite imati potpunu lakoću i previše novca, možete se vratiti u kategoriju onih koji nisu devijantni.

Kod vas sam već primijetio da kada se spetljate s muškarcem, sretni ste s time, ali onda to iznenada pokušavate uobličiti, ne pitajući se što s njim možete stvoriti, nego:

"Kako ovog tipa mogu upotrijebiti u svoju korist?" i "Što mogu učiniti kako bih dobila sve što želim?". Odričete se onoga što zaista želite u zamjenu da postanete dio ove standardne stvarnosti.

Sudionica Salona:
Da. Prije ste mi rekli da bih bolje funkcionirala kada bih imala drugačijeg muškarca za sve što bih voljela raditi.

Gary:
Da, trebate muškarca koji će vam kupovati lijepi nakit, koji će za vas pronalaziti stvari i koji će vas izvoditi na večeru.

Sudionica Salona:
Kako da stvorim više toga?

Gary:
Umjesto da kažete: "Super, stvorit ću to kao svoju stvarnost", vi si rekli: "Kako da to učinim?", kao da ne postoji drugo osim maksimizacije ljudske stvarnosti, a to je da trebate postati ljubavnica.

Što kada biste mogli stvarati ono kakvi ćete u svijetu biti, samo bivajući onakvi kakvi jeste u svijetu?

Godinama su mi ljudi govorili: "Ti si tako čudan, Douglas!", a onda bi me pitali: "Zašto to ne radiš?"

Rekao bih: "Zato što ne želim."

Oni bi rekli: "Da, ali to je način na koji svi rade."

Ja bih rekao: "Da, ali ja ne želim tako živjeti svoj život."

Oni bi rekli: "To je tako čudno."

Ja bih rekao: "Da, znam da ću imati život koji ja želim."

Puno je toga povezano s činjenicom da mi je tata umro kada sam imao sedamnaest. Posljednjih godina svoga života radio je neke stvari za sebe po prvi put u životu. Shvatio sam da se do smrti trudio svojoj obitelji stvoriti više lakoće. Sve mu je bilo vezano uz obitelj. Radio bi pet dana u tjednu, kao i vikendima, da zaradi novac kako bi njegova obitelj mogla imati bolji život. Jesmo li imali bolji život time što je umro? Ne.

Da je slijedio svoje znanje, mogao je imati toliko mogućnosti. Dva puta je imao priliku postati multimilijunaš, a moja ga je majka zaustavila. Ona je htjela medijan, instituciju braka i instituciju ispravne kopulacije. To su stvari koje utemeljujemo. Neprestano gledate kako morate biti realniji. Ne. Morate pitati:

- Kako ovo stvara moj život?
- Želim li stvarno iz ovoga stvarati?

Jučer je nekoliko nas otišlo u restoran. Bili smo jedini ljudi tamo. Samo mi i naš konobar koji je bio dragi čovjek. Simone mu je postavila hrpu pitanja. Rekao nam je da ga je odgojio djed i da svoju majku nije vidio deset do petnaest godina. Dolazila mu je u posjet. Rekao sam mu: "Evo ti 200 $ kako bi svojoj majci priuštio dobar provod." Raspametio se. Nisam to učinio ni iz jednog drugog razloga, osim jer mi je to odgovaralo.

Koju glupost koristite da stvarate izum, umjetni intenzitet i demone matematičkog proračuna medijana za utemeljivanje prosječnosti kao formule za stvaranje maksimizacije ljudske stvarnosti u odnosu na seks, odnose, kopulaciju, novac, tijelo i drugi spol što birate? Sve što to jest bezbroj puta, hoćete li sve to uništiti i dekreirati? Right and Wrong, Good and Bad, Pod and Poc, All 9, Shorts, Boys and Beyonds.

Sudionica Salona:
Gledam uokolo kako bih vidjela što je to standardno odstupanje, umjesto da shvatim što mi zahtijevamo kao standardno odstupanje.

Gary:

Kao prvo, ne trebate standardno odstupanje, trebate biti devijantni. Morate odstupiti od medijana. Medijan nije mjesto iz kojega se utemeljuje.

Sudionica Salona:

U svojoj glavi sam imala predodžbu zvonolike krivulje i dijelove rubova zvonolike krivulje. To je ono gdje se humanoidi nalaze.

Gary:

Što ako ste vi vaša osobna zvonolika krivulja? Gdje biste se smjestili na toj krivulji u bilo kojem trenutku?

Sudionica Salona:

Gdje god izaberem, pretpostavljam.

Gary:

Upravo tako. Mogli biste ići desno, lijevo, gore ili dolje. Imali biste izbor biti bilo gdje na krivulji mogućnosti. Standardno odstupanje je pronalaženje linije medijana na kojoj je vrh zvonolike krivulje, kao da je to ono što je nužno.

Koju glupost koristite da stvarate izum, umjetni intenzitet i demone matematičkog proračuna medijana za utemeljivanje prosječnosti kao formule za stvaranje maksimizacije ljudske stvarnosti u odnosu na seks, odnose, kopulaciju, novac, tijelo i drugi spol što birate? Sve što to jest bezbroj puta, hoćete li sve to uništiti i dekreirati? Right and Wrong, Good and Bad, Pod and Poc, All 9, Shorts, Boys and Beyond

Kako ste svi? Je li tamo još itko živ?

Sudionica Salona:
Ima toliko radosti u svemu ovome. Hvala vam puno.

Gary:
Koju fizičku aktualizaciju bivanja slobodnim radikalom svijesti, dobrote, velikodušnosti i mogućnosti u seksu, odnosima, kopulaciji, novcu, tijelu i s drugim spolom ste sada sposobni generirati, stvarati i utemeljivati? Sve što ne dopušta da se to pojavi bezbroj puta, hoćete li sve to uništiti i dekreirati? Right and Wrong, Good and Bad, Pod and Poc, All 9, Shorts, Boys and Beyonds.

SLOBODNI RADIKALI

Sudionica Salona:
Možete li objasniti slobodne radikale?

Gary:
U kvantnoj fizici slobodni radikali su slobodne čestice koje čine sve što žele. Idu okolo, međusobno djeluju s drugim česticama i mijenjaju ishod. Slobodni radikali uvijek mijenjaju stvarnost i ono što je moguće.

Kada postanete slobodni radikal svijesti, dobrote, velikodušnosti i mogućnosti s novcem, seksom i kopulacijom, tijelima, odnosima i drugim spolom, niste usmjereni na pokušaj shvaćanja kako učiniti da nešto funkcionira. Pitajte:
+ U redu, što je još moguće?
+ Što možemo stvarati i generirati?
+ Što bi ovdje bilo zabavno?

Koju glupost koristite da izbjegavate biti radikalno devijantni što birate? Sve što to jest bezbroj puta, hoćete li sve to uništiti i dekreirati? Right and Wrong, Good and Bad, Pod and Poc, All 9, Shorts, Boys and Beyonds.

Koju glupost koristite da stvarate izbjegavanje da budete toliko radikalno drugačiji koliko biste mogli biti, što birate? Sve što to jest bezbroj puta, hoćete li sve to uništiti i dekreirati? Right and Wrong, Good and Bad, Pod and Poc, All 9, Shorts, Boys and Beyonds.

Svrha maksimizacije ljudske stvarnosti je mogućnost kontrole ljudi. Nitko od vas ovdje nije bio dobar u tome da bude kontroliran. I odbijate kontrolirati druge. Radikalno devijantno gledište bilo bi da prepoznate kako i kada kontrolirati i što trebate činiti.

Ulazimo u prosudbu: "U redu, kontrolirat ću ovog čovjeka i navesti ga da učini ovo, ovo i ovo." To je zaključak, a ne pitanje. I nije stvaranje i generiranje iz mogućnosti. To je generiranje i utemeljivanje iz zaključka. Gotovo sve što utemeljujemo u svom životu temelji se na zaključku - ne na izboru, pitanju, mogućnosti i doprinosu.

Sve što to jest bezbroj puta, hoćete li sve to uništiti i dekreirati? Right and Wrong, Good and Bad, Pod and Poc, All 9, Shorts, Boys and Beyonds.

ODLAZAK BEZ DRAME

Sudionica Salona:
U ovom trenutku moj tata umire. Ima rak koji se svuda proširio. Pitala sam: što je ovdje još moguće? Shvatila sam

da sam došla do puno energetskih zaključaka oko svega ovoga. Ima li kakvih pitanja koja nisam ni uzela u obzir?

Gary:
Koju glupost koristim da stvaram zadržavanje svog oca u njegovom tijelu što biram? Sve što to jest bezbroj puta, hoćete li sve to uništiti i dekreirati? Right and Wrong, Good and Bad, Pod and Poc, All 9, Shorts, Boys and Beyonds.

Gary:
Jeste li napravili Odlazak bez drame? Pitajte ga (u svojoj glavi): "Tata, što je to što nisi završio, a kada bi znao da si završio, to bi ti dopustilo da odeš s lakoćom?"

Pitao sam to svoju majku i odgovor koji sam dobio bio je: "Nisam pronijela život širom galaksije."

Rekao sam: "Pa, mama, u ovom vremenu to ne možeš učiniti s ovog planeta zato što nema tehnologije ili nekog drugog načina za to, ali kada bi pokušala bez tijela, možda bi to i mogla." Umrla je sljedeći dan. Znala je da ne bi uspjela s tijelom kojega je imala.

Nastojimo maksimizirati ljudsku stvarnost. U ljudskoj stvarnosti ne biste trebali željeti da netko umre. U ljudskoj stvarnosti rođenje je sjajno, a smrt grozna. Je li tako i u prirodi?

Sudionica Salona:
Ne.

Gary:
Smrt je dio onoga što jest. U ljudskoj stvarnosti kažemo: "Oh, toliko ga volim. Moj će život biti gotov kad on umre."

Ne, neće! Poznajem obitelj koja je izgubila dijete i majka je zauvijek tugovala, čak i nakon što su imali petero druge djece. Ne znam kako možete tugovati kada imate petero druge djece o kojima brinete. Ja bih osobno bio prezauzet.

Zašto ne postavite pitanje: "Koja energija, prostor i svijest mogu biti što će dopustiti da se sve ovo s lakoćom ostvari?"

Sudionica Salona:
Hvala vam. To je lijepo, lako i jednostavno.

Gary:
Da, znam da mrzite jednostavne stvari. Želite da bude komplicirano kako biste mogli ostati u maksimizaciji ljudske stvarnosti. Ako to učinite kompliciranim, to mora biti ispravno.

Sve što to jest bezbroj puta, hoćete li sve to uništiti i dekreirati? Right and Wrong, Good and Bad, Pod and Poc, All 9, Shorts, Boys and Beyonds.

KONAČNO ODSTUPANJE

Sudionica Salona:
U posljednjih tjedan dana ono što mi dolazi su barijere ili odvajanje, a kako danas govorite, shvaćam da nisam potpuno devijantna jer bi to značilo odvajanje.

Gary:
Što je pogrešno u odvajanju?

Sudionica Salona:
Imam zamisao da ne želim biti odvojena ni od čega.

Gary:

Osim što stvarate odvajanje time što niste potpuno devijantni. Konačno odstupanje od maksimizacije ljudske stvarnosti je jedinstvo.

Sudionica Salona:

Da, koristim odvajanje kao razlog da ne budem devijantna.

Gary:

Tako ste se usklađivali. Naučeni ste vjerovati da je odstupanje od norme najgore što možete učiniti. Sve se vrti oko toga da se uklopite, da budete dio toga, da postajete, da imate svoju zajednicu, imate svoje lude prijatelje, druge ljude poput vas, svoje ljude. Što kada ne biste imali ljude? Život ne bi bio ni približno tako sladak bez vaših ljudi.

Koju glupost koristite da stvarate potpuno izbjegavanje odstupanja od maksimizacije ljudske stvarnosti što birate? Sve što to jest bezbroj puta, hoćete li sve to uništiti i dekreirati? Right and Wrong, Good and Bad, Pod and Poc, All 9, Shorts, Boys and Beyonds.

Sudionica Salona:

Opet, ono što mi se pojavilo jest da bi to značilo da se moram odvojiti.

Gary:

Od čega biste se morali odvojiti?

Sudionica Salona:

Od njih?

Gary:
   Tko su "oni"?

Sudionica Salona:
   Dobivam *to, oni, stvarnost* i tako dalje.

Gary:
   Morate se odvojiti od ograničene stvarnosti - ali dobra je vijest da to nećete izabrati, tako da se ne morate brinuti.

Sudionica Salona:
   Ha! Lažljivče, lažljivče, gaće ti gore!

Gary:
   Sve što to jest bezbroj puta, hoćete li sve to uništiti i dekreirati? Right and Wrong, Good and Bad, Pod and Poc, All 9, Shorts, Boys and Beyonds.

Sudionica Salona:
   Tražila sam da se ne odvajam od bilo čega ili bilo koga, a sa svim se time istovremeno borim, devijantna kakva jesam.

Gary:
   To se zove vraćanje u medijan. Morate se boriti protiv opcija i mogućnosti koje u životu postoje. Morate se boriti protiv izbora, pitanja i onoga što vam doprinosi.

Sudionica Salona:
   Da, da budem zauzeta kako zapravo ne bih stvarala mogućnosti koje znam da su moguće.

Gary:

Ne, tako održavate i utemeljujete neprestano stanje akcije, samo s reakcijom.

Koju glupost koristite da stvarate apsolutnu i potpunu averziju, reakciju i odbijanje da budete potpuno odstupanje od maksimizacije ljudske stvarnosti što birate? Sve što to jest bezbroj puta, hoćete li sve to uništiti i dekreirati? Right and Wrong, Good and Bad, Pod and Poc, All 9, Shorts, Boys and Beyonds.

Sudionica Salona:

Kada je K govorila o odvajanju, meni je došlo da se odvajamo od budućnosti.

Gary:

Da. Upravo sada prolazite kroz razvod i oboje odlazite u normu kako biste odredili kako razdvojiti vaše živote.

Imat ćete devijantni odnos u kojemu vaš suprug i vi imate različite domove, a još uvijek imate djecu. Morate stvoriti odnos koji želite, a ne prihvaćati tuđa gledišta.

Sudionica Salona:

Toliko sam oduševljena time da sam budućnost. Većinu svog života govorili su mi da sam ispred svoga vremena. Je li to ono gdje sam ja glasnik budućih mogućnosti?

Gary:

Ne, to je ono gdje predviđate buduće mogućnosti.

Sudionica Salona:

Jesam li to prihvatila kao pogrešnost? Trebam li prestati stvarati prema normi?

Gary:

Tko vas ne čini pogrešnom zato što ste svjesni? Zato sam i pokrenuo proces o normi.

Koju fizičku aktualizaciju bivanja potpune budućnosti koja uistinu jesam sam sada sposobna generirati, stvarati i utemeljivati? Sve što to ne dopušta da se pojavi bezbroj puta, hoćete li sve to uništiti i dekreirati? Right and Wrong, Good and Bad, Pod and Poc, All 9, Shorts, Boys and Beyonds.

Svjesnost ima lakoću, a prosudba se uvijek čini kao sranje.

U redu, dame, hvala što ste bile na pozivu. Čujemo se sljedeći put!

13
Prepoznajte dar koji jeste u svijetu

Svi žele pretpostaviti da ako ste svjesni, dobivate što god želite. Ne, biti svjestan znači imati više mogućnosti od drugih ljudi; to ne znači da dobivate ono što želite.

Gary:
   Bok, dame. Tko ima pitanje?

BITI HEDONISTICA, ZAVODNICA I POHOTNICA KOJA UISTINU JESTE

Sudionica Salona:
   Imam smiješno pitanje o odnosima. Ponekad se osjećam malom, neodgovarajućom i prosuđujem se dok sam s uspješnim ljudima. Osjećam se manje vrijedno. Molim vas, možete li mi dati proces da budem slobodna biti svoja?

Gary:

Pitanje o odnosima nikada nije smiješno. Imao sam slično pitanje od druge osobe na ovim pozivima. Ona je rekla: "Vidim gdje sam ratnica i kreatorica budućnosti i onda se pojave ove stvari vezane za odnos s muškarcima."

Prije svega, morate prestati uzimati u obzir da su muškarci odvojeni od vas. Zatim, morate vidjeti dar koji vi jeste. Kada se osjećate neodgovarajućom, koliko je često to vaše? A koliko često pripada muškarcu? Muškarci isto tako imaju gledište o tome da nisu odgovarajući. Nemaju samo žene taj problem.

Sudionica Salona:

Izgubim se u seksualnoj fazi odnosa. Pokušavam zadržati muškarca ili postati netko koga mislim da želi. Čim to napravim, ne mogu vidjeti da sam moćno, nevjerojatno biće. Kako da imamo seks ili odnos bez da se u njemu izgubimo?

Gary:

Evo procesa koji bi vam svima trebao pomoći. Snimite ga i neprestano slušajte:

Koju glupost koristite da stvarate izum, umjetni intenzitet i demone toga da nikada niste hedonistica, zavodnica i pohotnica što uistinu jeste, što birate? Sve što to jest bezbroj puta, hoćete li sve to uništiti i dekreirati? Right and Wrong, Good and Bad, Pod and Poc, All 9, Shorts, Boys and Beyonds.

Uzevši u obzir količinu intenziteta na ovom procesu, mogu reći da ste se vi dame prilično značajno isključivale. Kako će to stvoriti ono što zapravo želite?

Sudionica Salona:
   Što mislite pod isključivanjem?

Gary:
   Ne shvaćate da ste lisica.

Sudionica Salona:
   Što je to lisica?

Gary:
   Lisica je žena koja je koketna u pravom trenutku, zavodljiva u pravom trenutku i ohola u pravom trenutku. Nikada ne funkcionira iz gledišta što bi trebalo biti; uvijek je voljna vidjeti što je još moguće.
   Pohotnica je ona koja uživa u najboljem od života. Hedonistica voli užitke života. Koliko je vas uživalo u seksu? Imate puno seksa, ali jako se malo on temelji na užitku; temelji se na nužnosti dokazivanja nečega. To dolazi i s muške strane također.
   Zavodnica je ona koja dovodi muškarca i budi njegovo zanimanje. Ne treba ništa činiti, ali može ako to izabere. To je potpuno drugačija stvarnost.
   Koju glupost koristite da stvarate izum, umjetni intenzitet i demone toga da nikada niste hedonistica, zavodnica, pohotnica i lisica što uistinu jeste, što birate? Sve što to jest bezbroj puta, hoćete li sve to uništiti i dekreirati? Right and Wrong, Good and Bad, Pod and Poc, All 9, Shorts, Boys and Beyonds.
   Dio problema što ste dobili titulu ratnice jest da neke žene misle da ih to čini boljim od muškaraca. Niste *bolje* od muškaraca - vi ste *veće*. Veće znači da možete ići dublje i

činiti više; *bolje* znači da ste uvijek u uspoređivanju i prosudbi sebe i njih. To mi ne zvuči kao dobra ideja - ali to je samo moje gledište.

Koju glupost koristite da stvarate izam, umjetni intenzitet i demone toga da nikada niste hedonistica, zavodnica, pohotnica i lisica što uistinu jeste, što birate? Sve što to jest bezbroj puta, hoćete li sve to uništiti i dekreirati? Right and Wrong, Good and Bad, Pod and Poc, All 9, Shorts, Boys and Beyonds.

To su stvari koje su tijekom povijesti omalovažavale žene. Žene nisu smjele tražiti užitak; trebale su tražiti bol kako bi zaustavile svoju osnovnu prirodu da su pohotnice i zavodnice. Kako biste to zaustavili, činite stvari poput omalovažavanja sebe, umanjujete se i nastojite vidjeti kako nikada ne biste trebali biti sve ono što možete biti. Tijekom povijesti je ovo ženama bio problem.

Koju glupost koristite da stvarate izam, umjetni intenzitet i demone toga da nikada niste hedonistica, zavodnica, pohotnica i lisica što uistinu jeste, što birate? Sve što to jest bezbroj puta, hoćete li sve to uništiti i dekreirati? Right and Wrong, Good and Bad, Pod and Poc, All 9, Shorts, Boys and Beyonds.

Sudionica Salona:
Isključujemo li svoje primanje kada prestajemo biti lisica, hedonistica, pohotnica i zavodnica?

Gary:
Da, gdje god to prestanete biti, isključujete pola svoga primanja. Gledajte to iz ovoga gledišta. Recimo da nešto

prodajete. Ako niste lisica, hedonistica, pohotnica i zavodnica, nikoga nećete potaknuti, muškarce ili žene, da kupe vaš proizvod. Prosuđuju li žene druge žene ljubazno ili grubo?

Sudionica Salona:
Grubo!

Gary:
Da, žene nevjerojatno grubo prosuđuju druge žene ako se te žene ne uklapaju u ono što su odlučile da bi žena trebala biti ili raditi. One određuju što se ne uklapa u njihovu stvarnost - a to je ono što sve žene ne bi trebale činiti ili biti.

Sudionica Salona:
Sjećam se da sam kao dijete trčala gola po kući. Obožavala sam to. Ali čim sam se počela razvijati, roditelji su mi rekli da se trebam odjenuti. Biti gol za njih je bilo tako pogrešno.

Gary:
Tako to otprilike funkcionira u ovoj stvarnosti. Pogrešno je biti zavodnica, lisica, hedonistica ili pohotnica. Trebale biste biti obična slatka djevojka koja će ostati kod kuće i paziti mačke, što većina vas ne bi mogla ni da vam o tome ovisi život. Mogli biste *imati* mačku, ali ne i *brinuti* o mački - jer mačke zadaju previše naredbi.

Koju glupost koristite da stvarate izum, umjetni intenzitet i demone toga da nikada niste hedonistica, zavodnica, pohotnica i lisica što uistinu jeste, što birate? Sve što to jest bezbroj puta, hoćete li sve to uništiti i dekreirati? Right and Wrong, Good and Bad, Pod and Poc, All 9, Shorts, Boys and Beyonds.

UZBUĐENJE KOJE BISTE MOGLI BIRATI

Vi se ljudi izgleda jako puno odričete sebe. Ono što sam neki dan radio na pozivu Kluba za gospodu bilo je: "Koji izum koristite da izbjegnete erekciju koju biste mogli birati?" Žene nemaju erekciju. Što one rade? Uzbude se.

Koji izum koristite da izbjegnete uzbuđenje koje biste mogli birati? Sve što to jest bezbroj puta, hoćete li sve to uništiti i dekreirati? Right and Wrong, Good and Bad, Pod and Poc, All 9, Shorts, Boys and Beyonds.

Dakle, ako vas muškarac uzbudi, vi odmah postajete hrpa smeća. Jeste li primijetili?

Sudionica Salona:
Što to znači?

Gary:
Što kada biste bili uzbuđeni životom i življenjem? Što kada bi sve što ste htjele bila sposobnost da budete uzbuđene do tog stupnja? Da uzbuđujete sve oko sebe, bi li vas više ljudi bilo voljno primati? Bi li vas više ljudi bilo voljno darivati? Bi li vas više ljudi omalovažavalo?

Sudionica Salona:
Vjerojatno sve to.

Gary:
Ne. Svi bi bili inspirirani vašom prisutnošću.

Koji izum koristite da izbjegnete uzbuđenje koje biste mogli birati? Sve što to jest bezbroj puta, hoćete li sve to uništiti i dekreirati? Right and Wrong, Good and Bad, Pod and Poc, All 9, Shorts, Boys and Beyonds.

Sudionica Salona:

Ono što mi se pojavilo jest prosudba ili omalovažavanje stanja uzbuđenosti. Je li to laž koju koristim kako bih se zaustavila?

Gary:

To je laž koju koristiš kako bi se zaustavila. Umjesto da shvatite: "Želim nešto drugačije", vi odlazite u: "Trebam biti prihvaćena od žena." Vrlo rijetko ste prihvaćeni od žena. Zašto žena ne bi prihvatila ženu? Zato što u ovoj stvarnosti nadmetanje služi da budete sigurni da ste veće od drugih žena. Ne veće od muškaraca.

Cijeli pokret za slobodu žena stvorio je ogromnu zbrku. U prošlosti su žene bile voljne vidjeti da trebaju biti veće jedne od drugih; sad su pak voljne biti veće od muškaraca. Dakle, koliko se trebaju prosuđivati da budu veće od muškaraca?

Sudionica Salona:

Puno.

Gary:

Ne želite se prosuđivati. Želite izabrati ono što vam odgovara. Prestali ste biti hedonistica, pohotnica, zavodnica, sve ono što vam daje kontrolu nad muškarcima i kontrolu nad ženama, kako biste bile bolje od muškaraca i nikada bolje od žena.

Sudionica Salona:

Posljednja dva tjedna počela sam se debljati. Ne osjećam se seksi i odbijam seks.

Gary:

Zato i radim ovaj proces. To je sve ono gdje pokušavate isključiti energiju koja jeste, koja bi vam dala sve što želite. Mogli biste pokušati s ovim:

Koji izum koristim da stvaram tijelo koje biram mrziti? Sve što to jest bezbroj puta, hoćete li sve to uništiti i dekreirati? Right and Wrong, Good and Bad, Pod and Poc, All 9, Shorts, Boys and Beyonds.

Sudionica Salona:

Dobila sam tugu.

Gary:

Da, izmišljate da ste tužni u vezi tih stvari.

Sudionica Salona:

Ja to nisam?

Gary:

Je li tuga izum ili ne?

Sudionica Salona:

To je izum.

Gary:

To je izum da učinite što? Da maksimizirate ljudsku stvarnost.

Sve što to jest bezbroj puta, hoćete li sve to uništiti i dekreirati? Right and Wrong, Good and Bad, Pod and Poc, All 9, Shorts, Boys and Beyonds.

Nastavite s tim procesom.

Sudionica Salona:
Hvala.

Gary:
Koju glupost koristite da stvarate izum, umjetni intenzitet i demone toga da nikada niste hedonistica, zavodnica, pohotnica i lisica što uistinu jeste, što birate? Sve što to jest bezbroj puta, hoćete li sve to uništiti i dekreirati? Right and Wrong, Good and Bad, Pod and Poc, All 9, Shorts, Boys and Beyonds.
To dobro funkcionira. Kako se osjećate?

Sudionica Salona:
Još je uvijek tuga tu za mene.

Gary:
Tuga je izum, draga. Koristite je kako biste umanjili sebe. Koji izum, umjetni intenzitet i demone misli, osjećaja, emocija, seksa i ne-seksa koristite da stvarate usrani život što birate?
Sve što to jest bezbroj puta, hoćete li sve to uništiti i dekreirati? Right and Wrong, Good and Bad, Pod and Poc, All 9, Shorts, Boys and Beyonds.

MISLI, OSJEĆAJI, EMOCIJE, SEKS I NE-SEKS

Vi kao da ne shvaćate da su misli, osjećaji, emocije, seks i ne-seks niži harmonik percipiranja, znanja, bivanja i primanja. Uvijek se vraćate osjećaju tuge. Kažete: "Osjećam bla-bla" ili "Kada pričam s muškarcem koji mi se sviđa, pretvorim se u hrpu sranja."

Sudionica Salona:
  Kada sam rekla: "Tuga je i dalje ovdje", kao da je energija tuge tu. Nije da sam ja tužna.

Gary:
  Pitate li se ikada: "Je li ovo stvarno moje?"

Sudionica Salona:
  Da, postavljam to pitanje. Nije moje.

Gary:
  Pa zašto i dalje to prihvaćate kao stvarno? Ne morate to prihvaćati kao stvarno.

Sudionica Salona:
  Prihvaćam to kao da to moram uništiti i dekreirati.

Gary:
  Ne morate to prihvaćati kao stvarno.

Sudionica Salona:
  Što to pokušavam popraviti?

Gary:
  Ako djelujete iz gledišta da morate popraviti tugu ili da je se morate riješiti, učinili ste je stvarnom. Učinili ste je stvarnijom od bilo kojeg drugog izbora kojeg imate.

Sudionica Salona:
  Čak i ako sama sebi govorim da je neću preuzeti, tamo je pa osjećam da to moram popraviti.

Gary:

Već ste je preuzeli ako mislite da je morate popraviti. Ako je trebate popraviti, ako osjećate da je trebate promijeniti, ako nešto s time morate učiniti, učinili ste to stvarnijim od kapaciteta percipiranja, znanja, bivanja ili primanja.

Sve što je ovo podiglo bezbroj puta, hoćete li sve to uništiti i dekreirati? Right and Wrong, Good and Bad, Pod and Poc, All 9, Shorts, Boys and Beyonds.

Sudionica Salona:

Hvala vam, Gary. Shvaćam. I dalje to činim stvarnim i tvrdim da je moje.

Gary:

Tvrdite da to nije vaše; tvrdite da to netko ima, umjesto da je to izbor koji ljudi donose. A zašto bi to izabrali, a ne nešto drugačije?

Sudionica Salona:

Hvala vam.

ONIME ŠTO BIRATE STVARATE VEĆE MOGUĆNOSTI

Gary:

U mojoj knjizi *Iznad Utopijskog ideala* govorim o tome kako za stvaranje ili generiranje bilo čega morate funkcionirati iz izbora, pitanja, mogućnosti i doprinosa. Ako imate izbor, tada svojim izborom stvarate veće mogućnosti. Mogućnost je uvijek razina svjesnosti; nikada nije zaključak.

Svaki puta kad postavite pitanje, aktivirate kvantne zaplete u svijetu da vam isporuče. Kvantni zapleti su teorija struna o tome da su sve stvari međusobno povezane. Ako pogledati svemir, jasno je da je svaka stvar povezana sa svakom drugom. Pitanje, izbor i mogućnost aktiviraju kvantne zaplete kako bi stvorili više mogućnosti, više izbora i više pitanja, što dovodi do aktualizacije sveg onog što želite, zahtijevate i za što pitate. Ali umjesto da to birate, vi nastojite izabrati prema gledištu nekoga drugoga.

U ovoj stvarnosti ljudi su izmislili da ako imate pitanje, tražite zaključak, ako imate izbor, tražite pravi izbor i pravi zaključak, a kao imate mogućnosti, mjerite i važete ono što imate. Zapravo nemate više izbora, više mogućnosti i više pitanja.

Koji izum koristite da stvarate uzrujanost što birate? Sve što to jest bezbroj puta, hoćete li sve to uništiti i dekreirati? Right and Wrong, Good and Bad, Pod and Poc, All 9, Shorts, Boys and Beyonds.

BRANITI SEBE OD NEČEGA

Sudionica Salona:
Možete li govoriti o tome da nam je 100 posto ugodno sa sobom? Kada sam počela s Access Consciousnessom bila sam četiri na skali od deset; sada sam šest od deset i biram biti deset od deset.

Gary:
Branite gledište. Kad god se vidite nemoćni ili kad se umanjujete, branite se od nečega, umjesto da budete svoji.

Koga ili što branite za ili protiv, a kada ne biste branili za ili protiv, to bi vam dalo cijelu sebe? Sve što to jest bezbroj puta, hoćete li sve to uništiti i dekreirati? Right and Wrong, Good and Bad, Pod and Poc, All 9, Shorts, Boys and Beyonds.

Vi očito puno branite.

Koga ili što branite za ili protiv, a kada ne biste branili za ili protiv, to bi vam dalo cijelu sebe? Sve što to jest bezbroj puta, hoćete li sve to uništiti i dekreirati? Right and Wrong, Good and Bad, Pod and Poc, All 9, Shorts, Boys and Beyonds.

Sudionica Salona:
Jednom ste rekli da sve što branite, ne možete promijeniti. Možete li govoriti o tome kako izaći iz te petlje?

Gary:
Prepoznajte da branite. Zašto bih branio ijedno gledište?

Novinar iz *Houston Pressa* koji je pokušavao napisati članak o Access Consciousnessu namjeravao nas je oklevetati. Ostavio je poruku za C govoreći joj da će članak biti o njoj. Zašto bi to učinio? Zato što je C poznata osoba u Houstonu pa ako je on može oklevetati, iz njegovog je gledišta on učinio nešto dobro.

Zašto je klevetanje nekoga vrijedan proizvod? Zato što dokazuje da branite svoje gledište. Većina članaka u novinama rade se zbog obrane gledišta. Zauzimaju gledište i nazivaju ga "istinitim".

Sudionica Salona:
Koja je razlika između obrane i prosuđivanja?

Gary:

Nema baš neke razlike. Prosuđujete nešto, a onda trebate braniti ispravnost svoje prosudbe.

Sudionica Salona:

To je isprepleteno.

Gary:

Da, bez jednog ne možete imati drugo. Ako nemate prosudbe, nemate što braniti. Ako imate prosudbu, tada se sve što ulazi u opseg prosudbe mora braniti.

Sudionica Salona:

Branite li svaki put kad niste "bez gledišta" ili "zanimljivo gledište"?

Gary:

Uglavnom. Djelovanje iz "zanimljivoga gledišta" ili "bez gledišta" zahtijeva da nikada ništa ne branite. Ja nikada ništa ne trebam braniti.

Kada sam čuo za novinara iz *Houston Pressa*, mislio sam mu pisati i reći: "Predlažem ti da kreneš sijati svoju zlobu gdje god to biraš." Takva zloba. Zatim sam se pitao: "Hoće li to išta promijeniti? Mogu li išta reći ili učiniti kako bih ovo poboljšao? Ne. U redu, pusti to."

Postoje ljudi koji zauzimaju fiksno gledište i ništa ne možete učiniti o gledištu koje su zauzeli. Morate prepoznati da postoje određene stvari nad kojima nemate kontrolu. Svi žele pretpostavljati da ako ste svjesni, dobivate što god poželite. Ne, biti svjestan znači da imate više mogućnosti od ostalih ljudi; to ne znači da dobivate ono što želite.

Uvijek sam voljan ići u pitanje, a ne braniti. Kada niste u pitanju, morate braniti ispravnost bilo kojega gledišta koje zauzmete.

Ista se stvar događa i u odnosima. Većina odnosa ne funkcionira jer nešto pokušavate braniti. I ja sam to radio. Ako je netko o meni imao gledište, pokušavao sam se obraniti od toga. Nisam ulazio u: "Što je ovdje moguće?" Rekao bih: "Ovoj se osobi to neće svidjeti kod mene" pa bih to branio. Ne bih dozvolio da vide taj dio mene. Počeo bih se odricati dijelova sebe kako bih stvorio odnose. Funkcionira li to? Ne.

Koga ili što branite za ili protiv, a kada ne biste branili za ili protiv, to bi vam dalo cijelu sebe? Sve što to jest bezbroj puta, hoćete li sve to uništiti i dekreirati? Right and Wrong, Good and Bad, Pod and Poc, All 9, Shorts, Boys and Beyonds.

DEFINIRANJE TOGA TKO STE

Sudionica Salona:
Ono što mi se pojavljuje je "sebe". Kažem sama sebi: "To je smiješno." Ali nije, zar ne?

Gary:
Vi ste definirali tko ste. A kada definirate tko ste, nastojite staviti sve na mjesto kako biste mogli braniti tko ste, kako biste mogli dokazati da jeste to što jeste.

Sve što to jest bezbroj puta, jeste li voljni sve to uništiti i dekreirati? Right and Wrong, Good and Bad, Pod and Poc, All 9, Shorts, Boys and Beyonds.

Sudionica Salona:

Ono što mi se pojavilo je energija prošlih života gdje sam branila ono što sam definirala kao sebe.

Gary:

Ako se definirate kao žena, branite li sve što bi žena trebala biti, umjesto da samo jeste ona koju birate biti? Biti braniteljica je kao da živite u dvorcu. Morate čuvati zidove kako nitko ne bi mogao ući. I nitko uključuje i vas.

Koga ili što branite za ili protiv, a kada ne biste branili za ili protiv, to bi vam dalo cijelu sebe? Sve što to jest bezbroj puta, jeste li voljni sve to uništiti i dekreirati? Right and Wrong, Good and Bad, Pod and Poc, All 9, Shorts, Boys and Beyonds.

Sudionica Salona:

Kada je N govorila o tome kako je kao mala trčala uokolo gola te joj je rečeno da se odjene, jesu li to njezini roditelji prihvaćali stvarnost drugih?

Gary:

Ne. Pokušavali su obraniti svoj ugled. Imam pitanje za vas. Mislite li zaista, znajući tko su vam bili roditelji, da im je zapravo do nečega bilo stalo, osim do toga kako će se vaše ponašanje odraziti na njih?

Radili su to kako vi ne biste bili njihov loš odraz. Branili su svoj ugled onime što su vam rekli da radite. Koliko se onoga što ste radili temeljilo na željama vaše obitelji da brane svoj ugled?

U ovoj je stvarnosti puno toga moguće, ali ne možete do toga doći sve dok bilo što branite. Moja bivša žena branila je gledište da naša kći Shannon nikada ne dobiva onoliko koliko dobivaju naša druga djeca. Uvijek je branila to gledište. Iako sam joj mogao pokazati da je Shannon za Božić dobila više darova od naše druge djece, gledište moje bivše žene bilo je da Shannon nikada nije imala dovoljno.

Bi li to projicirano i očekivano gledište stvorilo utjecaja u Shannoninom svijetu? Bi li je to dovelo do mišljenja ili osjećaja da nikada nije imala dovoljno? To je na vas cijelo vrijeme projicirano. Većina vas je to doživjela.

Koliko se toga što branite o svojim roditeljima, za ili protiv, temelji na projekcijama i očekivanjima koje su oni imali - i nije imalo nikakve veze s vama? Sve što to jest bezbroj puta, jeste li voljni sve to uništiti i dekreirati? Right and Wrong, Good and Bad, Pod and Poc, All 9, Shorts, Boys and Beyonds.

Sudionica Salona:
Ako mi je rečeno da uzaludno trošim svoj talent, od čega se branim?

Gary:
Ako ste odlučili da su vas roditelji voljeli, tada biste trebali braniti činjenicu da su vas voljeli, dok se istovremeno branite od činjenice da ste uzaludno trošili svoj talent. Jeste li u kvaki-22? Daje li vam to mnoge izbore? Ili vam to počinje oduzimati izbore?

Sudionica Salona:
Sve navedeno.

Gary:

Sve što to jest bezbroj puta, jeste li voljni sve to uništiti i dekreirati? Right and Wrong, Good and Bad, Pod and Poc, All 9, Shorts, Boys and Beyonds.

"JA NISAM TO"

Sudionica Salona:

Dakle, kada se od nečega branim, nastojim to učiniti nestvarnim. Branim se, tako da to nije ono tko ja jesam. Branim se da to nisam. I to učvršćujem braneći se od toga.

Gary:

Da, zato što se od toga branite, umjesto da ste sposobni to izabrati ili ne izabrati po volji.

Sudionica Salona:

Opravdavam se govoreći: "Branit ću se od toga, budući da ja to nisam."

Gary:

Da. Sve što kažete da niste, branite se. Moje je gledište da sam ja sve. Kako bih onda mogao bilo što braniti?

"Što bih mogao izabrati što nisam izabrao?" drugačije je gledište. Kada biste mogli izabrati bilo što, što bi vam bilo dostupno? Tada se radi o: "Što mi je zaista sada dostupno?", a ne: "Što moram izabrati?", "Što mi je važno izabrati?", "Što trebam izabrati?", "Što će mi ovo učiniti stvarnim?" ili "Što će mi odgovarati?" Sve su ovo obrambene pozicije.

Kada izađete iz obrane, pitanje postaje: što je još moguće što nikada nisam znao da mogu izabrati?

Sve što to jest bezbroj puta, jeste li voljni sve to uništiti i dekreirati? Right and Wrong, Good and Bad, Pod and Poc, All 9, Shorts, Boys and Beyonds.

Sudionica Salona:
Kada se nađem u takvoj situaciji, kažem: "To nije bitno." Shvaćam da u tome ima energije. Radim to sa svojim ocem, na primjer. Kažem: "To nije bitno." Lažem li samu sebe?

Gary:
"Nije bitno" znači braniti se protiv toga. Da ste zaista otišli u "zanimljivo gledište da je to njegovo gledište", tada to uistinu ne bi bilo bitno i o tome ne biste više ništa trebali reći. "Nije bitno" služi za obranu kako biste bili u pravu. A ako ste vi u pravu, on je u krivu. Ako nekoga činite ispravnim ili pogrešnim, branite se.

Sudionica Salona:
Radim sitne stvari poput toga za koje mislim da šire moju svjesnost, ali se zapravo na razne načine zavaravam.

Gary:
Širite li svoju svjesnost? Je li to istinito? Ili branite gledište kako biste dokazali da je to istinito, umjesto da dopustite da bude istinito?

Sudionica Salona:
Tako mi se sviđate!

Sudionica Salona:
Sposobna sam biti izvan maksimizacije ljudske stvarnosti, no svjesna sam da se nastojim zaštititi kako ne bih bila tako drugačija. Od čega se to pokušavam zaštititi?

Gary:
Branite sebe.

Sudionica Salona:
Zašto branim sebe?

Gary:
Nema razloga; jednostavno branite. Koliko vas misli da ako možete pronaći *zašto*, bit ćete sposobni to otpustiti, umjesto da samo izaberete nešto drugačije? Pitanje *zašto* je zauzimanje obrambene pozicije.

Koliko obrana imate da zaštitite *zašto* svoje stvarnosti? Sve što to jest bezbroj puta, jeste li voljni sve to uništiti i dekreirati? Right and Wrong, Good and Bad, Pod and Poc, All 9, Shorts, Boys and Beyonds.

Sudionica Salona:
Kako bih mogla nešto opravdati, za slučaj da to trebam.

Gary:
Da, to je i dalje obrana.

Sudionica Salona:
Pa što je još moguće?

Gary:
To je pitanje. Sad idemo negdje. Ako pitate: "Što je još moguće?", onda je moguće da imate drugačiji izbor. You can take a look at my portfolio and read my profile with the feedback left from these jobs.

OBRANA OD LJUDSKE STVARNOSTI

Sudionica Salona:
Je li skroz u redu cijelo vrijeme biti izvan maksimizacije ljudske stvarnosti, bez obzira na sve?

Gary:
Zašto biste bili izvan nje? Zašto ne biste mogli imati svjesnost o tome?
Ja ne moram biti izvan nje; samo znam da to ne moram prihvaćati.

Sudionica Salona:
Ah, pokušavam li stvoriti drugačiju stvarnost izvan ove ljudske stvarnosti?

Gary:
Da, pokušavate se braniti od ljudske stvarnosti birajući izvan ljudske stvarnosti, umjesto da ste voljni izabrati ono što vam odgovara u bilo kojoj situaciji ili stvarnosti koja se pojavljuje.

Sve što to jest bezbroj puta, jeste li voljni sve to uništiti i dekreirati? Right and Wrong, Good and Bad, Pod and Poc, All 9, Shorts, Boys and Beyonds.

Sudionica Salona:
Jutros me nazvao tata. Pao je i bilo je puno drame. Samo sam se pitala: "Što je ovdje još moguće?" Izabrala sam prisustvovati ovom pozivu. Njegova mi je energija ekspanzivna.

Gary:

To je biranje za sebe i za ovu stvarnost; to nije biranje onoga što ne funkcionira.

Sudionica Salona:

To znači biti u energiji onoga: "Što je ovdje još uistinu moguće?"

Gary:

Kada pitate: "Što je ovdje još uistinu moguće?", kvantni zapleti kažu: "Oh, želiš nešto drugačije! Pokazat ćemo ti kako." Oni doprinose stvaranju i aktualizaciji onoga što u životu želite.

VEĆINA MUŠKARACA TRAGA ZA UŽITKOM

Sudionica Salona:

Primjećujem da mi je nekada ugodnije s muškarcima nego sa ženama. Je li to nadmetanje o kojem ste govorili?

Gary:

Da. Ženama koje vole muškarce lakše je družiti se s muškarcima. Postoji mogućnost veće stvarnosti.

Sudionica Salona:

Kako je to muškarcima, ako nam se sviđa provoditi vrijeme s njima? Kako nas oni percipiraju?

Gary:

Ako se osjećaju ugodno, misle da ste im prijatelj. Ne vide vas nužno kao zavodnicu ili pohotnicu. Morate sve to imati.

Možete ih promijeniti iz statusa prijatelja u prijatelje s povlasticama. Kako to učiniti? Prvo trebate biti hedonista, pohotnica, zavodnica i lisica koja uistinu jeste. Koliko često koristite svoj hedonistički kapacitet zavođenja?

Sudionica Salona:
Još nisam. Ne često.

Gary:
Većina muškaraca traga za užitkom. Ako koristite svoje hedonističke kapacitete, hranite ih nečime što im pruža užitak pa kažu: "Oh, još nisam vidio ovu stranu ove žene."

Kada je lakše družiti se samo s muškarcima, često je to poput poslovanja. Morate prepoznati da postoji drugačija mogućnost.

ŠTO KADA BI VAS SVE U ŽIVOTU UZBUĐIVALO?

Sudionica Salona:
Biste li bili voljni dopustiti da vas sve uzbuđuje? Percipirala sam da sve postaje nevažno i da te popuni prostor s potpunim izborom i jedinstvom?

Gary:
Koji izum koristite da stvarate uzbuđenost koju biste mogli birati? Sve što to jest bezbroj puta, jeste li voljni sve to uništiti i dekreirati? Right and Wrong, Good and Bad, Pod and Poc, All 9, Shorts, Boys and Beyonds.

Sudionica Salona:

To je suprotno od svega što nam je rečeno da je ispravno biti.

Gary:

Da. Što je taj cijeli ispravan način bivanja i sve te pravilne i svete stvari? Sve su to izumi. Izmišljeni su kako bi vas kontrolirali. Zašto bi vas ljudi htjeli kontrolirati? Kako bi mogli dobiti ono što od vas žele. Kada vas ne mogu kontrolirati, nitko vas ne može ograničiti, definirati ili vas odvojiti od vas.

Koji izum koristite da izbjegavate uzbuđenost koju biste mogli birati? Sve što to jest bezbroj puta, jeste li voljni sve to uništiti i dekreirati? Right and Wrong, Good and Bad, Pod and Poc, All 9, Shorts, Boys and Beyonds.

Žene koje ljudi slijede su one koje su neprestano uzbuđene svime u životu. Kada niste uzbuđeni, težite li biti pozitivni ili negativni?

Sudionica Salona:

Negativni.

Gary:

Je li to za muškarca isključivanje?

Sudionica Salona:

Da.

Gary:

Kada ste pozitivni glede sebe i svega što vas okružuje, nadahnjujete ljude mogućnostima, što je svjesnost koja će im dati vas - ako je to ono što birate. Morate biti voljni prepoznati što birate.

Težite tome da birate muškarce koji ne biraju sebe, umjesto muškarce s kojima će biti zabavno biti i družiti se. Ne postavljate pitanje: "Tko bi bio najzabavnija osoba za seks? Tko bi bio najzabavnija osoba koju mogu imati u svom životu? Tko bi proširio i poboljšao moj život?" To je drugačija stvarnost. Umjesto toga, vi često govorite: "Želim muškarca koji me potpuno voli zbog mene."

Ali ako ne volite sebe zbog sebe, može li vas ijedan muškarac potpuno voljeti zbog vas? Ne. Zato što se pokušavate odreći dijelova i komadića sebe kako biste branili da niste vrijedni ljubavi, što je zapravo točno. Niste toliko ljupki. Ljupkiji ste od toga, ali vi ne želite biti voljeni na taj način zato što biste tada bili izvan kontrole i to bi bilo loše na temelju čega?

Koji izum koristite da izbjegavate uzbuđenost koju biste mogli birati? Sve što to jest bezbroj puta, jeste li voljni sve to uništiti i dekreirati? Right and Wrong, Good and Bad, Pod and Poc, All 9, Shorts, Boys and Beyonds.

Sudionica Salona:

Rekli ste da ste u vezi novinara u Houstonu postavili pitanje: "Postoji li nešto što mogu učiniti kako bih ovo promijenio?" i dobili ste ne. Koristite li ovdje uzbuđenost da stvorite i generirate nešto iznad toga?

Gary:

Tu shvaćate da je sve samo izbor da imate nešto veće ili manje, gotovo svakoga puta.

Sudionica Salona:

Svaki puta kada branite, to zaustavlja stvaranje i generiranje.

Gary:

Što to branite, a kada ne biste branili, to bi vam dopustilo da nadkreirate sebe? Sve što to jest bezbroj puta, jeste li voljni sve to uništiti i dekreirati? Right and Wrong, Good and Bad, Pod and Poc, All 9, Shorts, Boys and Beyonds.

Sudionica Salona:

"Sebe" mi se pojavljuje svaki puta kada pokrenete taj proces. Nadmećem li se sa sobom?

Gary:

Ne. Stvorili ste "sebe" što ste odlučili da jeste. To ste "vi" koju pokazujete svijetu kako ne biste morali biti stvarno svoji, što ste od svih branili tako da čak ni vi ne možete pronaći sebe.

Sudionica Salona:

Da, razumjela sam sve što ste rekli.

Gary:

Sve što to jest bezbroj puta, jeste li voljni sve to uništiti i dekreirati? Right and Wrong, Good and Bad, Pod and Poc, All 9, Shorts, Boys and Beyonds.

Sudionica Salona:

Slažem se s vama. Što je još moguće? Kamo da idem?

Gary:

Što ako biste mogli biti nešto što nikada niste izabrali biti? Što odbijate biti, a kada biste to izabrali biti, to bi vam dopustilo da budete sve što uistinu jeste? Sve što to jest bezbroj puta, jeste li voljni sve to uništiti i dekreirati? Right

and Wrong, Good and Bad, Pod and Poc, All 9, Shorts, Boys and Beyonds.

Sudionica Salona:

Na posljednjem ste pozivu spomenuli biranje nekoga tko će nas katapultirati s klackalice ove stvarnosti. Je li to moguće učiniti dok se branimo?

Gary:

Moguće je, ali sumnjam da bi se to održalo. Čim se katapultirate izvan svoje zone udobnosti, branite ispravnost zone udobnosti koju ste izabrali.

Sudionica Salona:

Možete li još malo govoriti o tome kako izgleda izabrati nekog takvog?

Gary:

To je netko tko ne brani gledište, netko tko je voljan biti bilo koje gledište koje bi stvorilo veći rezultat.

Sudionica Salona:

Bi li to bilo djelovanje iz: "Što je ovo? Što da radim s time?"

Gary:

Morate biti voljni pogledati u drugačije mogućnosti.

Sudionica Salona:

Upravo sam postala svjesna da ovu stvarnost neprestano činim većom ili manjom od sebe. To je prosudba koja me muči. To je uspoređivanje. Možete li mi dati proces za to?

Gary:
Pitajte: što to branim što je sve ovo stvorilo?
Ako bilo što uspoređujete, znači da prosuđujete, a to je nešto što branite. Djelujete iz ispravnosti ili pogrešnosti ove stvarnosti, a ne iz izbora ove stvarnosti.

IZBOR, PITANJE, MOGUĆNOST I DOPRINOS

Sudionica Salona:
Da, mogu to osjetiti. Hvala vam. Pitanje, izbor, mogućost i doprinos - jesu li to istovremena energetska stanja?

Gary:
Ne baš. Da i ne. Izbor je izbor. Morate izabrati, a svaki izbor stvara drugo pitanje, što stvara drugi skup mogućnosti. Svaka mogućnost je razina svjesnosti koju možete imati o nečem drugom. Postoje suptilne razine svjesnosti koje će vam dati više prostora i mogućnosti, što znači više svjesnosti, što vam daje više izbora, više pitanja i tako dalje i dalje. Svaki put kad se pojavi pitanje, aktiviraju se kvantni zapleti kako bi vam dali više izbora i više mogućnosti i pitanja. To je sve ono što doprinosi stvaranju i generiranju iznad ove stvarnosti.

Sudionica Salona:
Da, osjećam se lišena doprinosa. Osjećam da se tu povlačim.

Gary:
Ne, mislim da niste lišeni doprinosa i davanja onoga što možete biti, već darivanja koje možete primiti. Isključujete

doprinos primanja od kvantnih zapleta koji pokušavaju aktualizirati sve što tražite. Pitate li za nešto - ili ne?

Sudionica Salona:
Ne.

Gary:
Što znači da niste voljni primiti. Koliko je ono što radite obrana od primanja? Puno, malo ili megatone?

Sudionica Salona:
Megatone.

Gary:
Sve što to jest bezbroj puta, jeste li voljni sve to uništiti i dekreirati? Right and Wrong, Good and Bad, Pod and Poc, All 9, Shorts, Boys and Beyonds.

Sudionica Salona:
Dakle, branim sebe od primanja?

Gary:
Branite način na koji primate. Ako ulazite u: "Mogu primati jedino na ovaj način" ili "Mogu primiti samo određeni tip osobe", branite izbore koje ste donijeli u prošlosti koji nisu funkcionirali.

Sudionica Salona:
Možemo li to razjasniti, molim?

Gary:
Koliko svoje prošlosti branite kako biste se učinili nepogrešnim ili ispravnim? Sve što to jest bezbroj puta, jeste

li voljni sve to uništiti i dekreirati? Right and Wrong, Good and Bad, Pod and Poc, All 9, Shorts, Boys and Beyonds.

Sudionica Salona:
Hvala vam, Gary. Proces koji ste pokrenuli je prostor beskonačnih mogućnosti.

Sudionica Salona:
Kako izgleda svijet beskonačnog primanja?

Gary:
Svijet beskonačnog primanja je onaj u kojem ne isključujete svjesnost. Neovisno o tome što se pojavljuje, svjesni ste da postoji drugačija mogućnost. Uvijek tragate za beskonačnim mogućnostima i svaka mogućnost znači brojne izbore i svjesnosti koje možete imati, koji samo proširuju i ne stišću.

SVAKI JE ODGOVOR IZUM

Sudionica Salona:
Otkako sam na ovom pozivu, prsa i grlo mi gore te osjećam kako bih mogla povratiti.

Gary:
Koji izum koristite da stvarate osjećaj koji birate?

Sudionica Salona:
Dakle, ja to samo umišljam?

Gary:
Nisam rekao da to umišljate. *Umisliti* i *izumiti* dva su različita svemira. Kada nešto izumite, uzimate kreaciju i

odlučujete da je to tako. Kažete: "To je tako kako je." Izmišljate iz toga gledišta. Stvaranje je prostor u kojem shvaćate da postoji drugačija mogućnost koju još niste izabrali. Upravo ste izrekli: "Ja imam ovo, ovo i ovo." Je li to pitanje?

Sudionica Salona:

Pitala sam: "Tijelo, koju svjesnost percipiram?" i otišla sam u zaključak.

Gary:

Zašto je nužno otići u zaključak?

Sudionica Salona:

Kako bismo to popravili ili promijenili.

Gary:

Zato je to izum.

Koji izum koristim da stvaram usrani osjećaj što biram? Sve što to jest bezbroj puta, hoćete li sve to uništiti i dekreirati? Right and Wrong, Good and Bad, Pod and Poc, All 9, Shorts, Boys and Beyonds.

Sudionica Salona:

Još uvijek ne shvaćam što je izum. Je li izum kada nešto izokrećemo kako bi bilo nešto drugo?

Gary:

Ne, izum je kada dolazite do zaključka. Ured za patente se zatvorio kada su izumili TV u boji jer su rekli da se više ništa ne može izumiti. Zašto bi to učinili?

Sudionica Salona:
Zato što su odlučili da je to sve što jest. To je bio odgovor.

Gary:
Da, to se događa sa svime što izumite. Kažete: "Ovo je odgovor. To je to što je." Gdje god ste otišli u odgovor, to je izum. Ništa nije odgovor; to je samo svjesnost. Svaki odgovor je izum.

Koji izum koristite da stvarate usrani život što birate? Sve što to jest bezbroj puta, hoćete li sve to uništiti i dekreirati? Right and Wrong, Good and Bad, Pod and Poc, All 9, Shorts, Boys and Beyonds.

Nastavite to koristiti.

Sudionica Salona:
Hvala vam.

Gary:
Kako ste svi? Jeste li voljni pokrenuti proces o posljednjem muškarcu kojega ste u svom životu imali za kojeg ste mislili da ga je vrijedno imati?

Koji izum koristite da stvarate odnos koji birate? Sve što to jest bezbroj puta, hoćete li sve to uništiti i dekreirati? Right and Wrong, Good and Bad, Pod and Poc, All 9, Shorts, Boys and Beyonds.

Sudionica Salona:
Svakim pozivom shvaćam kako nisam sjebana i koliko je mogućnosti dostupno svake sekunde. Mogu nastaviti birati nešto novo i drugačije. Čak i ako to ne učinim, to je isto izbor. Hvala vam puno.

Gary:

Sviđa mi se da napokon shvaćate da niste sjebani koliko mislite da biste morali biti. I sviđa mi se što vidite da postoji drugačija mogućnost.

Sudionica Salona:

Svi izumi za koje ljudi misle da iz njih trebaju djelovati, uzrujanost, trauma, drama i problemi - sve to postaje stvarno smiješno. Hvala vam.

Gary:

Nastavite ovo raditi: koji izum koristim da stvaram uzrujanost što biram?

Sudionica Salona:

Gary, kada biste za nas mogli dobiti bilo što s ovog poziva, što bi to bilo?

Gary:

Da ste slobodni prepoznati dar koji jeste u svijetu i da to budete, umjesto da pokušavate biti ono što jeste kao žena.
U redu, slatke dame. Volim vas sve. Doviđenja.

14
Imati svoju veličanstvenost

*Većina vas provela je svoj život gledajući u pogrešnost,
prošlost i ono što ne funkcionira.
Rijetko gledate u budućnost i u ono što će zapravo funkcionirati.
Kakvu biste budućnost voljeli stvoriti? Zašto
vaša pažnja nije usmjerena na to?*

Gary:
    Dobrodošle, dame. Ima li kakvih pitanja?

SVIĐAJU I VAM SE DOISTA MUŠKARCI?

Sudionica Salona:
    Možete li dati neke procese o mojoj nenaklonosti prema muškarcima, molim vas? Dopustila sam sebi da me muškarci siluju, iskorištavaju i zlostavljaju dok sam bila kurva.

Gary:
    Koju glupost koristim da stvaram izum, umjetni intenzitet i demone bivanja iskorištenom i zlostavljanom

kurvom što biram? Sve što to jest bezbroj puta, hoćete li sve to uništiti i dekreirati? Right and Wrong, Good and Bad, Pod and Poc, All 9, Shorts, Boys and Beyonds.

U jednom od vremena svi smo bili iskorišteni i zlostavljani. Trebate imati svjesnost o tome sviđaju li vam se zaista muškarci. Postavite si pitanje: istina, sviđaju li mi se doista muškarci?

Ako je odgovor *ne*, znači li to da se trebate okrenuti prema ženama? Ne, to samo znači da vam se ne sviđaju muškarci. Dakle, trebate izabrati muškarce s kojima se nikada nećete morati spetljati. To je ono što netko radi kada bira biti kurva: bira muškarce s kojima ne mora imati odnos zauvijek. Uvijek ćete dobiti najkvalitetnije muškarce ako ste kurva ili prostitutka zato što najkvalitetniji muškarci uvijek idu prema tome. Oh da, ne!

Morate biti voljni djelovati na način na koji sve funkcionira. Kako postići da sve funkcionira? Morate izabrati drugačije mogućnosti.

Koju glupost koristim da izbjegnem izbore muškaraca ili žena što bih mogla birati? Sve što to jest bezbroj puta, hoćete li sve to uništiti i dekreirati? Right and Wrong, Good and Bad, Pod and Poc, All 9, Shorts, Boys and Beyonds.

PRAGMATIKA POSTIZANJA DA SVE FUNKCIONIRA S MUŠKARCEM

Sudionica Salona:

Možete li govoriti o pragmatici postizanja da sve funkcionira s muškarcem?

Gary:

Morate poći iz gledišta: "Što će učiniti da ovo funkcionira?" umjesto "Volim li ovog muškarca ili mi se on sviđa?" ili "Je li on dobar?" To su prosudbe koje uključuju ili isključuju. Što kada ništa ne bismo morali uključivati ili isključivati? Što kada bismo mogli imati bilo što? Moramo doći do točke u kojoj prepoznajemo drugačiju mogućnost, umjesto da biramo ograničenje.

Sudionica Salona:

Možete li biti određeniji? Kada kažete "postići da ovo funkcionira", je li to kada slijedite sve što je lagano?

Gary:

To može biti ono gdje je stalno lagano. Glavna stvar jest postaviti pitanje: koji će biti najbolji način da se dogodi nešto dobro?

Sudionica Salona:

Oh, mislite za sebe i za sve druge? Kraljevstvo Mi?

Gary:

Da. Morate pogledati što će funkcionirati za vas i za sve druge. Ono što za vas funkcionira često uništava toliko drugih da u procesu postizanja toga ne uključujete sebe u svoju stvarnost. Morate biti voljni izabrati sebe i svoju stvarnost.

Ako djelujete kao da imate problem, stvorit ćete još više problema. To je važnije od bilo čega drugoga. Ako imate gledište da će se pojaviti problem, vi ćete stvoriti problem. Zašto biste stvorili problem? Zato što to sve čini stvarnijima. Problemi se izjednačavaju sa stvarnošću ovdje na planetu Zemlji; oni ne stvaraju mogućnosti. Morate imati više mogućnosti nego problema. Postavite pitanje: "Što će stvoriti najveću mogućnost?", a ne: "Što će stvoriti najveći problem?"

"SVAKI SE DAN ŽELIM RAZVESTI"

Sudionica Salona:
Imam divan odnos sa svojom djecom. Pjevamo i plešemo, ali u međuvremenu moj suprug neprestano govori čudne stvari poput: "Zašto nemam dječake?" Preuređujemo kuću. Stalno me pita da mu postanem partner i odustanem od Access Consciousnessa kako bi mogao uložiti novac u svoj projekt. Svaki se dan želim razvesti. Danas sam bila na putu da prikupim sve papire, ali ured je bio zatvoren. Što ovdje branim ovim intenzitetom?

Gary:
Branite li ispravnost braka?

Sudionica Salona:
Mislim da sve to branim - obitelj, brak, odnose.

Gary:
Sve što to jest bezbroj puta, hoćeš li uništiti i dekreirati sve to? Right and Wrong, Good and Bad, Pod and Poc, All 9, Shorts, Boys and Beyonds.
Što ako biste svome suprugu rekli: "Očito ti ovaj brak ne odgovara. Zašto si i dalje sa mnom u braku?"

Sudionica Salona:
　Jesam. Kada sam ga to pitala, rekao je: "Više bi me koštalo da se razvedem od tebe."

Gary:
　Pa, to je dobar razloga da ostanete u braku!

Sudionica Salona:
　Znam. Zato i idem u krug.

Gary:
　Zašto se spuštate kroz zečju rupu svojih emocija?

Sudionica Salona:
　Nije mi jasno.

Gary:
　Emocije vam neće dati jasnoću. Zaključat će vas u isto staro mjesto u koje uvijek idete, kao da ćete odlazeći tamo negdje stići. Jesu li vas vaše emocije ikada dovele do stvarno dobroga mjesta?

Sudionica Salona:
　Nisu uopće.

Gary:
　Onda biste možda trebali uzeti u obzir da vaše emocije nisu način stvaranja.

Sudionica Salona:
　Potpuno se slažem.

Gary:

Sve što to jest bezbroj puta, hoćete li sve to uništiti i dekreirati? Right and Wrong, Good and Bad, Pod and Poc, All 9, Shorts, Boys and Beyonds.

BRANITI ZA ILI PROTIV

Sudionica Salona:

Ponekad, kada sam vezana na ishod nečega, nađem se u suodnosu s drugom osobom i potpuno me uguši strah. Uspoređujem se, prosuđujem se manjom i zeznem sav posao koji sam napravila prije sastanka. Možete li mi dati neki proces koji će mi pomoći da ostanem proširena bez stezanja i da budem svoja bez isprike?

Gary:

Koristite ovo:

Koga ili što branim za ili protiv, a kada ne bih branila za ili protiv, to bi mi dopustilo da budem sve što jesam?

Radite ovo otprilike deset puta prije odlaska na neki sastanak ili interakciju. Ako ste u interakciji i osjećate da postajete manji, pitajte: bi li beskonačno biće uistinu ovo izabralo?

Ako beskonačno biće to ne bi izabralo, zašto biste onda vi? Morate početi djelovati iz deset zapovijedi. Ako niste poslušali seminar o deset zapovijedi, molim vas nabavite ga i slušajte.

Sve što to jest bezbroj puta, hoćete li sve to uništiti i dekreirati? Right and Wrong, Good and Bad, Pod and Poc, All 9, Shorts, Boys and Beyonds.

BIRANJE PREMA IZBORU DRUGIH LJUDI

Sudionica Salona:
Posljednjih nekoliko dana imala sam svjesnost o tome kako biram prema izboru drugih ljudi. Možete li mi pomoći s time?

Gary:
Zašto su vam izbori drugih ljudi stvarniji od vaših?

Sudionica Salona:
Zato što im dopuštam da utječu na moj život.

Gary:
Zašto?

Sudionica Salona:
Zato što su to ljudi koje biram biti u svom životu.

Gary:
Oh, mislite da birate da vi *budete oni* u svom životu, umjesto da birate biti *s njima* u svom životu. Rekli ste: "Ja jesam oni." Rekli ste: "Imam osobe s kojima volim biti." Voliš biti oni kada ste s njima pa umjesto da ste s njima, vi jeste oni. Ne zadržavate sebe. Uništavate sebe kako biste bili s njima.

Da budete oni znači da morate postati oni, što znači da njima morate pustiti da biraju ono što vama odgovara. Izričete to točno onako kako vam se pojavljuje. Vi *jeste oni*, umjesto da *ste s njima*. Kada jeste netko u odnosu, odustajete od sebe u zamjenu za njega. Uvijek.

Sudionica Salona:

U redu, dakle kada netko nešto izabere, kako da to ne utječe na moj život? To je moja meta.

Gary:

Da, ali ako jeste oni, to mora utjecati na vaš život.

Sudionica Salona:

Svaki put kad to kažete, električni šok prođe kroz mene.

Gary:

Koji izum koristite da stvarate manjak sebe u svakom odnosu što birate? Sve što to jest bezbroj puta, hoćete li sve to uništiti i dekreirati? Right and Wrong, Good and Bad, Pod and Poc, All 9, Shorts, Boys and Beyonds.

Sudionica Salona:

Dakle, *biti s njima* uključilo bi sve i ne bi imalo utjecaja na moj život?

Gary:

Biti s njima ne bi vas ograničilo ili zaustavilo.

Sudionica Salona:

Ono što mi je došlo je: "To je jedini način da imam odnos, Gary."

Gary:

Dobra ideja. Nije!

Sudionica Salona:

To je jedini način na koji sam bila do ovoga trenutka. Vrijeme je da se to promijeni.

Gary:
   Koji izum koristite da stvarate manjak sebe u svakom odnosu što birate? Sve što to jest bezbroj puta, hoćete li sve to uništiti i dekreirati? Right and Wrong, Good and Bad, Pod and Poc, All 9, Shorts, Boys and Beyonds.

Sudionica Salona:
   Još je nešto osim toga moguće? Još jednom, molim!

Gary:
   Koji izum koristite da stvarate manjak sebe u svakom odnosu što birate? Sve što to jest bezbroj puta, hoćete li sve to uništiti i dekreirati? Right and Wrong, Good and Bad, Pod and Poc, All 9, Shorts, Boys and Beyonds.

ZADRŽAVANJE VAS IZVAN POSTOJANJA

Sudionica Salona:
   Održavam li tako i odvajanje postojanim?

Gary:
   Ne, tako zadržavate sebe izvan postojanja.

Sudionica Salona:
   Oho. Da!

Sudionica Salona:
   Kada je K sada govorila o tome kako bira na temelju izbora drugih ljudi, ja sam to isto radila.

Gary:

Kada odlučite da vam se netko sviđa, bio to muškarac ili žena ili prijatelj, koliko se morate rastati od sebe da to stvorite? Nedostatak sebe.

Sudionica Salona:

A *sebe* je ono što mi biramo?

Gary:

To je ono tko vi jeste u ovih deset sekundi.

Sudionica Salona:

Kako se razvodite od sebe kada vam se netko sviđa?

Gary:

Nastojite dokazati da ako vam se netko dovoljno sviđa, to je sve što je potrebno. Stvarnost je da se sebi morate više nego *sviđati*. Morate učiniti nešto drugačije, kao *voljeti* sebe.

Sudionica Salona:

Govorite li da je istina ono što osjećam, da ne postoji prava ljubav?

Gary:

Da, branite činjenicu da je ljubav stvarna.

Svi vi koji branite stvarnost ljubavi, hoćete li uništiti i dekreirati to sve? Right and Wrong, Good and Bad, Pod and Poc, All 9, Shorts, Boys and Beyonds.

To je ono "što" ste osjećali. Koga branite i što branite? Branite da mora postojati neka ispravnost u ljubavi koju birate za svaku osobu koju birate voljeti. Vaš izbor da ih volite važniji vam je nego da ste svoji.

Koga ili što branite za ili protiv, a kada ne biste branili za ili protiv, to bi promijenilo cijelu stvarnost? Sve što to jest bezbroj puta, hoćete li sve to uništiti i dekreirati?

Right and Wrong, Good and Bad, Pod and Poc, All 9, Shorts, Boys and Beyonds.

DOPUŠTANJE I VELIČANSTVENOST SEBE

Sudionica Salona:
    Možete li govoriti o dopuštanju?

Gary:
    Ako bilo što branite, dopuštate li bilo koga?

Sudionica Salona:
    Ne.

Gary:
    Jeste li u dopuštanju sebe?

Sudionica Salona:
    Ne.

Gary:
    Zašto niste u dopuštanju sebe?

Sudionica Salona:
    Zato što zapravo nisam svoja.

Gary:
    Ne, zato što nemate nijedan dio svoje veličanstvenosti. Koju glupost koristite da se branite od veličanstvenosti

sebe što birate? Sve što to jest bezbroj puta, hoćete li sve to uništiti i dekreirati? Right and Wrong, Good and Bad, Pod and Poc, All 9, Shorts, Boys and Beyonds.

Sudionica Salona:

Rekli ste da nemam nijedan dio svoje veličanstvenosti. Koja je razlika između *imati* i *biti*?

Gary:

Ako ne možete *biti* svoji, ne možete *imati*, a ako ne možete *imati*, ne možete *biti*. Imati je voljnosti vidjeti bilo što bez prosudbe. Birate koga i što imate na temelju onoga što prosuđujete. To određuje ono što možete *biti*.

Sudionica Salona:

Oho, sve to ograničava.

Gary:

Da, umjesto da ste neograničeni pa da možete imati bilo što. Jednom kada znate da možete imati bilo što, zapravo imate izbor. Kada možete imati samo ono što su vam drugi voljni dati, tada nemate izbor.

Sudionica Salona:

Kako se to odnosi na: "Ne trebam."

Gary:

Većina ljudi govori: "Ovo mogu imati" ili "Ovo trebam." Kada možete imati, ništa vam nije potrebno. Možete birati. Ako vam se ne sviđaju muškarci i to znate, to nije ništa pogrešno. To je: "Što bih ovdje htjela izabrati? Bih li voljela izabrati žene? Želim li izabrati biti bez seksa? Ili bih voljela izabrati nešto drugo?" Tada možete doći u pitanje što biste stvarno htjeli izabrati. Ali ako imate gledište da morate imati muškarca ili odnos ili novac kako biste bili ispunjeni, ograničavate izbor u korist nemanja. Kako ne biste imali, morate ne biti.

Sudionica Salona:
Govorili ste "bez potrebe." Ne razumijem to.

Gary:
Ako nemate potrebe, možete li imati bilo što?

Sudionica Salona:
Da.

Gary:
Shvaćate li sada?

Sudionica Salona:
Oh! Vidim. Razmišljala sam o tome kao o pogrešnosti.

Gary:
Znam. To nije pogrešnost! Nikada me ne slušate. Jesmo li oženjeni?

Sudionica Salona:
Shvaćam. To mijenja puno toga.

NADAHNITE MUŠKARCA

Sudionica Salona:
Kada živite s muškarcem, kako da ne pokupimo sve njegove probleme? Kako da mi, kao humanoidne žene koje

stvaraju našu budućnost, nadahnjujemo svoje partnere za stvaranje drugačije stvarnosti?

Gary:
Želite nadahnuti muškarca da misli kako *on* dolazi s idejom da će on utemeljivati. Pa kažete: "Imam osjećaj da bi ovo moglo biti moguće. Što ti misliš, dušo?" Kad vam se vrati i kaže vam da je to odlična ideja, to će i učiniti.

Morate biti malo oprezniji u načinima kako stvarate. Pitajte:
+ Što ovdje želim stvoriti?
+ Što je stvarno moguće?
+ Za što je to on zapravo sposoban, a nije priznao?

A ne:
+ Što misliš da moram učiniti?
+ Što trebam učiniti kako bih ga više nadahnula?

Sudionica Salona:
Primijetila sam da branim negativno vjerovanje o tome da se osjećam kao varalica. Osjećam kao da se pretvaram.

Gary:
Vi jeste varalica i pretvarate se. To nije pogrešnost. To je način na koji počinjete stvarati - pretvarajući se da imate sposobnost učiniti nešto što niste mislili da možete sve dok to ne učinite. Stvarnost je da ste sposobni raditi više od gotovo ikoga na svijetu, a vi i dalje glumite kao da možete manje. Zašto? Pokušavam vam to reći, vi ste humanoidi. To vas čini majstorima svih zanata. Nemate problema. Zašto stalno pokušavate stvoriti da imate problem?

Sve što to jest bezbroj puta, hoćete li sve to uništiti i dekreirati? Right and Wrong, Good and Bad, Pod and Poc, All 9, Shorts, Boys and Beyonds.

NE MOŽETE STVORITI BUDUĆNOST FOKUSIRAJUĆI SE NA OGRANIČENJA

Sudionica Salona:
Možemo li razgovarati o tijelu i stvaranju budućnosti koju bismo htjeli imati? Puno se toga mijenja u mojem tijelu otkako sam nedavno bila na tečajevima te pitajući koje kapacitete imam kako bih promijenila bilo koja ograničenja.

Gary:
Ograničenja? Zašto ste se usredotočili na ograničenja, a ne na ono za što ste sposobni?

Sudionica Salona:
To sam i rekla. Koje kapacitete imam koji bi poništili moja ograničenja?

Gary:
Da, ali vi i dalje gledate u ograničenja. Želite gledati iz pitanja: koje kapacitete imam, a nisam ih još utemeljila, generirala ili stvorila?
Skloni smo se usredotočiti na ograničenja kao da će ograničenja stvarati. Ograničenja ne rade ništa drugo osim što vrednuju ograničenja. Stvaranje se pojavljuje samo onda kada smo voljni zakoračiti u stvaranje. Morate pogledati: što sam sposobna generirati, stvarati i utemeljivati fizički što nikada nisam uzela u obzir?

Sudionica Salona:

Hvala vam. To je ono što sam tražila. Možete li govoriti o bivanju izvan definicije s tijelom?

Gary:

Ako radite bilo koji oblik ograničenja misleći da postoji neki problem s vašim tijelom ili ako tražite neki problem ili ono što ne funkcionira za vaše tijelo ili što je pogrešno s vašim tijelom, gledate iz ograničenja. Niste izvan kontrole, izvan definicije, izvan ograničenja, izvan forme, strukture ili značaja, izvan linearnosti i koncentričnosti za cijelu vječnost.

Koja energija, prostor i svijest moje tijelo i ja možemo biti što bi nam dopustilo da budemo izvan kontrole, izvan definicije, izvan ograničenja, izvan forme, strukture i značaja, izvan linearnosti i koncentričnosti za cijelu vječnost? Sve što to jest bezbroj puta, hoćete li sve to uništiti i dekreirati? Right and Wrong, Good and Bad, Pod and Poc, All 9, Shorts, Boys and Beyonds.

To je mjesto gdje počinjete gledati ono što bi moglo biti moguće, umjesto onoga što mislite da nije moguće.

Sudionica Salona:

Moj suprug neprestano govori: "Želim da se promijeniš." On želi da zarađujem novac, ali ja vidim da sve što ja radim doprinosi novcu kojeg imamo. Branim li ja nešto?

Gary:

On želi da se zaposlite, draga.

Sudionica Salona:

Igram tu igru već godinama. Dobila sam posao, tada se žalio na to. I dalje ne živim život za sebe. Trebam li postaviti pitanje poput: "Kada bih zaista živjela ovaj život za sebe, što bih birala?"

Gary:

To je dobro pitanje.

Sudionica Salona:

Znam da mogu učiniti da sve u mom životu i odnosu funkcionira, ali ponekad postoje neke stvari s kojima se ne želim igrati.

Gary:

Koje je ograničenje ovdje? Otišli ste u prošlost. Niste počeli stvarati budućnost. Kada biste išli u bitku za život iz budućnosti, što bi vam bilo vrijedno? Što biste izabrali? Što tražite? Želite biti žena ratnica koja se bori za stvaranje budućnosti koja ovdje nikada nije postojala - koja će biti održivi svijet, a ne svijet sukoba.

Sudionica Salona:

Upravo sada kada ste razgovarali s N o tijelu, shvatila sam da se sve što započnem temelji na ograničenju. Ne stvaram budućnost.

Gary:

To je točno. Pokušavate stvoriti budućnost stvarajući iz prošlosti. Ograničenje vidite većim od mogućnosti. Ograničenje činite većim od mogućnosti.

Sudionica Salona:
To je uglavnom moj život. Biti na dijeti, vježbati, baviti se poslovanjem i voditi brigu o svom sinu. Vidim da krećem iz ograničenja. Želim popraviti ili izliječiti ograničenje i nekako skočiti iz ograničenja u budućnost, ali zapravo sam zapela s ograničenjem.

Gary:
Da, zato što ste ograničenje učinili stvarnim. Niste bili voljni ući u nešto veće.

Sudionica Salona:
Ako ne počnem na temelju ograničenja, koje bih pitanje trebala postaviti? Ako sve temeljim na ograničenju, kako to radim?

Gary:
Što je to što želite stvoriti?

Sudionica Salona:
Želim stvoriti drugačiju stvarnost za sve.

Gary:
Zašto onda to ne stvarate, umjesto da pokušavate poništiti ograničenje?

Sudionica Salona:
To je ono što sam mislila da moram raditi.

Gary:
Želite se riješiti ograničenja kada se ono pojavi, ali morate početi stvarati budućnost ili će ograničenja biti sve s čime ćete se nositi.

Sudionica Salona:

Hvala vam. U stvarnosti, ne radi se o uklanjanju ograničenja. Radi se o stvaranju budućnosti i o tome kako se nositi s ograničenjem kada se pojavi.

Gary:

Upravo tako, ako ne stvarate budućnost, birate vjerovati tom ograničenju i učiniti ga vrednijim i stvarnijim od svojih kreativnih kapaciteta.

Sudionica Salona:

Da, to je stvarno fora. Hvala vam.

Gary:

Nikada se ne držite prošlosti. Stvarajte budućnost. Sve dok se držite prošlosti, pokušavate riješiti problem koji ste isprva stvorili. Umjesto toga pitajte:

Koji izum koristim da stvaram problem koji biram? Sve što to jest bezbroj puta, hoćete li sve to uništiti i dekreirati? Right and Wrong, Good and Bad, Pod and Poc, All 9, Shorts, Boys and Beyonds.

Uvijek budite ratnica stvaranja budućnosti koja ne postoji. Sve dok želite stvarati budućnosti koja ne postoji, nalazite se na kreativnom rubu mogućnosti. Budite u pitanju. Pitanje nije: "Što sa mnom nije u redu?" ili "Kako da se ne prosuđujem?" Pitanje je: "Prosuđivala bih se iz kojeg razloga?" Zašto biste se prosuđivali, umjesto da uživate u sebi?

Ako ste u odnosu, morate pitati: istina, što će ovu osobu učiniti sretnom? Isto tako morate shvatiti da postoje ljudi koji ne žele biti sretni. Imaju iluziju o tome što misle kakav bi njihov odnos trebao biti. Kada se to događa, moj način da to kažem toj osobi je: "Pokaži mi primjer odnosa koji funkcionira na način na koji ti misliš da odnosi funkcioniraju."

Bit ćete prilično iznenađeni koliko vam malo ljudi koje pitate može pokazati odnos koji funkcionira onako kako misle da bi trebao. To je zato što ne koriste ono što bi zaista u odnosu funkcioniralo, već ono što misle da bi *trebali* birati.

Koju glupost koristite da izbjegavate budućnost koju biste mogli stvarati i birati? Sve što to jest bezbroj puta, hoćete li sve to uništiti i dekreirati? Right and Wrong, Good and Bad, Pod and Poc, All 9, Shorts, Boys and Beyonds.

Koju glupost koristite da izbjegavate kapacitete stvaranja koje biste mogli birati, ali odbijate birati kako biste bili sigurni da zapravo ne morate biti? Sve što to jest bezbroj puta, hoćete li sve to uništiti i dekreirati? Right and Wrong, Good and Bad, Pod and Poc, All 9, Shorts, Boys and Beyonds.

POJASNITE ONO ŠTO ŽELITE

Sudionica Salona:
Stvarno bih voljela stvoriti muškarca u svom životu. Možda seks. Kada sam u društvu muškaraca, pitam: "Što bi ovo stvorilo za pet godina?" i uglavnom ne dobijem ništa ekspanzivno.

Gary:
Birate li muškarce koji bi zapravo generirali i stvorili više u vašem životu? Jeste li to birali u prošlosti?

Sudionica Salona:
 Definitivno nisam.

Gary:
 Onda nemate jasnu sliku o tome što želite.

Sudionica Salona:
 To je točno. Pitali ste: "Što kada biste izabrali nekoga tko će vas izvesti na večeru, lijepo se prema vama odnositi i kupovati vam nakit?" To se čini lijepo. Zvuči drugačije. Malo zbunjuje. Meni se stvarno sviđaju muškarci. Znam da sam u prošlosti stvorila bljak stvari. Nisam imala jasnoću.

Gary:
 Koju glupost koristite da stvarate izbjegavanje svjesnosti s muškarcima što biste mogli birati? Sve što to jest bezbroj puta, hoćete li sve to uništiti i dekreirati?
 Right and Wrong, Good and Bad, Pod and Poc, All 9, Shorts, Boys and Beyonds.
 Morate prepoznati da muškarac ne stvara ili ne uništava vaš život. Muškarci su tamo kako bi bili *dodatak* vašem životu. Ako nemate odnos s muškarcem kao *dodatak* vašem životu, jeste li svoji?

Sudionica Salona:
 Ne.

Gary:
 Morate to učiniti. Pomaže li to? Pokrećite ovaj proces neprestano:

Koju glupost koristite da stvarate izbjegavanje svjesnosti s muškarcima što biste mogli birati? Sve što to jest bezbroj puta, hoćete li sve to uništiti i dekreirati?

Right and Wrong, Good and Bad, Pod and Poc, All 9, Shorts, Boys and Beyonds.

Za sve vas, ako niste uvidjeli što je za vas istinito glede muškaraca, morate prije svega biti iskreni prema sebi. Znam žene koje kažu: "Moram imati odnos!"

Jedna je žena došla u Access Consciousness, prisustvovala mnogim tečajevima i odjednom je odustala. Pitao sam je: "Kako možeš odustati?"

Rekla je: "Zato što jedina stvar koju sam htjela jest sposobnost da znam kako je u redu da nemam dečka i da ću se moći nositi sa svojim prijateljima koji su mi pričali sranja da trebam dečka. S Access Consciousnessom otkrila sam da ne trebam ili ne želim dečka. Savršeno sam sretna biti sama."

Rekao sam: "Dobro."

Ona je rekla: "Dobila sam ono po što sam došla."

Tako biste trebali na to gledati. Pitajte se:

+ Zašto stvarno ovo radim?
+ Što ja želim?

Pojasnite si što želite. Što zaista želite u odnosu? Želite li muško društvo? Kako to možete dobiti? Nabavite muškog prijatelja. Učinite to i dobit ćete najbolje od oba svijeta. Ne morate s njim imati seks i možete s njim ići u kupovinu. Možete s njim o svemu razgovarati i što je još moguće? Kako bi bilo kada biste si to bili voljni pružiti?

Morate biti voljni pogledati što je za vas istinito. Tada možete stvoriti budućnost s velikom lakoćom. Vidjet ćete da ste voljni imati štogod imate ili ćete znati da to nije dovoljno ili da želite nešto veće ili više. I to je vrijedno. To je: što ovdje stvarno želim stvoriti?

Sudionica Salona:
Na prvom ste pozivu govorili o tome kako smo usklađeni s idejom o jahanju s princem na bijelom konju. Rekli ste da vam nije sasvim jasno što je to stvorilo. Je li vam sada jasnije?

Gary:
Ne, to je mit koji postoji u našem društvu. Ako možete biti ovisni o ideji princa na bijelom konju, tada ne morate imati sebe. Ako uvijek tražite nekoga tko će vas spasiti, morate li tada vi spasiti sebe?

ONO ŠTO MISLITE JE ONO ŠTO VAM SE U ŽIVOTU POJAVLJUJE

Sudionica Salona:
Trenutno osjećam da mi se u životu događa mješavina odličnih stvari. Osjećam se kao magnet za sranja. Izgubila sam veliki novac koji mi je dolazio. Što vi mislite o tome?

Gary:
Je li u tome bilo pitanja? Samo ste zaključili: "Ja sam magnet za sranja. Ja stvaram sranja. Ništa ne funkcionira." To vam odgovara?

Sudionica Salona:
Ne, ne odgovara. Hvala vam.

Gary:
"Zašto imam sva ta sranja u svom životu?" nije pitanje. To je izjava s upitnikom na kraju. Trebali biste pitati:
+ Što je potrebno da se ovo promijeni?
+ Što mogu biti drugačije?
+ Što to ne biram biti, a kada bih izabrala, to bi promijenilo sve ovo?

Morate otkriti:
+ Što je to što meni odgovara?
+ Što je to što mi se sviđa?
+ Što je to što želim raditi i što život čini zabavnim i dobrim?

Jeste li to razmatrali?

Sudionica Salona:
Da, jesam.

Gary:
Ali to niste pronašli. Ne možete to pronaći sve dok mislite da ste magnet za sranja. Ono što mislite je ono što vam se u životu pojavljuje. Donijeli ste odredbe i odluke da ste magnet za sranja.

Gdje god ste odlučili da ste magnet za sranja i svi vi koji ste dobri u biranju usranih muškaraca ili žena, hoćete li sve to uništiti i dekreirati? Right and Wrong, Good and Bad, Pod and Poc, All 9, Shorts, Boys and Beyonds.

Čestitam, dame, uspjele ste se u trenu preobratiti u hrpu sranja. Niste li ponosne?

Sudionica Salona:
Hvala, Gary.

PROSTOR BIVANJA

Sudionica Salona:
Postoje razdoblja kada se moje tijelo osjeća vrlo živahno i uzbuđeno pa na neko vrijeme budem prilično prisutna u svom tijelu. Ipak, u posljednje mi se vrijeme čini kao da sam se zatvorila. Trebam malo više jasnoće o ovome.

Gary:
Što je vrijedno u tome da se zatvarate?

Sudionica Salona:
Dobivam da nisam opasna kada sam zatvorena.

Gary:
Koja je vrijednost zadržavanja sebe? Sve što to jest bezbroj puta, hoćete li sve to uništiti i dekreirati? Right and Wrong, Good and Bad, Pod and Poc, All 9, Shorts, Boys and Beyonds.

Sudionica Salona:
Taj proces koji radite o vrijednosti zadržavanja sebe, jesam li to zaključala u svoje tijelo?

Gary:
Zaključali ste sebe i svoje tijelo s time. Nastavite raditi taj proces.
Koju glupost koristite da stvarate izum, umjetni intenzitet i demone obrane stanja ili mjesta bivanja, umjesto prostor bivanja što birate?
Sve što to jest bezbroj puta, hoćete li sve to uništiti i dekreirati? Right and Wrong, Good and Bad, Pod and Poc, All 9, Shorts, Boys and Beyonds.

Sudionica Salona:

Možete li malo više govoriti o tom procesu?

Gary:

Postoje *mjesta* i *stanja* i *vremena* bivanja, ali *prostor* bivanja uključuje sve i ne prosuđuje ništa. Prostor bivanja dovodi vas u jedinstvo koje jeste i daje vam više izbora. Morate biti voljni biti prostor bivanja, što znači da nemate definicije. Na primjer, neki ljudi imaju osjećaj sebe, osjećaj znanja o tome da jesu, kada se nalaze u šumi.

M je govorila da se osjeća kao da više nema definiciju o tome tko je ona. Jer kada ste svoji, nema definicije o vašem bivanju. Vi jeste ono što jeste i ništa drugo nije moguće, dostupno ili potrebno.

Sudionica Salona:

Postavljala sam pitanje: što je još ovdje moguće čega nisam ni svjesna? Postoji li još neko pitanje koje mogu postaviti?

Gary:

Pitajte: koji prostor svjesnosti danas mogu biti što će mi dopustiti da budem sve što jesam i da nikada ne odem?"

Sudionica Salona:

Gary, ulazim li u jedinstvo ili nestajem?

Gary:

Ne mogu vam odgovoriti na pitanje. Dajte mi više informacija.

Sudionica Salona:

Kada apsolutno ništa ne opažam i ništa ne osjećam...

Gary:
Ako ste prostor jedinstva i svijesti, osjećate sve i ništa nije važno ili bitno. Ako ništa ne osjećate, činite sebe nepostojećim.

Koji izum koristim da stvaram nepostojanje sebe što biram? Sve što to jest bezbroj puta, hoćete li sve to uništiti i dekreirati? Right and Wrong, Good and Bad, Pod and Poc, All 9, Shorts, Boys and Beyonds.

SUKOBLJENI SVEMIRI

Sudionica Salona:
Izgleda kao da postoji borba ili očaj za postojanjem i postajem zaista ljuta da čak nemam ni očaj.

Gary:
Imam pitanje. Jeste li bipolarni?

Sudionica Salona:
Dobivam da, ali ne znam što to znači.

Gary:
To znači da imate pozitivni svemir koji je negativan i negativni svemir koji je pozitivan. U neprestanom ste stanju sukoba sa sobom.

Koju glupost koristite da stvarate sukobljeni svemir što birate? Sve što to jest bezbroj puta, hoćete li sve to uništiti i dekreirati? Right and Wrong, Good and Bad, Pod and Poc, All 9, Shorts, Boys and Beyonds.

Sudionica Salona:

Trudim se biti tako normalna. Ne znam što sam.

Gary:

Zašto biste htjeli biti normalni?

Sudionica Salona:

Ove se stvari čine lošim i krivim. Upravo ste mi postavili dijagnozu. Nitko sa mnom nije razgovarao i rekao mi da sam loša i kriva.

Gary:

Nitko vam to nikada nije rekao?

Sudionica Salona:

Nitko mi to nije rekao. Treba li me zatvoriti? Zašto ne mogu biti sretna? Kada ste to rekli osjetila sam takvo olakšanje pa ipak...

Gary:

Radite ovaj proces o sukobljenom svemiru. Ovdje se pojavljuju muško/ženske stvari. Postoji neprestano stanje sukobljenog svemira o muškarcima, ženama, kopulaciji i odnosima. To su potpuno sukobljeni svemiri. Svi ste vi bipolarni kada se radi o tome.

Koju glupost koristite da stvarate sukobljene svemire što birate? Sve što to jest bezbroj puta, hoćete li sve to uništiti i dekreirati? Right and Wrong, Good and Bad, Pod and Poc, All 9, Shorts, Boys and Beyonds.

Sudionica Salona:

Je li to istinito i s tijelima?

Gary:
Da, ako ste u sukobu sa svojim tijelom, događa se ista stvar.

Sudionica Salona:
To je baš fora. Hvala vam.

Gary:
Koju glupost koristite da stvarate sukobljene svemire što birate? Sve što to jest bezbroj puta, hoćete li sve to uništiti i dekreirati? Right and Wrong, Good and Bad, Pod and Poc, All 9, Shorts, Boys and Beyonds.

Sudionica Salona:
Govorite li da je to sve izbor i stvaranje? Da mi to proizvodimo?

Gary:
Stvarate sukob umjesto mogućnosti, zar ne? Ako se neprestano prosuđujete, što stvarate, stvarate li ili uništavate?

Sudionica Salona:
Uništavam.

Gary:
Umiješate se u to i izaberete sukobe, umjesto mogućnosti. Morate pogledati u pitanje, izbor, mogućnost i doprinos. Morate pitati:
- Što je ovdje moguće što nisam ni uzela u obzir?
- Koje izbore imam na koje nisam ni pomislila?

Kada se trebate odreći svega što želite kako bi netko drugi imao ono što on ili ona želi, to je sukobljeni svemir. U sukobu ste jedni s drugima, što objašnjava zašto je većina odnosa tako teška. Većinu vremena drugu osobu pokušavate navesti da se slaže s vama kako bi uvidjela da se vi slažete s njom i da na kraju napokon dobije ono što želi. Funkcionira li to?

Sudionica Salona:
Ne.

Gary:
Kako biste imali sukob između muškaraca i žena, morate isključiti svoju svjesnost. Kako biste u svom životu imali mjesto u kojem ćete stvoriti sukob, morate isključiti svjesnost. Kada god imate mjesto u kojem pokušavate stvoriti nešto što u vašem životu ne funkcionira, stvarate sukobljeni svemir. To je sukobljeni svemir zato što niste u zajedništvu sa svime i ne možete sve izabrati. Mogli biste izabrati bilo što kada biste to zaista htjeli, ali morate shvatiti kada stvarate sukobljene svemire i funkcionirate iz malo drugačijega mjesta.

U mojem životu, kada bi Dain doveo nekoga da provede noć kod nas, postao bih sav čudan i sukobljen. Ne bih znao što je sukob bio. Rekao bih: "Ne sviđa mi se da ovdje dovodi ljude. Samo malo, to nema nikakvog smisla. To ne može biti moj svijet. Što ovdje stvaram?"

Shvatio sam da sam stvarao mjesto u kojem sam vjerovao da ako imam problem s time, tada imam nešto s čime se mogu nositi. Sukob koji se događao zapravo je bio sukob osoba koje su bile s njim - zato što su osobe s kojima je imao seks bile u sukobu s time što su birale. One su bile u sukobu s onim što biraju. Kada sam to shvatio, nisam se morao osjećati sukobljeno. Imao sam više jasnoće i znao sam što je za mene istinito. Ali morao sam prijeći preko ideje da sam ja imao sukob s time ili da sam ja imao problem. Gdje god govorite: "Imam problem s time", funkcionirate iz sukobljenog svemira.

Koju glupost koristite da stvarate sukobljene svemire što birate? Sve što to jest bezbroj puta, hoćete li sve to uništiti i dekreirati? Right and Wrong, Good and Bad, Pod and Poc, All 9, Shorts, Boys and Beyonds.

TIJELA I SUKOBLJENI SVEMIR

Sudionica Salona:
Možete li više reći o tijelima i sukobljenom svemiru? Kako se to pojavljuje?

Gary:
Ako prosuđujete svoje tijelo, tražite li zaista promjenu? Ili ste u sukobu s time?

Sudionica Salona:
U sukobu.

Gary:
Da, svaki puta kada prosuđujete svoje tijelo, vi ste u sukobu s njime. Ne gledate što je moguće niti gledate što možete biti ili činiti što niste ni uzeli u obzir.

Sudionica Salona:
Postoji li poseban proces za tijelo uz ovaj kojega ste dali?

Gary:
Ovaj koji sam dao, bit će najbolji.

Sudionica Salona:
    Sjajno, hvala vam.

Gary:
    Sviđaju mi se pitanja kojih ste se dosjetili.

Sudionica Salona:
    Kako pokrećete ove procese, osjećam da mi gore prsa. Mijenja li se nešto?

Gary:
    Da, nešto se mijenja. Imate puno gledišta o tome što se događa s tvojom iskrenošću.
    Koju glupost koristite da stvarate sukobljene svemire što birate? Sve što to jest bezbroj puta, hoćete li sve to uništiti i dekreirati? Right and Wrong, Good and Bad, Pod and Poc, All 9, Shorts, Boys and Beyonds.

Sudionica Salona:
    Koja je veza između obrane, izuma i sukobljenog svemira?

Gary:
    Sukobljeni svemir je nešto što vi stvarate misleći da je to način bivanja u ovoj stvarnosti. Stvarate to kako biste polaritet održali u postojanju. Kada god imate dvije stvari koje su različite i polarizirane, kao muškarci i žene, to je sukobljeni svemir - nije nužno istina.
    Obrana je ono što radite kada odlučite da je ispravno ono što ste odlučili. Donosite odluku kako biste obranu održali u postojanju. Morate se boriti za ili protiv toga.
    Izum je kada prihvatite nečije gledište. Recimo da vam roditelji kažu da ne biste smjeli raditi x, y i z. Čim vam

to kažu, nastojite to izmisliti kao svoje gledište. To nije stvoreno zato što se ne temelji na nečemu što ste vi izabrali; temelji se na izboru *drugih*.

Sudionica Salona:
Zbunjena sam oko dijela u kojem je sukobljeni svemir ono gdje mislite da biste nešto trebali izabrati.

Gary:
Ne, sukobljeni svemir je ono gdje pokušavate održati polaritet ove stvarnosti. Bi li beskonačno biće to uistinu izabralo?

Sudionica Salona:
Ne.

Gary:
Biste li zaista izabrali biti u sukobu s muškarcima ili ženama?

Sudionica Salona:
Nikako.

Gary:
Jeste li sigurni?

Sudionica Salona:
Ako nisam u sukobljenoj stvarnosti, ne vidim zašto bih birala biti u sukobu s muškarcima ili ženama.

Gary:
Morate shvatiti da je dostupna drugačija mogućnost, a niste je uzeli u obzir. Što je zaista moguće, a niste uzeli u obzir?

Koju glupost koristite da stvarate sukobljene svemire što birate? Sve što to jest bezbroj puta, hoćete li sve to uništiti i dekreirati? Right and Wrong, Good and Bad, Pod and Poc, All 9, Shorts, Boys and Beyonds.

To su sva mjesta gdje ste si dopustili da budete u polaritetu, u jednom ili drugom obliku.

Sve što to jest bezbroj puta, hoćete li sve to uništiti i dekreirati? Right and Wrong, Good and Bad, Pod and Poc, All 9, Shorts, Boys and Beyonds.

Sudionica Salona:
Kada ste me pitali: "Jesi li sigurna?" Što ste time mislili?

ŽENE KOJE SE NADMEĆU S DRUGIM ŽENAMA

Gary:
Većina žena natječe se s drugim ženama. Treba vam biti vrlo jasno ako se ne natječete sa ženama - jer kada se ne natječete sa ženama, a žene se natječu s vama, vi to ne shvaćate ili ne razumijete.

Sudionica Salona:
Da, ovo se čini istinito.

Gary:
Najvažnije je da shvatite da ne radite sukobljene svemire sa ženama - da ne prosuđujete žene i da se ne natječete sa ženama. Ali morate biti voljni prepoznati žene koje to rade. Kada se natječu s drugim ženama, nastoje dokazati da netko

krivo bira ili čini nešto krivo. Uvijek pokušavaju vidjeti kako su druge žene u krivu.

Sudionica Salona:
Ovdje me nešto zbunjuje glede natjecanja s drugim ženama. Što možemo tu promijeniti?

Gary:
Prije svega, shvatite da su žene uglavnom veoma natjecateljski nastrojene. Ako ne priznate da se natječu, vidjet ćete da moraju biti u pravu kada vas prosuđuju. Ili ćete vidjeti kako moraju biti u pravu kada ukazuju da s vama nešto nije u redu ili kada kažu: "Ovo je lijepa haljina", a to ne misle. Morate vidjeti kada se žene natječu i ne prihvaćati to.

Ako ne prihvaćate natjecanje, s vremenom će ono nestati s ljudima s kojima možete biti povezani. Ali žene će se natjecati i to morate prepoznati. To je važno.

Kada se sa ženama ne natječete, ako žena izabere doći u vašu blizinu sa svojim muškarcem, ne osjećate potrebu da je poništavate ili umanjujete. Shvatite da za vas postoji drugačiji izbor.

Kada se žene natječu za muškarca, stavljaju znak ili otisak na muškarca s kojim imaju seks te svaki put kada neka druga žena uđe u sobu, one sline po muškarcu. Svoga muškarca označavaju mokraćom. Žene i muški psi imaju puno toga zajedničkog.

Sudionica Salona:
Kako izgleda kada se ne natječete, ali prepoznajete da to druge žene rade?

Gary:

Kada se žene natječu s drugim ženama, ne možete s njima biti prijatelji. One vam nikada ne mogu biti prijateljice. One su samo poznanice. Prijateljstvo se ne može ostvariti sa ženama koje se natječu sa ženama.

Sudionica Salona:

To radi većina žena.

Gary:

Ako se ne želite natjecati, možete imati blisko prijateljstvo. Morate biti voljni prepoznati kakvu ženu možete izabrati za prijateljicu, a koje ne možete.

Sudionica Salona:

A kako je raditi s takvim ženama?

Gary:

Kada radite sa ženama koje se natječu sa ženama, morate držati muškarce izvan računice; u suprotnom će uvijek pronaći načina da stvore problem koji će im dopustiti natjecanje.

Sudionica Salona:

Oho, ovo mi se čini kao strana tema.

Gary:

Da, ne natječete se sa ženama pa ne razumijete kako one funkcioniraju.

Sudionica Salona:

Ne, ne razumijem.

Gary:
   Mislite da one djeluju kao i svi ostali.

Sudionica Salona:
   Hvala što ste me prosvijetlili.

Sudionica Salona:
   Toliko sam zahvalna za ovu seriju poziva. Nisam shvaćala koliko je promjene moguće. Kada biste nas morali ostaviti s tri najbolja gledišta o tome što znači biti žena na ovom planetu, što biste rekli?

KAKVU BISTE BUDUĆNOST HTJELI KREIRATI?

Gary:
   Govorio sam vam o vama, o tome da trebate prepoznati da ste sposobne biti ratnice za stvaranje drugačije stvarnosti ovdje. Vi ste ratnice za budućnost.
   Koliko vas gleda u budućnost, a koliko vas gleda u prošlost? Većina vas je provela život gledajući pogrešnost, prošlost i ono što ne funkcionira. Rijetko pogledate u budućnost i u ono što će zaista funkcionirati. Kakvu biste budućnost htjeli stvoriti? Zašto vaša pozornost nije usmjerena na to? Svaki dan.
   Mene zanima stvaranje budućnosti. Najbolje što mogu, ja prakticiram biti humanoidni muškarac sa ženstvenim dodirom. Voljan sam vidjeti što će stvarati budućnost i kakvu budućnost mogu stvoriti. Uvijek nastojim sve stvarati drugačije. Sa svojim poslovanjem svakodnevno promatram: "Što trebam biti ili promijeniti kako bih ovo učinio boljim,

većim ili drugačijim?" To neće funkcionirati sve dok nisam sposoban stvoriti nešto drugačije. Za mene, stvoriti nešto drugačije je najveći dar koji si mogu pružiti. Uvijek se radi o stvaranju budućnosti koja još nije postojala.

Morate početi razmišljati o tome kako stvoriti budućnost koja ovdje nije postojala. Ako djelujete iz ovoga pitanja, nestat će mnogi problemi koje imate s brakom i svim ostalim. Morate početi gledati iz:
- Kada bih stvarala budućnost koju bih voljela imati, kako bi to izgledalo?
- Kako bih to osjećala?

To je drugačija mogućnost. To mora biti nešto veće za izabrati. Morate biti voljni to izabrati.

Pa, dame, molim vas budite svjesne jer svjesnost je najveći dar koji si možete pružiti.

Nadam se da ste sve uživale na ovim pozivima koliko i ja. Hvala svima na daru vaših pitanja.

Sudionica Salona:
Hvala vam, Gary!

Sudionica Salona:
Toliko zahvalnosti. Hvala vam!

Izjava brisanja Access Consciousnessa

Vi ste jedini koji može otključati gledišta koja vas zarobljavaju. Procesom brisanja nudim vam alat koji možete koristiti da promijenite energiju gledišta koja vas zaključavaju u nepromjenjive situacije.

Kroz ovu knjigu postavljam puno pitanja i neka vam pitanja možda malo zavrte glavu. To je moja namjera. Pitanja koja postavljam osmišljena su da izvuku vaš um iz slike kako biste doprli do energije situacije.

Jednom kada je pitanje zavrtilo vašu glavu i podiglo energiju situacije, pitam jeste li voljni uništiti i dekreirati tu energiju – jer je blokirana energija izvor barijera i ograničenja. Uništavanje i dekreiranje te energije otvorit će vrata novim mogućnostima za vas.

Ovo je vaša prilika da kažete: "Da, voljna sam otpustiti što god zadržava ovo ograničenje."

To će biti popraćeno čudnom izjavom koju nazivamo izjava brisanja:

Right and Wrong, Good and Bad, Pod and Poc, All 9, Shorts, Boys and Beyonds.™

Izjavom brisanja vraćamo se energiji ograničenja i barijera koje su stvorene. Gledamo u energije koje nas udaljavaju od kretanja naprijed i ekspandiranja u sve prostore u koje bismo voljeli ići. Izjava brisanja je jednostavna kratka izjava koja se odnosi na energiju koja stvara ograničenja i skupljanja u našem životu.

Što više pokrećete izjavu brisanja, to ona dublje ide te za vas može otključati više slojeva i razina. Ako vam se na pitanju pojavi puno energije, možda biste željeli nekoliko puta ponoviti proces sve dok vam predmet o kojem se govori više nije problem.

Ne morate razumjeti riječi izjave brisanja kako bi ona djelovala zato što se radi o energiji. Ipak, ako vas zanima što znače te riječi, evo kratkih definicija o njima.

Right and Wrong, Good and Bad (pravo i krivo, dobro i loše) predstavlja što je pravo, dobro, savršeno i točno u vezi ovoga? Što je krivo, loše, grozno, zlo, opako i užasno u vezi ovoga? Kraća verzija ovog pitanja je: što je pravo i krivo, dobro i loše? To su stvari koje smatramo pravim, dobrim, savršenim i/ili točnim koje nas najviše ograničavaju. Ne želimo ih otpustiti jer smo odlučili da su ispravne.

POD (point of destruction) označava točku uništavanja, odnosno sve načine na koje ste uništavali sebe kako biste održali postojanje ovoga što sada brišete.

POC (point of creation) označava točku stvaranja misli, osjećaja i emocija koje su neposredno prethodile vašoj odluci da zaključate energiju.

Ponekad ljudi kažu "POD i POC", što je jednostavno skraćenica duže izjave. Kada nešto POD i POC-ate, to je kao da povlačite donju kartu iz kuće karata. Cijela se stvar raspada.

All 9 (svih devet) označava devet slojeva onoga što ste stvorili kao predmet ograničenja u vašem životu. To su slojevi misli, osjećaja, emocija i gledišta koji stvaraju ograničenja kao čvrsta i stvarna.

Shorts je kraća verzija puno duže serije pitanja koja uključuje: Što je značajno u vezi ovoga? Što je beznačajno u vezi ovoga? Koja je kazna za ovo? Koja je nagrada za ovo?

Boys su energetske strukture koje se nazivaju ujezgrene kugle. U osnovi, one imaju veze s onim područjima vašeg života u kojima ste nešto neprestano i bezuspješno pokušavali činiti. Postoji najmanje trinaest različitih vrsta ovih kugli koje se zajedno zovu "boys". Ujezgrena kugla izgleda poput mjehurića koji se stvaraju kada puhnete u jednu od onih dječjih lula za pravljenje mjehurića od sapunice koje imaju višestruke komore. To stvara velike količine mjehurića, a kada puknete jedan mjehurić, drugi mjehurići popune prostor.

Jeste li ikada probali oguliti glavicu luka kada ste pokušavali doći do srži problema, ali tamo nikada niste uspjeli doći? To je zato što to nije bila glavica luka; to je bila ujezgrena kugla.

Beyonds su osjećaji ili senzacije u tijelu od kojih vam se zaustavlja srce, zaustavlja se vaš dah ili zaustavljate svoju voljnosti gledanja u mogućnosti. Beyonds je ono što se javlja kada ste u šoku. Postoji puno područja u našem životu gdje ostanemo smrznuti. Svaki puta kada se smrznete, to je beyond koji vas zarobljava. To je teškoća koja se javlja s beyondom; zaustavlja vas od toga da budete prisutni. Beyond uključuje sve što je iznad vjerovanja, stvarnosti, mašte, koncepcije, percepcije, racionalizacije, opraštanja, jednako kao i svi drugi beyondi. To su obično osjećaji i senzacije, rjeđe emocije i nikada misli.

Rječnik

DOPUŠTANJE

Možete se uskladiti ili složiti s gledištem ili se možete oduprijeti i reagirati na gledište. To je polaritet ove stvarnosti. Ili možete biti u dopuštanju. Ako ste u dopuštanju, vi ste stijena u sredini rijeke. Misli, vjerovanja, stavovi i razmatranja dolaze do vas i idu oko vas, zato što su vama to samo zanimljiva gledišta. Ako s druge strane ulazite u usklađivanje i slaganje ili odbijanje i reakciju s tim gledištem, uhvaćeni ste u rijeci ludosti te krećete na vožnju. To nije rijeka u kojoj biste htjeli biti. Želite biti u dopuštanju. Potpuno dopuštanje je: sve je samo zanimljivo gledište.

BITI

U ovoj knjizi riječ *biti* ponekad je upotrijebljena umjesto riječi *jesi* koja se odnosi na *vas*, beskonačno biće koje uistinu *bivate*, kao suprotnost gledištu o tome što mislite da *jeste*.

BARS

Bars je Accessov proces polaganja ruku koji uključuje lagani dodir glave po točkama koje se odnose na različita područja života. Postoje točke za radost, tugu, tijelo i seksualnost, svjesnost, dobrotu, zahvalnost, mir i staloženost. Postoji čak i bar za novac. Te se točke nazivaju barovi zato što se protežu s jedne strane glave na drugu.

CFMW

Certificirani jebeni čudotvorac

ZAPOVIJED

U Access Consciousnessu govorimo o deset zapovijedi - ili deset ključeva ka potpunoj slobodi. "Bez forme, bez strukture, bez značaja" jedan je od tih deset ključeva (ili zapovijedi). Više informacija o Deset zapovijedi ili Deset ključeva dostupno je u knjizi *Deset ključeva ka potpunoj slobodi* ili na CD-u *Deset zapovijedi*.

IMPLANTATI OMETANJA

Implantati ometanja su negativne emocije koje nas zadržavaju u nečemu u čemu smo zapeli, dok čeznemo izaći čvrsto uvjereni da ne možemo pobjeći. Implantati ometanja su ljutnja, bijes, srdžba, mržnja; optuživanje, sram, žaljenje i krivnja; opsesivno, kompulzivno, ovisno, izopačeno gledište; ljubav, seks, ljubomora i mir; život, življenje, smrt i odnosi, poslovanje, strah i sumnja.

ELEMENTALI

Činjenica jest da sama čestica i svaka molekula ima u sebi svijest. Dakle, kada prizivate ili koristite elementale, uzimate svijest svake molekule i tražite od nje doprinos koji ona može biti vašem životu.

ENERGETSKA SINTEZA ZAJEDNIŠTVA

Ovo je proces koji radi dr. Dain Heer. U osnovi, energetska sinteza zajedništva dovodi vas u povezanost sa svim molekularnim strukturama svemira na različite načine.

Više o tome možete saznati na Dainovoj web stranici (www.drdainheer.com). On nudi neke besplatne video isječke, tako da možete osjetiti kako to izgleda.

ODLAZAK BEZ DRAME

Odlazak bez drame je proces iz Access Consciousnessa koji može pomoći biću i tijelu da se sjete da su život i smrt izbor.

ODANOST I KRVNI ZAVJETI

Odanost je obećanje iz feudalnih vremena, poput onoga kada se kmet zakune na svoju odanost kralju u zamjenu za njegovu zaštitu. Krvni zavjet je odanost koja se zapravo stopila u vašoj fizičkoj strukturi, kao krvna zakletva na steroidima.

GENERIRANJE, STVARANJE, AKTUALIZACIJA I UTEMELJIVANJE

Generiranje je energija koja nešto započinje u postojanju, *stvaranje* je kada to aktualizirate, a *utemeljivanje* je ono što činite da stvarate platformu iz koje ćete više stvarati.

LJUDI I HUMANOIDI

Postoje dvije vrste dvonogih bića na ovom planetu. Zovemo ih ljudima i humanoidima. Slično izgledaju, slično hodaju, slično pričaju, često slično jedu, ali stvarnost jest da su različiti.

Ljudi će vam uvijek reći kako ste u krivu, kako su oni u pravu i kako ništa ne biste trebali promijeniti. Govore stvari poput: "Mi tako ne radimo, tako da se nemoj ni zamarati". Oni su jedni od onih koji pitaju: "Zašto to mijenjaš? U redu je tako kako je."

Humanoidi zauzimaju drugačiji pristup. Uvijek gledaju u nešto i postavljaju pitanje: "Kako to možemo promijeniti? Što će ovo učiniti boljim? Kako da ovo nadmašimo?" Oni su ljudi koji su stvorili nevjerojatnu umjetnost, svu dobru literaturu i sav napredak na ovom planetu.

ZANIMLJIVO GLEDIŠTE

Zanimljivo gledište je alat Access Consciousnessa. To je odličan način neutraliziranja prosudbe, podsjećajući vas na to što god da prosudba jest, to je samo gledište koje vi ili netko drugi u tom trenutku ima. To nije ispravno ili pogrešno, dobro ili loše.

Svaki put kada se pojavi prosudba, samo recite "zanimljivo gledište". To vam pomaže da se udaljite od prosudbe. Vi se ne usklađujete i ne slažete s time - te se ne odupirete i ne reagirate na to. Samo dopuštate da to bude ono što jest, što nije ništa više nego zanimljivo gledište. Kada to možete, vi ste u dopuštanju.

UBOJITA ENERGIJA

Ubojita energija je energija koja je potrebna da nešto ubijete kada biste to bili voljni učiniti bez prosudbe. Potrebna je energija kako biste ubili kravu ili jelena ili ono što ćete jesti. Ta energija isporučena na način na koji biste to isporučili da zapravo koljete životinju, je energija koja će kod ljudi nešto promijeniti.

KRALJEVSTVO JA

Većina nas pokušava funkcionirati iz Kraljevstva Ja, a u njemu se radi o tome da pokušavamo odgonetnuti što mi želimo, kao da mora postojati odvajanje od svih ostalih. Što kada biste mogli izabrati iz potpuno drugačijeg mjesta? Što ako vas odvajanje udaljava od svega za čime uistinu žudite?

KRALJEVSTVO MI

Kada birate iz Kraljevstva Mi, ne radi se o biranju za vas i protiv druge osobe. Niti o tome da birate za sebe, a isključujete drugu osobu. Birate za sebe i za sve druge; birate ono što će proširiti sve mogućnosti, uključujući i vaše.

Kada to učinite, ljudi oko vas će shvatiti da će se njihov izbor proširiti vašim te da će doprinijeti vašim izborima, a ne se njima odupirati.

ŽIVOT I ŽIVLJENJE

Život je završetak; *življenje* je čin neprestanog stvaranja trenutak za trenutkom, dan za danom.

LAGANIJE/TEŽE

Ono što vam je lagano, uvijek je istinito i osjećate lakoću toga. Ono što je laž, uvijek je teško i to osjećate kao težinu.

MTVSS

Molekularni sustav terminalnog valentnog osipanja (Molecular Terminal Valence Sloughing System) je duboko opuštajući tjelesni proces Access Consciousnessa koji dinamično djeluje na imunosni sustav i stvara osjećaj prostranosti i lakoće u tijelu što često ne možete negdje drugdje doživjeti.

OMNISEKSUALNO

Omniseksualci osjećaju privlačnosti prema ljudima bilo kojeg spola ili orijentacije. Oni vide ljude prema njihovim osobnostima, a ne prema spolnim organima ili spolnom identitetu.

IZVAN KONTROLE

Biti izvan kontrole ne znači biti nekontroliran. To ne znači biti pijan, nesređen ili ilegalan. Biti izvan kontrole znači da vas ništa ne kontrolira ili zaustavlja - i vi ne trebate nikoga zaustaviti ili ograničiti. Kada ste izvan kontrole, voljni ste funkcionirati izvan kontekstualne stvarnosti i uobičajenih referentnih točaka. Radi se o tome da ne dopuštate da tuđa gledišta, prosudbe i odluke budu faktori koji kontroliraju vaš život.

Biti izvan kontrole znači biti potpuno svjestan. Ne pokušavate kontrolirati način generiranja. Samo onda kada *niste* potpuno svjesni, pokušavate kontrolirati ono što se pojavljuje ili što dolazi i odlazi. Biti izvan kontrole znači da vas ništa ne može zaustaviti.

IZVAN KONCENTRIČNOSTI

Biti izvan koncentričnosti jest biti izvan mjesta u kojem sve pokušavate staviti u koncentrične krugove kako bi se jedni drugima pridružili i stvorili neprestano stanje stezanja.

IZVAN KONTEKSTA

Biti izvan konteksta znači da više ne djelujete u odnosu na bilo što ili bilo koga.

IZVAN DEFINICIJE

Biti izvan definicije znači biti slobodan od definicija i ograničenja koja vam drugi ljudi nameću. Njihova definicija postoji - i vi ste je svjesni - ali vi djelujete izvan nje.

IZVAN FORME, STRUKTURE I ZNAČAJA

Biti izvan forme, strukture i značaja znači da niste vezani strogim formama i strukturama koje su ostali procijenili iznimno važnim i značajnim. To znači biti okretan, pun razumijevanja i inovativan.

IZVAN OGRANIČENJA

Biti izvan ograničenja znači da ne djelujete unutar ograničenja koja drugi stvaraju za sebe.

IZVAN LINEARNOSTI

Izvan linearnosti znači da ste izvan mjesta u kojem pokušavate sve poredati kako bi se to slagalo s gledištem svih ostalih.

POD I POCANJE

POD i POCanje je kraći način izgovaranja da se vraćate vremenski natrag u točku u kojoj ste se nečim uništili ili u točku stvaranja onoga što vas zaključava.

STAVITE NA PONAVLJANJE

Ovo je nešto što možete učiniti na svojem računalu što vam dopušta da nešto neprestano slušate.

KVANTNI ZAPLETI

Kvantni zapleti su teorija struna o tome kako su sve stvari međusobno povezane. Ako pogledate u svemir, jasno je da je svaka stvar međusobno povezana sa svakom drugom.

Svakim pitanjem, svakim izborom i svakom mogućnošću pozivate kvantne zaplete cijelog svemira da vam se pridruže kako biste aktualizirali ono što želite. Svemir nas želi podržati, ali mi se ponašamo kao da smo potpuno sami. To je kao da mislimo da je svemir ekosustav iz kojega se moramo isključiti. Mislimo da sve moramo učiniti sami – ipak, mi smo dio svega. Zagrlivši sebe kao dio svega, bez prosudbe, apsolutno pozivamo cjelinu da bude dio nas te se otvaramo svemiru koji nam daje sve što želimo.

ZNAKOVI, PEČATI, AMBLEMI I ZNAČAJI

To su značke koje cijelo vrijeme nosite koje nemaju veze s time što vi jeste.

SEKS I NE-SEKS

Kada u Access Consciousnessu govorimo o seksu i ne-seksu, ne mislimo na kopulaciju. Govorimo o primanju. Biramo te riječi jer one podižu energiju primanja ili neprimanja bolje nego bilo što drugo što smo otkrili.

Ljudi koriste svoja gledišta o seksu i ne-seksu kao način ograničavanja svojeg primanja. Seks i ne-seks su svemiri koji isključuju - svemir ili/ili - gdje ili činite svoju prisutnost znanom (seks) isključujući sve ostale ili skrivate svoju prisutnost (ne-seks) kako vas se ne bi moglo vidjeti.

U jednom ili drugom slučaju, s fokusom na sebi, ne dopuštate si primanje ni od koga ili ni od čega.

DESET ZAPOVIJEDI (POZNATE I KAO DESET KLJUČEVA KA POTPUNOJ SLOBODI)

Molim vas pročitajte knjigu ili slušajte pozive. Trebate to.

NAPREDAK

Napredak je čin napredovanja. Uključuje opstanak, ali ide iznad jednostavnog postojanja u mjesto stvaranja veće mogućnosti.

SUSTAVI TROSTRUKOG SEKVENCIRANJA

To je Möbiusova traka, što znači da u svojoj glavi neprestano vrtite događaj koji se dogodio prije puno vremena kao da se baš danas dogodio. Sustavi trostrukog sekvenciranja su zapravo izvor PTSP-a.

Utopijski ideali

Utopijski ideali su konceptualne stvarnosti koje su spuštene u naše postojanje. Utopijski ideali su fiksne ideje ili koncepti o tome kakve bi stvari trebale biti - ili morale biti. Preuzimamo ih, umjesto da djelujemo u trenutku.

Što je Access Consciousness?

Access Consciousness je jednostavan skup alata, tehnika i filozofija koje vam dopuštaju da stvorite dinamičnu promjenu svakog područja vašeg života. Access vam omogućava da korak po korak gradite ono što će vam dopustiti da postanete potpuno svjesni i da počnete djelovati kao svjesno biće koje uistinu jeste. Ovi alati se mogu koristiti kako bi promijeniti sve što ne funkcionira u vašem životu kako biste mogli imati drugačiji život i drugačiju stvarnost.

Ovim alatima možete pristupiti putem raznovrsnih tečajeva, knjiga, telefonskih poziva i ostalih proizvoda ili uz certificirane voditelje Access Consciousnessa ili putem Bars voditelja Access Consciousnessa.

Accessova meta jest stvaranje svijeta svijesti i jedinstva. Svijest je sposobnost da u svom životu budete prisutni u svakom trenutku bez prosuđivanja sebe ili nekoga drugoga. Svijest uključuje sve i ne prosuđuje ništa. To je sposobnost primanja svega, odbijanja ničega i stvaranja svega što u životu želite, veće nego što trenutno imate i više nego što ste ikada zamišljali.

Za više informacija o Access Consciousnessu ili kako biste stupili u kontakt s voditeljem Access Consciousnessa, molim vas posjetite:

http://www.accesscosciousness.com/
www.garymdouglas.com

Druge knjige Access Consciousnessa

Budi svoj, promijeni svijet
dr. Dain Heer

Jeste li oduvijek znali da je moguće nešto POTPUNO DRUGAČIJE? Što ako biste imali priručnik koji će vas voditi kroz beskonačne mogućnosti i dinamičnu promjenu? S alatima i procesima koji uistinu djeluju i koji vas poziva ka potpuno drugačijem načinu bivanja? Za vas? I svijet?

Deset ključeva ka potpunoj slobodi
Gary M. Douglas i dr. Dain Heer

Deset ključeva ka potpunoj slobodi su način življenja koji će vam pomoći da proširite svoj kapacitet svijesti kako biste imali veću svjesnost o sebi, svom životu, ovoj realnosti i šire. S većom svjesnošću možete početi kreirati život za koji ste uvijek znali da je moguć, ali ga još niste dosegli. Ako zapravo prakticirate i budete sve to, oslobodit ćete se u svakom aspektu svoga života.

Iznad utopijskog ideala
Gary M. Douglas

Većina ljudi djeluje iz fiksne ideje ili koncepta kako nešto treba biti, umjesto da djeluju u trenutku u kojem mogu bilo što promijeniti po potrebi kako bi postigli i stvorili više. To zapravo nije stvarno; to su konceptualne stvarnosti koje su spuštene u naše postojanje. Ova knjiga govori o tome kako postati svjestan idealnih koncepata i konstrukata koji stvaraju ograničenja i barijere onome što je za vas moguće. Konstrukti se moraju srušiti kako biste stvorili svijet koji vam odgovara.

Rukovođenje iz ruba mogućnosti: dosta je uobičajenog poslovanja
Chutisa i Steven Bowman

Zamislite samo kakvi bi vam poslovanje i život bili da prestanete djelovati po autopilotu i da počnete generirati svoje poslovanje sa strateškom svjesnošću i prospreritetnom sviješću. To je uistinu moguće, ali morate biti voljni promijeniti se. Prepoznavanje drugačije mogućnosti zahtijeva drugačije razmišljanje i gotovo uvijek zahtijeva vrstu svjesnosti koja nije bila dio prethodnog iskustva. S ovom ćete knjigom dobiti svjesnost koju trebate kako biste rukovodili svoje poslovanje u bilo kojem okruženju!

Pragmatična psihologija: praktični alati da budete ludo sretni
Susanna Mittermaier

Svatko ima barem jednu "ludu" osobu u svom životu, zar ne (čak i ako smo to mi!)? I postoje mnoge oznake i dijagnoze – depresija, anksioznost, ADD, ADHD, bipolarnost, šizofrenija... Što ako postoji drugačija mogućnost s mentalnim bolestima – i što ako su promjena i sreća potpuno dostupna stvarnost? Susanna je klinička psihologinja sa sjajnim kapacitetom da facilitira ono što ova stvarnost često definira kao ludo iz potpuno drugačijega gledišta – iz mogućnosti i lakoće.

Pravi oporavak za vas
Marilyn Bradford

Bez obzira koja je vaša ovisnost ili koliko je dugo imate, Pravi oporavak za vas može vam pomoći da je promijenite. Ovo je potpuno novi pristup ovisnosti kojega nećete nigdje drugdje naći. Razvila ga je Marilyn Bradford koristeći informacije i procese za promjenu osnivača Access Consciousnessa Garyja Douglasa. Njime možete imati potpuno drugačiju mogućnost da zauvijek stanete na kraj svojoj ovisnosti ili da je dovedete do nečega što vama odgovara.

Biste li ribu učili da se penje na drvo?
Anne Maxwell, Gary M. Douglas i dr. Dain Heer

Drugačiji pristup djeci s ADD-om, ADHD-om, OKP-om i autizmom. Ljudi često funkcioniraju iz gledišta da s tom djecom nešto nije u redu jer ne uče na isti način kao mi ostali. Zapravo oni sve hvataju na potpuno drugačiji način. Ova se knjiga osvrće na to i još mnogo toga!

Seks nije riječ od četiri slova, ali odnos često jest
Gary M. Douglas i dr. Dain Heer

Zabavna, iskrena i ljupko bezobrazna, ova knjiga čitateljima nudi potpuno svježi pogled na to kako kreirati veliku bliskost i izuzetan seks. Što ako biste mogli prestati pogađati – i otkriti što STVARNO funkcionira?

Nerastavljivi odnosi
Gary M. Douglas

Nerastavljiv odnos je onaj u kojem se ne morate razvesti ni od jednog dijela sebe kako biste bili u odnosu s nekim drugim. Tako svatko i svi s kojima ste u odnosu mogu postati veći kao rezultat odnosa.

Radost poslovanja
Simone Milasas

Kad biste svoje poslovanje stvarali iz RADOSTI – što biste birali? Što biste promijenili? Što biste izabrali kad biste znali da ne možete propasti? Poslovanje je RADOST, to je stvaranje, generativno je. Može biti avantura ŽIVLJENJA.

Za više knjiga Access Consciousnessa posjetite www.accessconsciousnesspublishing.com

O autoru

Gary Douglas

Najprodavaniji autor, međunarodni govornik i traženi voditelj, Gary Douglas je znan po svojem intenzitetu svjesnosti i svom nevjerojatnom kapacitetu facilitiranja ljudi kako bi znali ono što znaju. U svemu što radi on bira utjeloviti svijest, što rezultira inspiriranjem drugih da biraju postati svjesniji.

Gary je došao s izuzetnom razinom svjesnosti u obitelj srednje klase američkog Srednjeg Zapada i proživio djetinjstvo kao u seriji Leave It to Beaver. On ima vrlo drugačiji pogled na život i još je kao šestogodišnjak shvatio da je vrlo drugačiji od većine ljudi koje je znao. Postao je svjestan te razlike promatrajući kako ljudi stvaraju svoj život te uvidjevši da to ne rade iz radosti i mogućnosti – već uvijek iz pogrešnosti svega. Gary je znao da mora postojati više nego što ova realnost nudi jer u njoj nije bilo ništa čarobno, radosno ili ekspanzivno. Stoga je u ranoj dobi započeo tragati za dubljom svjesnošću o životnim tajnama. Putem je otkrio novi način kretanja naprijed – koji će stvoriti promjenu u svijetu i u životima ljudi. Otkrio je da je čarolija svuda oko nas, to je nešto što mi stvaramo – to je svijest.

Prepoznao je da je kapacitet za više svjesnosti i više svijesti dar svake osobe, ako ga je voljna izabrati.

S vremenom je prepoznao dar koji on jest, a to je njegov intenzitet svjesnosti i njegov kapacitet pozivanja ljudi ka svijesti i prepoznavanje da je sve moguće i da ništa nije nemoguće. Njegov dar je njegova sposobnost gledanja na život, svemir i svijest koja svi mi jesmo, kao i mogućnosti koje su njezin suštinski dio iz prostora kojeg nitko drugi nikada nije izabrao.

Osnaživanje ljudi kako bi vidjeli drugačije mogućnosti

Gary je postao međunarodno poznati lider u razmišljanju transformirajući živote i stvarajući drugačije izbore – voljan da osnažuje ljude kako bi vidjeli drugačije mogućnosti i prepoznali što je za njih uistinu moguće. Gary je svjetski priznat zbog svojih jedinstvenih perspektiva o osobnoj transformaciji koja ne sliči ničemu drugomu na svijetu. Ne priklanja se nijednoj posebnoj religiji ili tradiciji. Kroz svoje pisanje i radionice, daruje procese i alate kojima se mogu dohvatiti lakoća, radost i slavlje života, te čarolija sreće koja se širi u više svjesnosti, radosti i izobilja. Njegovo jednostavna, a opet duboka učenja, već su pomogla brojnim ljudima širom svijeta da znaju ono što znaju i da shvate što mogu birati, a nikada nisu shvaćali da mogu birati.

U jezgri njegovih učenja leži transformacija svijesti

Nakon prepoznavanja da veća svijest u ljudima može promijeniti smjer njihovih života i budućnost planeta, stvaranje i širenje Garyjevog Access Consciousnessa vodilo je prije svega jedno pitanje: "Što mogu učiniti da pomognem svijetu?"

On nastavlja nadahnjivati druge, pozivati svjesnost o drugačijoj mogućnosti širom svijeta stvarajući neizmjeran doprinos planetu. On vodi ljude ka znanju da su oni izvor stvaranja promjene koju žele i stvaranja života koji ide iznad ograničenja onoga što ostatak svijeta misli da je važno. On ovo vidi kao suštinski aspekt stvaranja budućnosti koja u sebi ima veće mogućnosti za svih, kao i za planet. To je prioritet ne samo za osobnu sreću, već i za svršetak endemskog konflikta na našem planetu i stvaranja drugačijeg svijeta. Ako dovoljno ljudi izabere biti svjesnije, počet će vidjeti mogućnosti onoga što im je dostupno i promijeniti što se ovdje, na planetu Zemlji, događa.

Autor

Gary Douglas je autor najprodavanijeg romana Mjesto o ljudima koji znaju sa je sve moguće i da je izbor izvor stvaranja. Gary je i koautor raznovrsnih knjiga na temu novca, odnosa, čarolije i životinja s međunarodno poznatim virtuozom energetske transformacije dr. Dainom Heerom.

Nadahnjuje ljude širom svijeta

Gary je prije više od dvadeset godina razvio skup alata i procesa koji mijenjaju život poznatih kao Access Consciousness. Ovi vrhunski alati transformirali su živote tisućama ljudi širom svijeta. Njegov se rad proširio u četrdeset i sedam zemalja s 2.000 obrazovanih voditelja širom svijeta. Jednostavni, ali tako učinkoviti, alati pomažu ljudima svih dobi i porijekla u uklanjanju ograničenja koja im onemogućuju punoću života.

www.ingramcontent.com/pod-product-compliance
Lightning Source LLC
Chambersburg PA
CBHW011741220426
43661CB00061B/2865